古今公債通鑑 II

從台灣海防借款到愛國公債，
歷數早期中國對外公債

1874-1949

戴學文

揭開那一頁
滿目瘡痍的中國近代財政史

何飛鵬／城邦媒體集團首席執行長

上個世紀九〇年代初期，我因緣際會被一位朋友影響，開始搜集中國對外債券，從台灣、香港到德國，尋尋覓覓中國對外債券的蹤影，並在《商業周刊》發表了一篇收藏心得，之後因工作繁忙，這項嗜好並未持續，只在櫥櫃中留下了部分收藏品。

二十餘年之後，我接到戴學文先生的來信，寄來了一本他所寫的中國對外債券的專書，文中並提到他之所以會踏入中國對外債券的研究，是因為當年閱讀到我的文章，引起了他的興趣，進而深入中國對外債券的領域。

我仔細讀了戴學文先生的書，對於他理解的深入、研究的透徹，十分嘆服。經過進一步的接觸，才了解他在四十餘歲的壯年時期，就下決心解退所有工作，潛心研究中國近代的貨幣、金融變遷，而其中又以中國的銀錠、鈔券、債券等為最，他為了研究此一領域，跑遍了古董市場、拍賣行、各種研究機構、圖書館等，並且與國外專業的買賣中介機構往來。經過了十多年，他已經成為中國研究此一領域的第一人。

他自己的著作，完全是以個人自費出版的形式出版，所有的書也由自己在網上販賣。由於戴先生的論述，在網路上的流傳多，廣被轉載、引述，因此所有讀者也都能按圖索驥，直接上網買書。

我對戴學文先生的研究及深入的專業知識十分景仰，這些知識應是中國當代第一人，因此鼓勵戴先生應有計畫地出版專業書籍，以傳播正確的知識，也讓國人有機會深入理解近代中國財政的變遷，能夠回溯這一頁滿目瘡痍、充滿血淚的中國近代財政史。

戴學文先生接受了我的建議，完成了兩本專業著作：一本是《從息借商款到愛國公債，細說中國早期對內公債（1894–1949）》。另一本則是《從台灣海防借款到愛國公債，歷數早期中國對外公債（1874–1949）》。這兩本書都由台灣的商周出版發行上市。

這兩本書都具有以下的共同特色：

一、資料搜集極為完整。從最早發行的債券，按時間序羅列每一次債券的發行，而且仔細說明每一次發行的原因、目的、實際執行者、發行的條件、發行數量等，是極為完整的歷史陳述。

二、全書中對每一次債券的發行，都盡可能以圖文並茂的方式呈現。相關的人物、公司、債券本體，都有圖片，讓讀者能獲得視覺的滿足。

三、書中所有的內容，都做了極為完整的註釋。讓讀者明白所有內容的來源，這是一本極為嚴謹的債券歷史。

近代中國所發行的對內、對外債券，近年來由於搜藏市場的興起，已有一批收藏家投入債券的收藏及交易，因而對債券相關知識也有極大需求。這兩本書的出版，正好補足了市場的空缺，這應是所有收藏者的福音，有助於增進大家的理解。

而對於研究中國近代財政史的研究者，這兩本書也是最佳的參考依據，有助於近代中國財政歷史的釐清。

算舊帳——
歷數早期中國對外債券

本書探討的主題，是早期中國眾多對外借款中，被帶到海外、以債券形式公開發行的類型。時間軸，起於1874年沈葆楨的台灣海防借款，終至1949年國民政府的愛國公債。

台灣海防借款兩百萬兩銀，有部分在後來被英國匯豐銀行帶到香港及倫敦兩地發行上市，成為中國歷史上對外發行的最早公債。愛國公債，則出現在國民政府撤離大陸、轉往台灣之際。內戰中已丟失大部分控制地區與人口的國民政府，在國內強制攤派外，也將這筆公債轉向海外僑胞募集，原本的國內公債也因此沾染了外債的色彩，且隨後被帶到台灣重新發行。很湊巧，早期中國對外公債的發行歷史，台灣都參上一腳。

本書介紹了1874到1949年，四分之三個世紀間，中國在海外發行的公債，其發行原因、背景、條件、還本付息情形及後續發展等。除了筆者蒐羅的許多資料、文件與實體債券外，同時也附上一些公債上的用語解釋及各債券上的文字中譯供參考。

筆者是從1994年底報紙一篇關於出版界名人何飛鵬先生收藏早期中國對外債券的報導，才知道這些公債的存在。原來，早在一百多年前的清代後期，中國就已開始在海外發行公債借錢。這些公債，被分為不同面額的債券，與上市股票一樣，在證券市場交易。由於是國外發行募款的關係，都以洋文寫成。部分債券後因未被償還贖回，直到一九七〇年代末，仍流落在歐洲市場，償還無望之餘，已淪為所謂的垃圾債券。

在持續多年的探究後，或許可以這麼說，清末民初的重大歷史事件背後，幾乎都可找到對外公債的相關身影，而且每一筆對外公債，大抵都與當時的特定事件存在著關聯性；這些債券，就是史實的一部分。舉凡左宗棠的西征借款、中法戰爭期間的兩廣總督借款、甲午戰敗後的馬關賠款、導致清代滅亡的湖廣鐵路公債及袁世凱政府的善後大借款等，皆是。

這些債券，長久少有人注意，而在失去原本的證券價值之後，反倒顯露出其財政史料的重要性。

收集散落各地的對外債券需要時間，而翻譯與解讀的工作，同樣耗費工夫。由於是在海外發行，早期中國對外債券用的是當地國文字，出現過英、德、俄、法、荷和日等國文字，中文僅在中國官員的簽字用印時才出現。

債券的內容，訴求對象是投資大眾，多是關於公債發行的辦法與條件、主辦銀行與中國政府間有關投資人部分的合同摘要等訊息。整體上，是一篇用嚴謹與精練的法律語言所寫成的文件，這是一種西方財政與法律制度的演繹與體現。筆者在翻譯解讀時，不禁自問，這對於十九世紀末、二十世紀初西學根基尚淺的中國社會是何等挑戰？當時的政府官員對於別人的遊戲規則又懂多少？

筆者發現，公債借款已有不少檔案文獻可供參考，自己動手翻譯並解讀債券文字，很辛苦，且看似多餘，卻有其必要。理由在於，拿債券文字比對早期的官方文獻，如承辦官員的書信、奏摺等後，總可發現，事件源頭的當事人言詞閃爍，無論是出自輕忽的心態或認知不足，對於合同內容的說詞往往失真，不是避重就輕，就是辭不達義，許多問題未經提出、討論或處理，合同就獲批准、簽訂，真相遭到掩蓋。債券與合同都是可信度最高的第一手資料，從這個角度看歷史，可以獲得另一種視野。

除了官員的心態外，國家欠缺財政制度的規畫與指導原則，束手放任，亦是問題所在。

清代遲至政權結束前夕，才試圖建立預算制度，長期以來的舉債，無不事

出緊急。中國方面有時間壓力，沒有迴旋餘地，外國銀行每次都很清楚。承辦官員只能各憑本事，做有限考量，但捏不過錢關，最後只能被個個擊破。

常與匯豐交手的兩廣總督張之洞，在交涉借款時曾注意到匯損問題，一再重申借白銀還白銀的立場，後來因英國堅持非英鎊不借，在需款殷切下，也只能接受。張之洞也非常在意英國匯豐持續壟斷中國借款與對外公債發行的現象，試圖擺脫，所以打算改向其他國家借款，並且不擬用在英國把持下的海關關稅擔保，以避開總稅務司赫德的耳目，免得消息走漏，後來因借款人堅持海關關稅擔保而無法如願。

讀過幾張債券的內容後，很容易獲得一種心得：外國銀行取得絕對的主導性，中國被牽著走的合同內容模式，在各借款中一再被複製。

當匯豐銀行改變方式，從出借自有資金到發行公債募集借款時，整體而言，中國官員並沒未太在意，包括成本增加，或匯豐正輕易的以龐大的市場資金，壟斷對中國政府的貸款，作為交換更多特權的籌碼等問題，在其因循怠惰下，放任情勢惡化，這個國家正蹈入一種財政陷阱中。

以日本為鑑，同一期間，日本也在歐洲發行公債，不過在挑選主辦銀行上下工夫，並找上政治色彩較淡薄的猶太裔跨國集團著名的羅斯柴爾德Rothschild家族，透過努力，日本得到較低的借款利率水平，年息大多在3-4%，優於中國同期5%的水平。更重要的是，日本掌握了借款條件的自主性，可免除掉借款過程中不必要的政治剝削。1880年成立橫濱正金銀行，更積極蓄積進入國際債市所需的關係與實力。到了1911年，日本終於反轉地位，將提供中國郵傳部的一千萬日圓借款，由橫濱正金銀行主辦，成功的在歐洲發行公債，打進英、法、比等國。

債券上所揭露的借款還款條件，看似嚴苛，但其中多屬銀行為了確保債權而對於一般借款人的約束，常被戲稱為「當舖條款」，與現在民眾向銀行辦理各種貸款時所簽訂的合約書，其實頗為類似，不過這也不至於是當時問題的核心。中國與發行公債的主辦銀行所簽訂的合同，雖名為「借款合同」，實則是

銀行利用其中的選擇權，將借款轉為對外發行公債，但挾帶在合同裡的，卻是許多政治或經濟勒索，才是重點所在。

這些附加條件不一定與投資人有關，所以，未必完整出現在債券上。最常見的是當時的鐵路借款；列強在中國各擁勢力範圍，任何國家希望在地盤內建造鐵路時，就向中國政府索取築路權。但因在名義上鐵路屬於中國，所以必須由中國政府埋單。外國便透過提供鐵路借款的機會，挾帶更多要求，取得更多特權。包括鐵路的探勘、設計、建造、用人、材料採購等，並且在長達數十年的公債完全清償之前，經營權暫歸該國，另還有權分配利潤，以及鐵路資產與收入同時成為借款擔保等。這些出現在借款合同中不尋常、不合理的條款，皆未見官方有太多評議，遑論尋求突破；事後頂多激起社會輿論一陣漣漪後，旋即平息。不過前例一開，立刻就有其他國家援引辦理。中國政府官員顧頇怕事的嘴臉與心態，一再成為英國報章諷刺漫畫揶揄的主角，儼然已是西方社會對中國人的刻版印象。

從各種公債可看出，中國當時大多舉借長期公債，支應短期需要，而且是與生產或營利用途無關。寅吃卯糧，注定財政狀況持續惡化。這種後果，清代政權還沒結束，就已發生了。關稅向來是中國對外借款時的王牌，晚清對外借款，無論發行公債與否，都會使用關稅擔保，找不到還款來源，就直接以關稅攤還，借款向來無往不利。中國海關開關以來，稅收就不斷被預支，而且越用越多。當清廷再度以關稅議借1898年英德第二次借款時，王牌終告用訖，關稅餘額已不足以擔保新債，中國政府必須另外提出財政收入補足擔保，而這還是經由海關總稅務司提醒才發現的。

中國的其他稅收，並非建立在西方會計制度上，欠缺可信度，發行公債的難度大幅增加，債信也跟著惡化。早期中國對外債券出現拖欠，後來大量流落各地，就是從這時期開始。

對外債券開始拖欠後，每時期的中國政府無不面對著討債壓力。一九三〇年代，國民政府曾大規模與債權人團體進行協商，著手整理各種對外債券，

以減息緩付的方式處理，只是隨後又因抗戰的關係而停頓。事隔多年，兩岸政府對於這些外債表現出不同態度。台灣政府曾多次表示，要等到兩岸統一後，才來解決這些大陸時期的舊債；至於大陸政府，則以國際法上「惡債不償」（Odious Debt）的原則，否認舊債效力。

然而，早期中國對外借款開始被轉為發行公債後，原本的金主如匯豐銀行，已轉入幕後，中國面對的新債主是國際債市的投資人，並隨著債券的買賣易手，債主不斷的變化著。與中國打交道的銀行，雖帶著其母國交付的政策任務，應是中國訴求的對象，但卻已脫離法律上的借貸關係，反而是那些與議題無關、在國際公債市場買進債券的投資人必須承擔政治風險。

惡債不償的主張，在法律理論上仍存有許多爭辯議，並非明確的國際法規範，另外，這種主張也可能是雙面刃。中國企業在第三世界國家的投資持續擴增，任何被投資國的新政權以相同理由否定舊政府的舊債，中國亦將受影響。所以，仍需審酌情勢，持續關注。

戴學文

2016年3月25日
於新竹・波多西工作室

目次

第二篇 民國時期（1912-1949）......119

一、外國銀行團影響下的對外公債（1912-1925）......120

第一篇
清代晚期
（1874–1911）

一、從息借洋款到對外公債

清代後期，中國進入了李鴻章所說的「三千年未有之變局」，內憂外患不斷。中央應付不及，地方遇事被迫自籌經費。1853年（咸豐三年），太平天國軍隊進逼上海，道台吳健彰緊急向洋商調借一萬三千銀元購買船隻應戰[1]。這樁借款事後獲得朝廷承認。借款金額雖小，卻是個開端，代表故步自封的天朝已走到向洋人伸手借錢的地步。前例既開，從地方到中央，息借洋款的情形就開始普遍起來。

借洋款，除了最初的軍事需要，後來逐漸擴展至交通、郵電、賠款、償債與軍火採購等用途。對中國放款的洋商，主要就是列強所支持設立的銀行、投資公司或貿易商，如英國的匯豐銀行（Hongkong & Shanghai Banking Corporation）、中英銀公司（British & Chinese Corporation, Ltd.）和怡和洋行（Jardine, Metheson & Company, Ltd.）、德國德華銀行（Deutsche-Asiatische Bank）、法國東方匯理銀行（Banque de l'Indochine）、比利時比國鐵路電車合股公司（la Compagnie Gééale de Chemins de Fer et de Tramways en Chine）、

俄國道勝銀行（Russo-Chinese Bank，1909年後改名Russo-Asiatic Bank）及日本橫濱正金銀行（Yokohama Specie Bank, Ltd.）等。除了追逐自身利潤外，這些洋商也聽命於本國政府，成為對華政策的工具。

列強以放款作為影響與控制中國政府的重要手段，因此無不軟硬兼施，用盡方法爭取中國政府的借款合同。

不過，即使帶著背後的政治企圖，洋商也不會讓自己的資金冒險。他們勇於提供借款的原因，就在於中國政府可以提供充分且安全無虞的擔保。此一擔保，就是海關關稅。

海關關稅是中國各口岸被迫開放後新增的稅收；自開徵以來，金額不斷成長。自1861年的五百五十二萬餘海關兩，增加到1910年三千五百三十四萬餘海關兩，五十年間成長超過六倍，貢獻全國稅收約三成比例。

此外，中國海關稅務，在天津條約簽字後，即由外國代管，從北京的總稅務司到各通商口岸的稅務司，全由洋人擔任。因帶有洋務的性質，此一機構被劃歸總理事務衙門轄下，並不隸屬戶部。相較於中國的其他稅收，關稅的來源充足、透明度高，又不受干涉。以關稅償債或擔保，

1　咸豐三年（1853）二月十二日，《江蘇巡撫楊文定片——上海道吳健張雇覓夷船三艘並飭催援兵》。

就不必擔心倒帳風險，因此，甚受洋人信賴。

多年下來，息借洋款，形成以關稅擔保或抵償的慣例。海關監督逐年逐月出具的「印票」備償，並作為借款合同的附件，還款後，再按月、按年一一摯回。這些印票，就是加蓋海關關防、可直接抵充關稅的執據。

在當時既落後又欠缺彈性的財政制度下，這等於是替需要經費辦事的官員開了一道方便之門。除了部分地方政府無海關關稅可供擔保的小型借款，或可獲得通融由地方稅收擔保[3]外，中國的重大借款，都是以關稅擔保。

隨著借款金額的不斷擴大，洋商以自有資金漸難負荷，借款合同開始出現借款可改往海外發行公債募集資金的條款。海外證券市場，對於中國政府而言，是個極為生疏的名詞；發行公債，更是陌生，但需款孔急，已無選擇餘地。

中國所不了解的證券交易市場，早在十二、三世紀就已在歐洲醞釀成形，義大利羅馬、威尼斯等地商人在市場擺設攤位，買賣商業票據外，也加入政府債券的買賣，這種趨勢逐漸在歐洲各地拓展開來，並在各地形成類似證交所的雛型。比利時的安德沃普

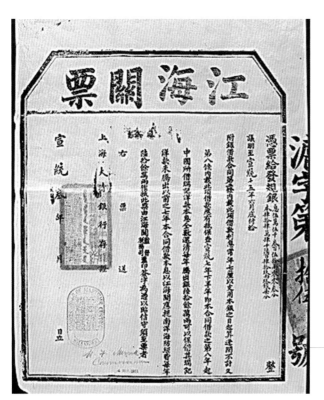

宣統三年（1911），江蘇關為擔保瑞記洋行的借款所開出的「關票」。[2]

2　北京華夏拍賣公司2014年春拍拍品。

3　"Chinese Borrowing Money—overnor of Kwangsi Negotiates a Loan of 300,000 Taels from a German Firm" London Time—New York Times.1903.5.27., "Loan for Chinese Governor—He Borrows 200,000 Taels from the American Bank at Shanghai—Says It is for the Indemnity". London Time—New York Times. 1902.8.29.

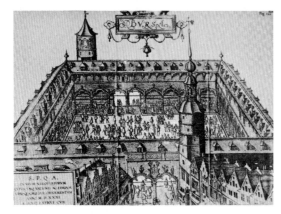

十六世紀的安德沃普證券交易所。

（Antwerp），是當時西方世界的金融中心，於1531年興建專屬大樓交易，這也是世上最早的證券交易所，英、法、義大利等國都在此募集外債。最初，證券交易的標的，主要是公債，股票則是遲至十七世紀初才在荷蘭誕生。

1602年荷蘭東印度公司，透過對於社會集資、擴張資本，公司得以派遣大批船隊前往南洋進行香料、瓷器、茶葉、絹絲等貿易，獲致龐大利益。其集資的方式，就是建立起近代第一個股份有限公司，並衍生出股票的概念。為了公開發行其股票，1607年，荷蘭東印度公司於阿姆斯特丹成立了專屬的股票交易所。荷蘭因而得以稱霸航海貿易與國際金融，近兩世紀。

股份制與股票交易，隨即在歐洲蔚為風潮。德國柏林於1685年、法國巴黎於1724年及比利時布魯塞爾於1801年被拿破崙軍隊占領期間，先後設立了類似近代的證券交易所，涵蓋股票與公債等有價證券的買賣。

英國證券交易的發展，落後於前述多數國家。十七世紀末倫敦的證券交易，仍保有中古世紀的作法，在街上露天市場進行，並且是以買賣政府公債為主，保守的英國政府遲至1802年才承認證券交易的合法性。但隨著工業革命的成功，大量資金匯集，英國在十九世紀躍升成為世界霸權與金融中心，並承接了已發展六百多年的證券交易歷史經驗，吸引各國政府與公司前往發行債券或股票，這就是早期中國對外公債屢在倫敦發行的原因。

匯豐銀行，是首先改變對於中國政府借款模式的洋商，搖身一變，以承銷商（Underwriter）或主辦銀行的身分，將中國政府的借款發行公債。

倫敦證券交易所，改建於1844年。

發行公債時，借款被拆分為債券的形式；債券又可分為不同面額，供人認購，認購人並無特定資格限制。中國政府的義務，就是按時付息、到期還本。每種公債的發行條件不盡相同，認購價格、利息、償還期限等都有差異。

這些債券是一種不記名的有價證券（Bearer's Bonds），投資人可以隨時自由轉讓圖利，也可長期持有以獲取本息。中國政府原本的借款，化身為債券，在市場的投資人與投機客間不斷流通。

由於角色的轉變，洋商及背後的外國政府，雖在公債發行上扮演關鍵角色，卻

清末民初中國對外發行的公債。

都從借貸關係中退出。當中國幾經政權更替，有意以政治理由否認特定公債的有效性時，不僅無法達到訴求目的，反而因讓債券市場受傷害而引發反彈。

匯豐開始行使借款合同中的選擇權，以中國政府的名義發行公債，所憑藉的就是在國際間申辦公債的能力；這是在資金之外，匯豐所掌握的優勢。此外，英國，是十九世紀後期至二十世紀初間的世界霸權，在國際資金市場的地位與影響力，也是一大關鍵。

被轉往海外發行公債的借款，儘管已變成由眾多投資人提供，匯豐仍以中國政府的受託人與主辦銀行之姿，負責對外發行公債。在借款合同裡，匯豐照樣享受各種特殊待遇，改以國際市場為後盾，化整為零，向投資人募集款項，再提供中國，除有可觀佣金可圖，也不再受限於自有資金規模。調整策略，將中國帶入國際債市，同時也改變自己的角色，匯豐找到了應付中國接二連三、日益龐大的資金需求之法。

發行公債，是近代政府財政調度的一種方法，過去中國依賴外國銀行，託付相關事宜，也付出不小代價。當時，公債的發行，多先按面額折價後由主辦銀行承購，再由其以較高價格出售，此一價差成為承銷的佣金。如果主辦銀行不願承購，就按訂價向投資人出售，再從公債發行的

收入抽取佣金。歷來的佣金比率常是7%上下，借款另須扣除債券設計、印刷、郵費、銀行經理等各項經費，中國政府實際到手大多只剩借款的八成左右，卻仍須按名目上的借款數目還本付息。

中國政府所發行的對外長期公債，期限多在十到五十年間，年息5%左右；短期公債或國庫券，利率更高。當時大多有一定年限內不得清償，否則需加計補償費的規定，用以防止中國提前還款。等到還款到期時，累積的利息往往早已超過本金。例如1896年英德正借款一千六百萬英鎊五釐公債，中國政府實收一千五百零四萬英鎊，三十六年後到期，本息累計三千四百六十六萬兩百四十六英鎊；1898年英德續借一千六百萬英鎊四‧五釐公債，實收一千三百二十八萬英鎊，四十五年後到期，本息累計達三千七百五十八萬五千四百五十四英鎊。

比起利息更嚴重的問題，是匯率損失。中國一直堅持使用銀兩作為貨幣，十九世紀後期起，即深受白銀貶值之苦。由於各國紛紛拋棄銀本位，改採金本位，以致銀價不斷下跌，中國對外發行的公債大多以英鎊為主要外幣作為計值單位，還本付息之前，必須先將白銀兌換成英鎊支付，因此不斷承擔匯兌損失。

息借洋款，無不指定以口岸關稅為擔保。雖然，關稅成長快速，數十年間，已

躍升為主要財政收入之一。然而，政府借款的增速更快。1898年，中國政府為了償付馬關條約賠款，而第三次對外發行公債借款時，海關關稅出現了超支，不足償還歷來擔保債務的現象。除非關稅收入再成長，可利用增加的稅收之外，中國政府必須提供關稅以外的其他稅收做擔保，否則已無法再借到洋款。不過，關稅因外籍總稅務司的統籌管理，獲得外國的信賴，至於其他稅收，則就不同。因此，中國對外借款不再像過去般容易。

中國政府借款的代價，不只是金錢上的。借款合同常挾帶與借貸無關的附帶條件，這些條件大多帶有政治企圖。俄與英兩國，在馬關條約三次賠款的借款上各有斬獲，俄國攜手法國贏得1895年借款，英國與德國合作在1896及1898年的兩次借款扳回劣勢，三次借款都對外發行公債。英俄的兩大集團所爭奪的焦點，除了提供借款機會，還有中國海關總稅務司一職。這是掌控中國財政資源的關鍵角色。

十九世紀末起，中國屢以興建鐵路為名向列強借款，國際市場開始出現大量中國政府的鐵路公債，但這些鐵路實為列強在華勢力範圍的延續，更長期為其所控制。經由借款合同，借方取得築路權，中國政府除了借款本息，必須以鐵路資產與經營權作為擔保。借款還清之前，鐵路及其經營權都歸於借方，並享有人事任用、

採購等權利。即使借款不同於投資，也無論借款已轉成公債對外發行，借方還可分享盈餘。這些鐵路借款，包括1898年蘆漢鐵路（比利時）借款、1899年山海關內外鐵路（英國）借款、1900年粵漢鐵路（美國）借款、1902年正太鐵路（俄國）借款、1903和1905年汴洛鐵路（比利時）借款、1904和1907年滬寧鐵路借款等。鐵路借款影響國家權益甚鉅，也損及民間商辦鐵路所花費的心血，因此引起極大的反彈與撻伐。

儘管在後續的鐵路借款，如1908年滬杭甬鐵路（英）借款、1908和1911年津浦鐵路（英德）借款、1909年京漢鐵路（英法）借款、1911年湖廣鐵路（英法德美）借款，清廷改弦易轍、調整方針，包括不再以路權擔保借款，改以鐵路營收與稅收擔保，但後來商路收歸國有的政策，仍定調於借洋款開鐵路之上，引起投入商路的紳商不滿，激發群眾的民族情緒，風波持續擴大，終至釀成全國性的鐵路風潮而無法收拾。

1913年善後大借款，以鹽稅作為擔保，但英法德俄日五國銀行團，也要求壟斷中國對外借款的權利，並介入中國鹽政的管理。1914年中法實業借款與1919年美國太平洋拓業公司借款，則是以中國的菸酒稅擔保。

早在清政權告終之前，大多數的鹽

金、鹽稅、鐵路路產已被抵押。中華民國建立時，迎接新政府的不只是舉國歡騰，還有山窮水盡的國家財政及龐大的債務。民國除了延續前朝舉債度日的老路，別無他法。但對外發行公債募款，已不是那麼容易。民國初期，對外借款的次數遠多於晚清，增加了許多小型借款及別有企圖的政治借款，對外發行公債的次數已大幅減少[4]。

由於財政惡化之故，民國時期，特別是北洋政府，所發行的對外公債出現了許多特點，如年限較短、利率較高的國庫券，即使有少數大型公債，條件也越來越嚴苛，像1913年的善後大借款及1914年的中法實業借款等，均涉及權錢交換的問題。同時，還出現了一些償債公債，發行新債還舊債。當時的政府財政，必須仰賴舉債，惡性循環下，新舊公債在此一時期，頻頻出現無法按時償付本息的情形，中國的國際債信已降至谷底。

在各國政府的關切與施壓下，1936至1938年期間，國民政府與各債權人團體進行協商，積極整理各公債積欠本息，好不容易達成減息緩付的償債方案。不久，卻爆發對日抗戰，中國最重要的關、鹽兩稅隨著淪陷區的不斷擴大而銳減，迫使國民政府於1939年1月15日針對以關稅擔保債賠各款宣布攤存辦法[5]，國民政府統治區內的關稅與鹽稅暫緩償還外債，改提存中央銀行專戶保管[6]。至此，幾乎所有的對外公債都受到影響，

4　據統計，有關外債數量，清代有兩百零八筆，北洋時期（不含南京臨時政府）六百三十三筆，國民政府時期一百零八筆。在海外發行公債的借款形式，占整體外債的總數不到一成。參閱：隆武華，〈北洋政府外債的借新還舊及其經驗教訓〉，頁3，《中國社會經濟史研究》，1997年第三期。

5　1939年1月15日《財政部關於海關擔保債賠各款改為攤存辦法的通告》：政府對於償付債務，向來按期履行⋯⋯不易自日人侵略以來，在戰區內劫奪海關稅款，以我之財源為侵我之工具，用盡欺騙威嚇之伎倆，將海關擔保債務之稅款，全部勒存於日方銀行，計戰區各關應攤而未解之銀額，由政府轉商中央銀行透支墊付者已積至一萬萬七千五百萬元之鉅數⋯⋯目前戰區海關稅收，備日人暴力劫持勒存於日方銀行，名為存儲，實則利用以奪取我外匯，增加其侵略力量。故其存儲之款，本為我各關稅務司收存款，而並不依照匯撥，其侵害友邦利權及中外債權人之利益，已屬無可諱言。⋯⋯嗣後對於海關擔保各項長期債務，凡在戰前訂借而尚未清償者，當就戰區外各關稅收比例應攤之數，按期撥交中央銀行專款專儲⋯⋯。（南京國民政府關務署檔案〔一七九〕680）。

6　1939年3月31日，「財政部對鹽稅擔保債務處置辦法之解釋」：財部發言人對三月二十六日孔兼部長發表關於以鹽稅擔保債務處置辦法之聲明，今續加解釋⋯⋯在政府與有關方面接洽未完成前，以鹽稅為擔保之公債，應按照一月十五日實行對於關稅擔保公債辦法同樣處理⋯⋯。南京國民政府國庫署檔案（三六七）（2）104。

遭受停付本息的命運。

　　抗戰結束後，1946年4月20日，財政部公債司原擬訂《戰前各債恢復償付辦法》，計畫恢復償還抗戰期間停付的各項外債，一律延付八年，補付但不計息，卻僅停留於研議階段。隨後因陷入內戰，償還外債之事無限期擱置。至今兩岸的態度不是迴避，就是否認債務的合法性，拒絕處理。問題懸宕至今未決。

二、從債主到承銷商

起步較晚，卻深耕中國的英商匯豐銀行，除了商業匯兌等業務，也積極建立起綿密的政商關係，爭取中國的對外借款，不久即成為中國政府的大金主，以及在華洋商的龍頭。匯豐也是第一家將中國政府借款帶到海外發行公債的銀行，早期中國發行的對外公債，大多出自匯豐之手。

建於1923年的上海匯豐銀行大樓。

匯豐，1865年同時在香港與上海成立，初期以經營中國與印度間的匯兌業務為主，兩地洋商為其主要客戶，出售英鎊匯票，後來才逐漸將中國普遍流通的本洋、鷹洋或銀兩等貨幣納入，招徠存放款業務，方便洋商資金進出，華商生意亦網羅其中[7]。匯豐在中國市場的起步並不是最早，但以反應快速、作風穩健著稱，很快就在同業中展露頭角。

早在1847年，英商麗如銀行（The Oriental Bank Corporation）就已在上海設立據點，經營外匯業務，在中國與印度一炮而紅。麗如的英鎊匯票受到貿易商的歡迎，甚至到了炙手可熱的地步，匯票在市場價格常高於面額。但是，後來麗如在錫蘭的外匯投資失利，損失慘重，1884年重整改名新麗如（New Oriental Bank），1892年再因外匯投資虧損而倒閉[8]。

起步較晚的匯豐，同樣立足於英鎊匯票業務，但作風保守，反而後來居上，逐步取代了麗如的地位，甚至進一步開闢並壟斷對中國政府的放款業務，躍升在華外國銀行的領導地位。匯豐也因而受到英國政府重視，成為其對華政策的重要工具。兼具著商業與政治雙重任務的「匯豐

7　Compton Mackenzie. "Realms of Silver", Chap ter v. China; the Treaty Ports; the Banks opens in Shanghai and Hong K ong; exchanging banking in China in the 1860's..... 52-64 pp .

8　參閱吳承明，《中國資本主義發展史》第二卷第二章第二節，〈外資企業的建立〉。

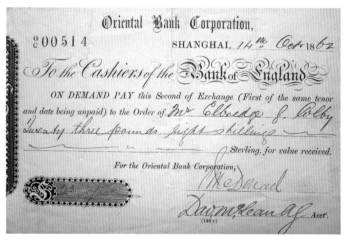

1862年10月16日麗如銀行在上海簽發給當地洋商的
英鎊匯票。

模式」，後來也被列強所複製，隨後才有
法國的東方匯理銀行、俄國的華俄道勝銀
行、德國的德華銀行和日本的橫濱正金銀
行等的出現。

匯豐及許多外國銀行都明瞭，來自中
國官方的借款持續增加，常是需款孔急，
並且逐漸超過銀行自身的資金能量，調度

匯豐北京分行的封緘蠟印。

資金的困難與風險都變大。
如此一來，將中國引導前往
海外發行公債募集資金，是
遲早的選擇。

不過，任何借貸都有風
險，必須進行控管。為此，
必須將中國政府納入西方的
公債管理制度。匯豐在代理
中國政府發行公債募集資
金，以及英國政府給予相關
核准的同時，均不希望中方
出現無法償還本息的情況，
導致金融動盪，所以中方必須為借款提供
明確與足夠的抵押擔保。對於西方各國來
說，中國的海關收入，無疑是償債的最佳
保證，亦可解決許多疑慮。然而，問題並
不簡單，由於中國一直未建立對外借款的
程序，息借洋款的初期，就暴露了許多亂
象。

根據海關總稅務司赫德（Robert
Hart）描述，當時官方在對外借款上，時
有先斬後奏的情形，事後又未必可以獲得
授權與核准。例如張之洞於兩廣總督任
內，所經辦的四次廣東海防借款（第二
次至第五次）中，就曾有未奏先借的情
形，1889年遭到降旨譴責[9]。有時借款是

9　李允俊主編《晚清經濟史事編年》，頁
　　557，上海古籍出版社，2000年5月。

擔任中國海關總稅務司半世紀
（1861–1911）之久的英國人
赫德。

因官員未經批准，遭到後任拒絕承認；也
有借款是以關稅擔保，卻未知會稅務司；
甚至有的借款，出現了借款名義與用途不
符的情形，都引發不少爭議。

赫德與總理衙門及各海關稅務司分別
溝通後，以關稅作為擔保的對外借款，約
在1868年起陸續建立共識，包括：地方
政府對外借款，必須獲得朝廷的同意；另
外，息借洋款，因具有涉外性質，按外交
慣例，應由總理衙門照會外國駐京使館，
並傳達中國政府對於借款合同的批准；對
外借款以關稅償還或擔保時，內部聯絡窗
口一律改由總理衙門負責知會總稅務司，
配合辦理。在各口岸海關的權限也進行整
合，各稅務司必須獲得總稅務司授權，才

得在抵押的海關印票簽署用印等[10]。

借款程序的建立，不僅是中國政府
內部之事，也深為洋商所注意。甲午戰爭
期間，直隸總督李鴻章透過駐英公使龔照
瑗，在英國由掮客與一家名為亞模士的公
司簽訂借款合同，被朝廷以未獲事先核准
而予以否決。後來，李鴻章仍試圖透過龔
照瑗出面，向匯豐銀行借款一百萬英鎊，
匯豐也是以借款尚未獲得朝廷批准而予以
婉拒[11]。由於程序的合法性，受到普遍關
注，中國對外借款作業流程，至此得以建
立。但赫德也因此牢牢掌握中國政府的借
款活動與企圖，對於匯豐，乃至於英國，
都是很大的助益。

於是，在條件大致成熟下，匯豐於
1874年首度嘗試將中國政府的借款，轉發
公債。只是，習慣直接向外國銀行借款的
中國官員，對於改以海外發行公債之事，
認識不足，並未有太多意見，為取得資
金，也只能聽任擺布。中國第一次對外發
行公債，就在匯豐的主導下展開。

10　1868年1月22日《海關總稅務司赫德致上
　　海英籍稅務司費士來函——海關簽署債票
　　之目的》。

11　陳霞飛，《中國海關密檔》（6）「天津
　　100萬英鎊借款備忘錄，1894年11月30
　　日」，頁180。

三、牡丹社事件後的台灣海防借款公債（1874）

中國最早以債券形式在海外公開發行的公債，是1874年的台灣海防借款公債。這筆公債是由匯豐銀行代理發行。

1874年（同治十三年），發生了「牡丹社事件」，日本藉口琉球漁民被害而入侵台灣南部，此一事件震動了中國朝野。當時的閩浙總督沈葆楨，為了整頓與強化台灣的防禦工事，與匯豐銀行洽商借款事宜。八月間，雙方簽訂借款合同，借銀兩百萬兩。條件是，年息八釐，半年付息一次。前一年半僅付息；此後，本息一併攤還，並由粵海、九江、江海、浙海、鎮江、江漢、山海、津海、東海等海關所收洋稅項分年代墊，再由福建將應解京餉撥還各海關[12]。

這筆借款，是以銀兩計值，兩百萬兩銀折合七十五萬英鎊。白銀是當時中國的法定貨幣，受到十九世紀後期各國紛紛拋棄銀本位改採金本位的影響，中國對外借款牽涉極複雜的匯兌程序，而且也必須承受白銀跌價的巨額虧損。

以銀兩借款對外發行公債，匯豐有兩種選擇：一是不改變貨幣類型，發行銀兩公債。外國投資人認購時，必須將其本國貨幣折算銀兩後繳納；還本付息時，中國政府以銀兩支付，外國投資人需再換回本國貨幣，不僅有往來匯兌的麻煩，還需承擔白銀跌價的風險。另一是將借款的銀兩預先換算成英鎊，發行英鎊公債。不過，相關成本與風險等於是由匯豐承擔。

匯豐選擇了後者，但也讓中國政府付出很高的利息。然而，十九世紀後期，銀

日本為事件中被害琉球漁民所豎立的墓碑。

12　同治十三年（1874）七月二十一日，沈葆楨等《籌辦台防向匯豐銀行借銀二百萬兩》摺。

價持續快速下跌，即使再高的利息，有時也無法彌補。匯豐與西方市場顯然也不歡迎這種作法。不久，中國對外發行的公債，大致都採用以英鎊為主的外匯作為貨幣單位。

台灣海防借款雖以銀兩為單位，實際上匯豐所交付的，卻非銀兩，也不是英鎊，而是匯豐在中國、香港各地經營的業務所累積的大量墨西哥鷹洋。這種銀元也是從1856年起受到上海租界華洋商人共同支持的本位銀幣。另一方面，作為借款使用地的台灣，當時也有流通；交付鷹洋，正好符合需要。只不過，匯豐以鷹洋取代銀兩，又多了一道英國先令計值的程序，鷹洋必須先兌換成先令，先令再兌換白銀，匯兌程序相當繁瑣。

這筆借款，有六十二萬七千六百一十五英鎊由匯豐代理中國政府對外發行公債，其餘十二萬兩千三百八十五英鎊則由匯豐自行出借。由於發行的是英鎊公債，匯豐必須承受白銀跌價的風險。公債規模雖小，匯豐仍將半數早一步在鄰近中國的香港發行，節省了作業時間與成本，其餘才在倫敦發行。

香港，成為中國最早的公債發行地。在成為英國殖民地後，香港於1865年制定《公司條例》，准許設立股份有限責任的股份公司，自此，才有股票的流通。匯豐銀行也在同一年創立。翌年，香港開始出現股票交易活動，主要是英國商人私人間的買賣，不過也有經紀商開始提供股票交易的撮合，部分政府公債亦在此進行交易。

起初，香港並未有正式證券交易的場所，1891年股票經紀會成立之前，交易活動主要集中在雪廠街（Ice House Street）街邊進行。匯豐銀行選擇將半數1875年台灣海防借款公債在香港發行，應該就是在這種環境下向香港英國商人兜售。

綜觀台灣海防借款的程序，借款合同於閩浙總督沈葆

台灣海防借款使用的墨西哥鷹洋。

槓呈准後，總理事務衙門隨即照會英國駐京使館。又因借款是以海關關稅償還，故總稅務司同時被知會，以便提撥作業之進行。匯豐銀行選擇將借款在香港、倫敦發行公債時，則由中國駐當地使節，也就是駐英公使，以欽差大臣身分代表清政府在債券上簽字用印。另外，匯豐銀行在代理發行公債的主導權，同時也反映在債券的生效條件上，發行辦法明文規定，無銀行代表的簽字，債券不生效力。這些流程與原則，於後來發行的公債亦獲得確立。

公債於1875與1876年分別在香港與倫敦兩地發行，年息八釐，期限十年，每年抽籤還本，發行公債一百英鎊券六千兩百七十五張，另畸零券六十六鎊兩先令與四十八鎊十八先令各一張。公債發行時，按面額出售，最後所有債券均順利完銷。

此一公債，歷次本息均如期償還，並於1885年最後一次還本後結清。債券於還本後繳回，應已全數銷毀，至今連註銷券也未曾出現過。

四、左宗棠的西征借款公債（1877）

左宗棠西征的籌備、用兵與善後各期間，胡雪巖擔任上海轉運局委員，負責購運西洋軍火、轉運東南協餉，餉糧不足，則向華洋商人洽借。舉借外債就有六次[13]。其中第四次於1877年向匯豐借銀五百萬兩，授權對外發行公債。

據記載，西征借款是沿用1874年台灣海防借款之例[14]，由匯豐銀行出借關平[15]銀五百萬兩。以上海、寧波、廣東、漢口四關關稅作抵。中方每月支付利息1%，合年息12%，本金分七年十四次攤還，並授權匯豐代為發行公債。

陝甘總督左宗棠。

「台灣海防借款之例」有一特殊之處，就是借款名為白銀，實則交付匯豐所持有的大量外國銀元——墨西哥鷹洋。

台灣海防與左宗棠西征的兩次借款，匯豐交付中方的鷹洋，都是先以英國先令銀幣計價，再換算成白銀。但，甘肅、新疆等中國西北地區，流通銀兩[16]，並不接受東南沿海省分所慣用的鷹洋。

比起台灣海防借款，西征借款因此多了一道將鷹洋兌換成白銀的手續，也增加了匯兌成本。胡雪巖選擇將銀錢兌

13　第一次借款：同治六年（1867），一百二十萬兩。第二次借款：同治七年（1868），一百萬兩。第三次借款：光緒元年（1875），怡和洋行一百萬兩，麗如銀行兩百萬兩。第四次借款：光緒三年（1877），匯豐銀行五百萬兩。第五次借款：光緒四年（1878），華商乾泰公司與匯豐銀行各一百七十五萬兩。第六次借款：光緒七年（1881），四百萬兩。

14　光緒三年（1877）五月二十六日，陝甘總督《左宗棠借定匯豐銀行洋款五百萬兩》摺。

15　關平，是海關徵稅時所用的秤重標準，但不同時期與地區的標準往往有所不同，約介於三十七・七七四九五克至三十七・九一三克間。當時所使用的平砝，種類多不勝數，常見有庫平、漕平、規平、司馬平等，重量各異，以下不再分別說明。

16　筆者，《舊上海・夷場新》，頁49–51。

換的成本「利息化」，由德商泰來洋行（Telge & Company）[17]「包認實銀」，負責提供五百萬兩銀。除了將鷹洋換成白銀外，不足五百萬兩銀的部分，泰來洋行也必須提供借款，為了這一樁兼具匯兌與借貸的生意，胡雪巖付出額外的成本，年息增至每年15%[18]，代價極高，引來許多攻擊與非議[19]。

光緒二年（1876），胡雪巖旗下杭州和記官銀號委託上海萃泰銀爐改鑄的西征餉銀。

17 Telge & Company，1899年後英文名稱改為Telge & Schröer，在華主要業務為彈藥武器、機械、鐵路設備等。

18 高陽《紅頂商人胡雪巖》小說中，對於這段史實有相當詳實的記述。第四章，「……光緒三年，由胡雪巖經手，向匯豐銀行借款五百萬兩，借還均用實銀，條件是月息一分兩釐五，期限七年，連本帶利分十四期拔還。每期六個月，仍由浙、粵、江海、江漢四關出票……左宗棠根據胡雪巖的答覆回奏，說匯豐的息銀，只有一分，誠然不錯，但付款辦法是以先令計算，折付銀圓；這種銀圓，一向在東南各省通用，稱之為『爛番銀』，西北向不通用，所以仍舊須借以兩為單位的現銀。但先令的市價，根據倫敦掛牌，早晚不同；到時候如果匯價上漲，胡雪巖便要吃賠帳，所以接洽德商泰來洋行，『包認先令』，這要承擔相當風險，泰來洋行得息兩釐五，並不為多。」

19 光緒三年（1877）七月三日，總理衙門《左宗棠向洋商借款利率前後不一，應飭查照》片。又，《曾惠敏公使英、德、意、俄日記》光緒五年，「英法兩國借貸子息，常例三釐有半，重者不過四釐。中國借洋債子息一分，銀行經手者得費用兩釐，債主得八釐。」「葛德立言及胡雪巖之代借洋款。洋人得息八釐，而胡道報一分五釐。奸商牟利，病民蠹國，雖藉沒其

另一方面，匯豐隨即行使借款合同所賦予的選擇權，將這筆銀兩借款發行英鎊公債。借款關平銀五百萬兩，合一百六十萬四千兩百七十六英鎊又十便士，轉往倫敦與上海租界發行英鎊公債，一百英鎊券一萬六千零四十二張，畸零券七十六英鎊十便士一張。公債年息8%，按面額九八折出售。

自1874年台灣海防借款起，這已是匯豐銀行第二度主導借款轉發公債；兩次都由銀兩借款轉發英鎊公債。過程中，除了銀兩與英鎊的兌換手續繁瑣外，還有匯兌損失的棘手問題。為了配合當地投資人，必須先將銀兩借款換算為英鎊，然後發行英鎊公債。償付公債本息時，中國支付銀

資財，科以漢奸之罪，殆不為枉，而或委任之，糧可忱已！」

西征借款公債一百英鎊券[20]，已註銷，為此公債債券在英國首度現身，2013年於倫敦拍賣會以四萬英鎊落槌賣出。

20　Image courtesy of Spink & Son Ltd., London. "Bonds And Share Certificates of The World Including The "London" Collection of China", 7 June 2013, L ondon.

兩，需再按當時的匯價換成英鎊，付給投資人。但，因各國改採金本位、拋售白銀，使得白銀處於長期大幅貶值之勢，這顯然非常不利於此種以銀兩償還英鎊公債的模式。

1875年台灣海防公債發行時，白銀與英鎊比價為二‧六六六六七兩換一英鎊；三年後的1877年，西征借款公債發行時，跌至三‧一一六六七兩換一英鎊。1885年，當西征借款與台灣海防公債先後清償完畢，更跌至三‧九八五一四兩兌一英鎊。總計，台灣海防公債所經歷的十一年多期間，銀兩貶值近五成；西征借款公債發行的七年期間，則下跌了約兩成八。這種公債借款模式，對於匯豐而言，風險極高。

西征借款中，匯豐從中國獲得的年息為12%，公債利息僅8%，其中4%的差異，可能是匯豐對於公債流通期間，白銀貶值的預期，並將白銀匯損予以「利息化」。不過，由於白銀跌勢凶猛，即使索取超額年息，亦無法將風險全數轉嫁，因此對於往後的借款，匯豐仍傾向英鎊借款，

銀兩借款的情形越來越少。

「包認實銀」也造成了額外的借款成本。由於匯豐提供的鷹洋，多在中國流通過，按傳統金融界的習慣，轉手間，為了檢驗銀幣成色，常被砸上大大小小的戳印，幾至慘不忍睹的地步。商民口中的這些「爛番銀」、「爛板」，比起沒有戳印的「光洋」、「光板」，市價較低，兌換成白銀後，必然無法達到借款全數。胡雪巖選擇另由洋商包認實銀，交付五百萬兩關平銀，為此支付 3% 年息，除了作為銀洋兌換成本外，也為了補足兌換後少於借款之數，以省去另行借款的麻煩。因此，這是一種兼具銀錢兌換與借款的交易，在當時西征需款火急的情況下，其實，這種安排不無其合理性，也果真規避了匯兌風險。

這筆借款所轉發的公債，選擇在倫敦與上海租界兩地發行。前者，是當時世界金融中心，理由自不在話下；至於上海租界的雀屏中選，則應與當地的證券交易市場已成形並日趨活絡有關。

五口通商後，上海的航運、銀行等業務快速成長，租界的洋商因採取股份制，開始出現了公司股票的交易，成為近代上海證券交易的起源，公債的買賣也側身其中。一八六〇年代，以股票為主的證券交易快速成長，1867 年上海的第一家專業證券經紀商英商長利公司（J.P.Biest ＆ Co）成立。隨後，證券公司便如雨後春筍般接連開設，但經營與參與者仍以上海租界的洋人為主。當時，中國並無證券管理規範，而是套用歐洲的交易規則[21]，因此可謂歐洲市場的延伸。匯豐銀行應是看中上海證券市場的潛力及對中國題材公債的熟悉，於是將部分西征借款公債移往發行，藉此試探水溫。從此，中國對外發行的各種公債，陸續成為上海租界交易的標的。

這筆公債於 1884 年清償完畢，債券回收銷毀，至今僅見遺存註銷票一張（如上圖），這是目前所知存世最早的中國對外公債券。

21　J.W. Maclelian, The Story of Shanghai, 1889.

五、中法戰爭時期的廣東海防借款公債（1885）

十九世紀下半，英國倫敦已是世界金融的首都，大量的國際資金與眾多政府公債在此匯集。1894年2月16日，倫敦金融街Lombard Street上的證券交易經紀商巴克萊公司（Barclay & Co）寄了一份報告給其客戶詹森・科布・皮爾森公司（Janson Cobb Pearson & Co.），告知代為經手的兩張公債本金獲償付，並已入帳。這個通知雖只是例行公事，但不尋常的是，信中提及的兩張中國七釐公債一百英鎊債券。在此之前，中國在倫敦才只有兩次發行公債的紀錄，是證券市場的新面孔。

中法戰爭期間，為了西南與台海防務之需，前後任兩廣總督張樹聲與張之洞，曾五次向匯豐銀行借款，其中後四次是發生在張之洞任內。部分借款在光緒十一年（1885）被重組與合併後，在倫敦分兩次發行公債，巴克萊公司信中所說的中國七釐公債，就是其中之一。

這是在1874年台灣海防公債與1877年西征借款公債之後，中國政府再度在海外發行與掛牌交易的公債，地點都在倫敦。

在此之前，國際投資人對於中國發行的現代公債，了解有限，不免心中忐忑，但由於有中國關稅的擔保，以及台灣海防借款與西征借款兩項公債，稍早均已償

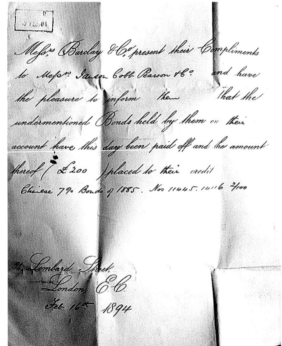

廣東海防公債出現在倫敦經紀商1894年2月寄給客戶的交易報告。

張之洞。

付完畢，加上給息高於歐洲債市四到五釐年息的一般水準，廣東海防借款公債發行後，照樣被認購一空。

兩廣總督的上述五次借款，合稱為廣東海防借款。前三次借款，均為銀兩借款，個別金額較小，皆由匯豐逕行出借[22]。第四、五次借款則在倫敦發行公債。

1884年12月，張之洞以粵餉不繼為由，奏准向匯豐第四次借款。翌年2月，經雙方磋商，改用英鎊，借款五十萬五千英鎊，折合銀兩百一十二萬兩千五百‧二九三兩。待雙方締約完成，隨後又增借七十五萬英鎊。1885年初，粵督再為支援台灣、越南與鮑超部隊的對法軍事行動，第五次向匯豐借款規平銀三百萬兩。另，為他省代借一百萬兩，包括撥滇、貴餉各四十萬兩，劉永福餉二十萬兩。這次借款，共規平銀四百萬兩，約合一百零一萬六千零六十六英鎊。但匯豐在報告英國政府之後，回覆「非一百萬英鎊不借」[23][24]。

一百萬英鎊，合上海規平銀三百九十三萬四千四百兩，是最接近中方欲借的四百萬兩的英鎊整數。可看出，此時英國的立場，並不在意借款金額的多寡，只是堅持使用英鎊。這種立場，與預備將金額

22　第一、二次借款，分別於1883年8月與翌年3月，因面臨法國的威脅，廣東海防吃緊，經費不敷使用，前後任兩廣總督張樹聲與張之洞，各向匯豐息借一百萬兩。第三次借款，則是在1884年閏5月，由於海防情勢更加緊迫，為添募營勇，購辦戰守各員，再向匯豐借銀一百萬兩。另有沙面償款二十萬元（合十一萬兩千五百兩），亦一併向匯豐借定。

23　光緒十一年（1885）一月三十日，《兩江總督左宗棠、浙閩總督楊昌浚致總署電——商借旗昌、匯豐款項》：「閩借款，此月初八日與旗昌訂合同，係匯豐代借。上海時價，規平銀四百萬兩，扣成英鎊一百零一萬六千零六十六鎊零，在閩交現銀……」

24　光緒十一年（1885）二月十五日，《兩江總督、督辦福建軍務左宗棠至軍機處電——向匯豐借款百萬鎊》：「……據匯豐洋行稱，接英公使電，必欲借一百萬鎊，扣成上海規平銀三百九十三萬四千四百兩零，非此不能辦……」

較大的第四、五次借款轉發公債有關，英方不願再承擔以白銀計價的不便與匯兌損失。

1885年廣東海防借款兩次發行公債，匯豐銀行透過改以英鎊借款，將原本使用銀兩所可能衍生的匯損風險轉嫁予中國政府。這種「非英鎊不借」的模式，後來也就被普遍沿用。

第四次借款，原為五十萬五千英鎊，另又增借七十五萬英鎊；第五次借款為一百萬英鎊。匯豐將第四次的五十萬五千英鎊與第五次借款合併於1885年5月第一次發行公債，分為A、B兩系列；A系列，一百萬英鎊。B系列，五十萬五千英鎊，各發行一百英鎊券一萬張與五千零五十張，年息七釐。隨後於次月再度發行公債，是第四次借款增借的七十五萬英鎊，年息六釐，發行一百英鎊券七千五百張。兩次公債均每半年還息一次，從發行第二

廣東海防七釐公債A系列一百鎊券。

年起，分十抽籤還本完畢。

兩次公債都由清政府以海關關稅作為擔保，駐英公使曾紀澤（毅勇）簽字蓋印，匯豐銀行代表副署，在倫敦與香港以面額九八折價販售。

巴克萊公司在信中所提到的中國七釐公債，編號各別為11445與14116號，由此可知是廣東海防借款第一次公債的B系列，入帳款是來自於第九年的中籤償付的

本金。兩次公債，都在1895年全數還清。

目前，廣東海防借款公債債券，第一次七釐公債A系列債券與第二次六釐公債債券，均僅見匯豐銀行檔案室存檔影像[25]，巴克利公司信中的主角——第一次七釐公債B系列債券仍不見蹤影。

25　Wilhelm Kuhlmann, "China's Foreign Debt". p22.

廣東海防六釐公債A系列一百鎊券。

六、慈禧修繕御花園所挪用的公債（1885-1887）

中法戰爭之際，慈禧太后挪用國家經費修葺宮中庭園的歷史，一般人多少都聽說過。不過，甚少被知道的是，這些經費的來源，有多次來自對外借款，並且至少有三次是在精心策畫下對外發行公債。這些公債，都以海關關稅償還，到期後均已償還完畢，所有債券被回收銷毀，現已無法目睹，留下的資料也相當有限。

慈禧太后。

1、神機營借款公債（1885）

1885年，清廷以神機營的名義與多家洋商洽商借款，結果，怡和洋行（Jardine, Metheson & Company, Ltd.）脫穎而出，贏得一百五十萬英鎊的借款合同。

這筆借款，名為神機營借款；一百五十萬英鎊，約合銀五百萬兩。十年期，年息七釐，每年以十個月計息，一年付息四次。前五年，僅付息不還本；後五年，每年第四期付息時，還本一次，由江海、江漢、津海、東海等四海關以關稅償還，怡和有權以借款對外發行公債。

神機營，是京師的禁衛軍，清末改用現代化武器。此一借款，宣稱是作為神機營的京畿駐防、餉項、軍火與調撥各路防營所需軍械之用，實際上，半數以上的借款被挪為修建頤和園的經費，僅北洋兵工廠獲得兩百四十八萬兩銀訂購船砲[26]。

怡和洋行隨後將借款發行公債，並委由英國霸菱兄弟銀行（Baring Brothers）於倫敦承銷，金額一百五十萬英鎊。為了方便公債作業習慣，利息改以一年十二月計，年息則調整為六釐。公債上對外揭露的借款目的，為供中國政府建造兵工廠、提煉煤鐵、啟用礦業用鐵路等。發行一百英鎊券六千張、五百英鎊券一千張與一千英鎊券四百張，按面額九八折發售。

26　葉志和、唐益年〈光緒朝三海工程與北洋海軍〉，《歷史檔案》，1986年第一期。

公債如期清償完畢。債券應已全數回收後銷毀，至今未曾現身。

2、南海工程借款公債（1885）

中法戰爭結束後，1885年6月，慈禧又下旨勘修三海（南海、中海、北海），作為頤養之地。工程經費約六百萬兩，再度挪用國防經費，其中多數來自海軍衙門。因數額尚有不足，於是又責成與洋人素有往來的粵海關監督增潤與北洋總督李鴻章等議借，後來又衍生出兩筆對外發行公債。

粵海關監督增潤負責籌款一百萬兩，分批解交。為此，粵海關先後兩次向匯豐銀行借款，共一百萬兩庫平銀，稱為「南海工程借款」。

第一次三十萬兩，係由匯豐以自有資金出借；第二次七十萬兩，匯豐則行使合同上的權利，對外發行公債。

這筆公債，以銀兩計價，數額不大，選定上海租界作為募集與發行地，應是鎖定洋商之間日趨活躍的證券交易活動，可以節省不少發行費用。再者，租界使用規銀付款，沒有外匯兌換的問題。

南海借款的擔保——粵海關稅銀。

公債發行辦法，根據當時上海刊登的募債發起書[27]的內容，債額七十萬兩庫平銀，合上海規銀七十六萬七千兩百兩，發行規銀兩百五十兩券三千零六十八張與畸零券規銀兩百兩一張。年息7%，三十一

27　《招募中華帝國政府1886年七釐銀借款發起書》本借款總額庫平銀七十萬兩，相當於上海規元七十六萬七千兩百兩，每一張債券為上海規銀兩百五十兩。利率：年利七釐，半年一付，於每年3月31日及9月30日照付。第一次付息與還本均於1887年3月31日，從1886年12月15日起計息。半年還本一次，至1917年3月31日還清。本息於上海匯豐銀行付給，或該行其他各地分行。1886年12月15日認購截止。標價低於兩百六十二·五兩，將不予接受。債券共三千零六十九張，其中三千零六十八張，各為規平銀兩百五十兩，餘券一張則為規平銀兩百兩。

年期，每半年攤還本息。招募方式採用公開競標，每張整券投標底價訂為高於面額5%的規銀兩百六十二‧五兩，創下中國對外公債溢價發行的首例，結果銷售一空。

可能是借款目的特殊，匯豐銀行給予策略性的配合，與稍早怡和洋行的神機營借款相同，合同中都未揭露借款真正用途。另一方面，南海借款也未按慣例在合同載明以關稅作保，但實際上仍由增潤提供印票，以粵海關關稅擔保。

借款依約於1917年結清，債券應已全數回收銷毀，已無法窺知其面貌。

3、三海工程借款公債（1887）

三海工程所需經費，直隸總督李鴻章也分攤籌款之責。1887年，李透過德國禮和洋行（Carlowitz & Co.）牽線與華泰銀行，也就是德意志銀行（Deutsche Bank Aktien Gesellschaft）簽訂借款合同，借款五百萬馬克，約合白銀九十八萬兩，年息5.5%，十五年期，以海關關稅擔保。前五年僅付息，後十年攤還本息[28]。借款的支付與償還，均以馬克為準，再折算銀兩。華泰銀行有權將借款轉為公債，對外發行。

1887年初，華泰銀行另委託柏林瓦色爾公司、法蘭克福登納洋行（Warschauer, and Berliner Handelsgesellschaft），在柏林發行公債。五百萬馬克，發行面額一千馬克的債券五千張，按面額106.25%出售，也是採用溢價發行，訂價甚至高於稍早的南海工程借款公債。債券由駐德公使許景澄簽字用印，詳細發行條件不明。公債於1903年到期，還本完畢，債券交由津海關銷毀[29]，至今亦無一現身。

28　三海工程借款，《皇朝掌故匯編》，外編，第三十二卷，華洋借款。

29　光緒十三年（1887）一月五日，《直隸總督李鴻章摺——息借德商銀款》。

七、甲午戰爭期間的公債 (1895)

面對日本的進逼，清廷在缺乏準備的情況下匆促宣戰，但軍費無著，只能四處舉債。

籌集軍費的行動也在國內推動，只是為時甚短即宣告失敗。清廷為了快速取得大量資金，只得再採用息借洋款的老辦法。但，由於時機敏感，各國不願開罪日本，對於借款大多態度曖昧，結果只借得四筆，金額均不大；分別為匯豐銀款、匯豐鎊款、瑞記借款與克薩借款，後兩筆甚至是拖延至戰事結束後才完成簽約。

1894年（光緒二十年）9月8日，戶部呈《酌擬息借商款章程摺》，仿外國辦法，制訂辦法六條，擬向京師富商借款獲准，於是發行了中國最早具有債券形式的國內公債。

直隸總督李鴻章以京城銀號、票號等有財力的紳商為募集對象，制定章程，募得款項，發給印票，上面加蓋藩司關道印信，每張面額銀百兩，交納與歸還均按庫平足紋。年息七釐，三年期，每半年付息一次，印票附有息票五張，以供領息。除前半年外，每半年還本四分之一，發行兩年半後償清。辦法並訂有獎敘規定，提供借款一萬兩者，給予虛銜封典；一百萬兩以上者，其善堂會館，可贈送匾額。

中國首度嘗試國內借款的可能性，戶部在《酌擬息借商款章程摺》中提及，當時對外借款都以英鎊為單位，由於白銀不斷跌價，中國以白銀還本付息，必須折價為英鎊，承受了鉅額的匯兌損失，寄望改向國內借用白銀可以避免。結果，國內的反應卻異常冷淡。1895年5月，戶部迫不得已，以借款造成市面白銀短缺、影響商

黃海之役。

業活動為由[30]，匆忙喊停，總共僅募得一千餘萬兩，對於經費的挹注，實屬杯水車薪，只得再乞靈於外債。

1、匯豐銀款公債（1895）

總理衙門於1894年10月24日向匯豐商借庫平銀一千萬兩，合上海規平銀一千零九十萬兩，匯兌時按三先令合每一規平銀付給中國政府，期限十年，年息七釐，以關稅作為擔保，借款供中日甲午戰爭沿海防務等費用，通稱為「匯豐銀款」。1894年11月9日清政府批准借款，並於1895年1月26日訂立合同，將還本之期展延至二十年，每半年攤還本息一次。

匯豐將一千零九十萬兩上海規平銀借款發行公債，在上海、香港、倫敦、漢堡、阿姆斯特丹等地發行債券，面額五百上海兩券，共兩萬一千八百張。發行當時匯率，五百上海兩，合七十五英鎊，按面額九八折發售，價格為七十三鎊十先令。駐英公使龔照瑗代表清政府簽字用印。

銀行佣金與其他費用，每三先令收四分之三便士，實交九七‧九一六折。本息於中國境內以銀兩發放，英、德、荷等地則按當日匯價支付當地貨幣；除在阿姆斯特丹由侯普銀行（The Hope Bank）負責外，其他地點均由匯豐發放。

這種以銀兩為貨幣單位的公債，1886年的南海工程借款亦曾發行過，但地點僅在上海。這次匯豐銀款公債的發行地，則進一步從上海擴及香港與歐洲地區，海外投資人於認購債券及領取本息時，多了換匯的程序和成本。債款全數於1914年償清，債券均已銷毀，目前僅見少數樣張被保留下來。

2、匯豐金款公債（1895）

1895年1月26日，清廷再與匯豐銀行簽訂三百萬鎊借款合同，通稱「匯豐金款」或「匯豐鎊款」，二十年期，年息六釐，每半年付息一次。前五年僅付息，後十五年攤還本息。中國政府隨時可按面額提前清償，但須提前六個月通知。借款以關稅為擔保，供甲午戰爭之用。

匯豐將借款轉往倫敦發行公債，有一百英鎊與五百英鎊兩種債券。按面額九六‧五折發售，由駐英公使龔照瑗代表清政府簽字用印。匯豐收取行佣與印花稅等

30　「伏查近年以來，帑藏偶有不敷，往往息借洋款，多論鎊價，折耗實多……中國與泰西通商，近來近出口貨價不能相抵，以至各省現銀日少，商力也遠不如前……」（《東華續錄》卷一二六，頁3。

共 4.5%，經辦銀行另收經理費 2%，實交中國政府借款九折，但匯豐並不為發行結果負責，實際銷售數字亦不詳。此公債於 1914 年還清，債券可能已全數收回銷毀。

3、克薩借款公債（1895）

克薩借款，在甲午戰爭前夕開始接洽，合同簽訂時已是戰後議和期間。克薩銀行（The Cassel Bank），是英人厄爾尼克薩（Ernest Cassel）開辦的印度、澳洲、中國特許銀行。

1895 年初，張之洞先以湖廣總督身分，與該銀行議借。由於張堅持不用關稅擔保借款，以避免總稅務司介入後，造成赫德與匯豐聯手干預的局面，卻因無其他擔保可用，瀕臨破局。為獲得借款，中央只好出面，並再以關稅擔保，完成簽約[31]。

內容大致為，借款一百萬英鎊，實收九十五・五萬鎊，年息六釐，二十年期。前五年僅付息，後十五年本息攤付，以海關關稅擔保，優先權列於匯豐金款之後。由渣打銀行（The Chartered Bank of India, Australia and China）承辦公債發行事宜。

訂約後，渣打銀行受託在倫敦發行公債，發行面額一百英鎊券一萬張，為取得較大利潤，渣打單方決定以面額 106% 的價格溢價出售，導致發行完成時間延長，待債款收齊，戰事已告結束。中日馬關議和後，債款改作裁勇練兵之用。公債債券，由駐英公使龔照瑗代表簽字用印，於 1915 年償清，全數回收銷毀。

4、瑞記借款公債（1895）

瑞記借款，又名南京借款，也是先由張之洞以地方督撫身分與德商瑞記洋行（Arnhold, Karberg & Co.）接觸後促成的。約與克薩借款同時，也是因不願赫德的介入，導致無法以關稅擔保，才改由中央出面簽約。不過，合同簽訂時，戰事已告一段落，中日雙方正進行議和之中。債款來自於德意志銀行，由瑞記洋行代表與中國政府簽訂合同。

借款一百萬英鎊，實收九十六萬鎊，年息六釐，每半年付息一次，前五年半僅付息，後十四年半本息攤還，期限二十年，到期本息以江蘇鹽課、釐金、籌捐撥付，並以海關關稅作為擔保。中日馬關條約簽訂後，債款改作裁勇練兵之用，於 1915 年償清。債券至今尚未出現過。

31　馬陵合、王平子〈克薩借款考辨〉。《社會科學研究》2015 年第二期。

八、馬關賠款籌款（1895-1898）

中日馬關條約簽訂於1895年3月，議定賠款兩億兩，限7年分8次支付完畢[32]。另，俄德法三國干涉還遼，須於3個月內，即1896年元旦，補還遼費3千萬兩外加威海衛駐兵費等。

兩億三千多萬兩，這個金額是中國自鴉片戰爭以來歷次賠款總和的四倍有餘，清政府兩年半的稅收，或者日本政府四年的歲入，對於中國財政造成衝擊的嚴重程度，可想而知。

為了馬關條約的賠款，清政府發行了三次對外公債募款，分別是1895年俄法借款四億法郎公債、1896年英德正借款一千六百萬英鎊公債與1898年英德續借款一千六百萬英鎊公債。這三次對外公債，折合白銀三億兩，造成的負債金額更超過了賠款。

整體而言，以馬關條約簽訂時點分界，在此之前，中國所借洋債，金額較小，對外發行公債，規模亦不大，期限也較短，後來大多清償完畢，債券回收銷毀；在此之後，借款與公債的規模不僅很大、期限也較長，未償還本息的情形越來越普遍。大量債券持有人求償無門，後來的中國政府亦無從收回，因此開始長期輾轉流落各國之間。

32　第一次，五千萬兩，簽約後六個月內，即1895年9月。第二次，五千萬兩，簽約後一年內，即1896年3月。第三次，一千六百萬兩，簽約後兩年內，即1897年3月。第四次，一千六百萬兩，簽約後三年內，即1898年3月。第五次，一千六百萬兩，簽約後四年內，即1899年3月。第六次，一千六百萬兩，簽約後五年內，即1900年3月。第七次，一千六百萬兩，簽約後六年內，即1901年3月。第八次，一千六百萬兩，簽約後七年內，即1902年3月。

1895年3月中日馬關議和。

1、俄法借款公債（1895）

馬馬關條約簽訂後，賠款分八期支付。第一次賠款五千萬兩，是在簽約後六個月到期。當時，戶部銀庫庫儲早已落至千萬兩以下[33]，不得不再借款解決燃眉之急。

各國早已料到中國必須再向外謀求數額空前鉅大的借款，無不使出渾身解數，軟硬兼施，爭取借款合同。其中，以英德與俄法兩大聯盟的對壘競爭最為激烈。

---

33 清代並無現代國庫的建制，較接近的是，戶部的銀庫。晚清時期，各省的財政支配權擴大，上納銀庫的稅收比例下降，全國稅收雖不斷增加，仍趕不上各項開銷的成長。甲午戰爭爆發前十年間，銀庫收進的銀數，從光緒九年的一千五百六十三萬八千五百八十八兩，成長至光緒十八年的兩千零八十五萬九千兩百八十一兩。但由於開銷更大，銀庫每年年底累計庫儲僅能維持在八百萬至一千萬兩之間。（史志宏《清代戶部銀庫收支和庫存統計》，表2-74，2008年2月初版，福建人民出版社）

債券上中國駐俄公使許景澄的關防與英文簽名。

俄法借款公債，已於1931年償清，此為少見的未經註銷的五百法郎幣。

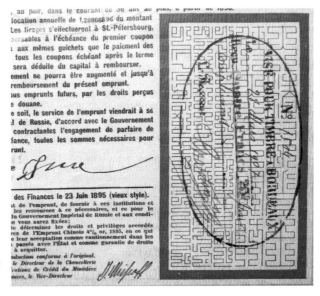

1895年4月，俄法聯盟由俄國財政大臣維特，向中國表明代發公債籌措賠款的意願，開出借款一億盧布，年息四釐，中國以關稅作保，若中國無力償債時，俄國願負擔保之責等條件[34]，最後打敗英德聯盟，雀屏中選。

1895年7月6日，駐俄公使許景澄與俄法銀行團代表聖彼得堡國際通商銀行（The St.-Petersbourg International Commercial Bank）簽訂合同，借款四億法國法郎，合一億俄國盧布，或一億兩銀。

俄法銀行團，是由十家銀行所合組，俄國有四家，法國六家。俄法銀行團依據合同將借款發行公債，券面使用俄、法、英三國文字。借款期限三十六年，每半年付息一次。自1896年起，分三十六次每年抽籤還本，至1931年償清，前十五年不得提前償還。

債款一億盧布，合四億法郎。債券計有五百法郎票五十萬張、兩千五百法郎票五萬五千張與一萬兩千五百法郎票一千張。法國六家銀行承銷兩億五千萬法郎的債券，俄國四家承銷其餘一億五千萬法郎。由駐俄公使許景澄簽字用印，加蓋「大清欽差大臣之印」關防，以示中國政府承擔債務之意。

公債名為大清政府1895年俄法借款四億法郎四釐公債。依據借款合同，銀行團按面額九四‧一二五折包銷，中國另外必

34　但俄國也開出中國必須撤換總稅務司，改由俄人擔任在內等條件。先前於1859年，英國人李泰國（Horatio Nelson Lay）被清廷任命為海關總稅務司（Inspector General），成為中國海關的最高主管，後來的總稅務司也一直由英國人接替。俄國的挑戰隨即引起英國反彈，中方亦未予接受。

Oukase de S. M. l'EMPEREUR de Russie adressé au Ministre des Finances le 23 Juin 1895 (vieux style).

Conformément à Notre ordre, vous vous êtes chargé d'intervenir entre le Gouvernement Impérial de Chine et des institutions de crédit et maisons de banque françaises et russes, par vous choisies, au sujet de l'émission par le Gouvernement Chinois de l'Emprunt Chinois 4% or, 1895, au capital nominal de quatre cent millions (400.000.000) de Francs.

A cet effet, Nous vous ordonnons:

1) dans les cas où, pour quelque cause que ce soit, les sommes nécessaires pour l'acquittement des coupons échus et des titres sortis au tirage de l'Emprunt Chinois 4% or, 1895, n'auraient pas été, aux échéances respectives, mises à la disposition des institutions de crédit et maisons de banque chargées du service d'intérêt et d'amor-

tissement de l'emprunt, de fournir à ces institutions et maisons les ressources à ce nécessaires, et ce pour le compte du Gouvernement Impérial de Russie et aux conditions que vous aurez fixées;

2) de déterminer les droits et privilèges accordés aux titres de l'Emprunt Chinois 4% or, 1895, en ce qui concerne leur acceptation comme cautionnement dans les contrats passés avec l'État et comme garantie de droits d'accise à acquitter.

Pour traduction conforme à l'original.

Pour le Directeur de la Chancellerie des Opérations de Crédit du Ministère des Finances, le Vice-Directeur

俄國刻意在債券上刊印沙皇擔保中國債務的命令。

須支付銀行經理費0.25%，以及印刷費、郵遞費、印花稅等[35]。此一公債受到競爭失利的英德兩國抵制，未能在倫敦、柏林兩大歐洲主流債市發行，俄法銀行團選擇前往多地突破重圍，於巴黎、聖彼得堡、日內瓦、布魯塞爾、阿姆斯特丹與法蘭克福發行，後來獲得十二倍的超額申購，成績相當亮麗。

承作這筆公債借款的俄法銀行團，隨即於1895年12月10日在聖彼得堡成立道勝銀行（Russo-Chinese Bank），成為前進中國的重要推手。在俄國的慫恿之下，中國從俄法借款中撥銀五百萬兩（約合七百五十六萬兩千盧布）入股，讓該銀行打著華俄道勝銀行的招牌及第一家中外合資銀行的名號，在中國通行無阻的經營各種金融業務，將侵略行為合法化，甚至名正言順的增訂在銀行章程中[36]。中國政府則空有股東之名，並未取得任何董事席次或其他權利。

俄國於伊始即主動表示願為中國的借款作保，後來更抓住機會，大肆宣傳。由於債券出自俄國設計的緣故，刻意將沙皇對於財政大臣下達的諭旨刊印在中國的債券上，昭告世界有關俄國為借款作保的消息。其內容寫道：「俄國沙皇1895年6月23日（舊曆）命令財務大臣，遵照本諭旨，你必須與大清政府及所選定的俄法銀行、信用機構，對於中國政府發行的1895年四億法郎四釐金公債，進行協商。因此，朕命令你：（1）倘若，無論何故，償付公債到期的本息的款項，未在各別的期限前存入相關銀行、信用機構所指定的帳戶時，必須提供前開銀行、信用機構必要的解決辦法。你的決定，代表俄國政府。（2）確認以中國政府1895年四億法郎四釐金公債，作為國際合同或國內納稅質押擔保的資格。」

這種將一國元首的命令刻意刊登在他國公債券上，以及宣示擔保他國債務的作法，是一種粗魯不尊重的作法，也顯示出俄國染指中國的野心。列強各國均深知中國償債能力無虞，俄國只是想藉由不具風險的表態示好，交換其他政治條件，並非真心相助[37]。

35　資料來源《關稅紀實》，頁217。

36　包含：一，代收中國各項稅捐；二，經營地方財政及國庫有關事業；三，鑄造中國政府允准之貨幣；四，經理中國政府募集公債本息之支付；五，布設中國內之鐵路與電線，並訂定中國東省鐵路公司合同，建造鐵路與經理事宜悉委銀行。

37　「中國政府已從俄國政府得到一筆由俄國保證，按九三發行的四釐借款……給予這種保證，是沒有什麼財政上的風險的，中國的資源，如果以謹慎的估計，是足夠償付借款的。」（1897年12月22日及同月31日，英國駐華公使竇納樂與英國外相薩里斯的往來書信《藍皮書》，1898，頁9與頁11）。

果真如此，俄國發生十月革命後，蘇維埃政府便不顧前政府的承諾，先後沒收公債保留票（Reserve Stock）及公債備付本息，引發國際紛爭[38]。

俄國擔保中國的債務，真正目的在於插手中國的海關事務。中國是以海關關稅擔保俄法借款，作為借款保證人，俄國可要求中國定期提供海關收入的相關資料，介入長期由英國人把持的中國海關。

此一公債，在1931年還清，債券於還本後回收銷毀。其中一萬兩千五百法郎券已絕跡多年，五百法郎票與兩千五百法郎票，至今僅發現有零星數量傳世，多為經打洞的註銷票及極少數原持票人逾期未領債款而保留下來的未註銷票，偶爾現身國際拍賣會。1895年以前的中國對外債券，無論註銷與否，都難得一見，收藏市場可找到的，幾乎都是在此之後。1895年俄法借款

"HONEY, MY HONEY!"

CHINAMAN.—"MUCH OBLIGED TO YOU FOR THIS LITTLE ADVANCE; BUT I'M AFRAID I SHALL WANT SOME MORE SOON."
BEAR (aside).—"So SHALL I! A GOOD DEAL MORE—FROM YOU." [Hums "Oh honey, my honey!"]

. Russia had guaranteed a loan of £16,000,000 to China.

當時的英國諷刺漫畫，嘲諷俄國對華借款，居心叵測（Punch, or the London Charivari, 1895）

公債，可謂早期中國公債之中具有收藏可能性之最早類型。

38　俄國十月革命成功，蘇維埃政府將聖彼得堡國際通商銀行所保留以備調換損壞券之債票沒收。中國政府為保護持票人利益，決定換發新式息票。1931年7月發生國際通商銀行扣留備付借款本息之款計法金六百五十萬餘法郎之事，經中國政府提起訴訟，該行始允賠償四百萬法郎。

【關於華俄道勝銀行】

華俄道勝銀行於1895年12月20日，依俄國法律成立於聖彼得堡。這是當時俄國因開發西伯利亞鐵路等巨額開銷，財政窘迫，於是引進法國為主的外國資金所促成。道勝銀行設立之初，法資占62.5%，俄資僅為37.5%，不過這並不影響俄國對於銀行經營的主導權，俄方仍占有董事會席次八席中的五席，並推派董事會主席。隨後，俄國加碼認購增資新股，逐步提高持股比例，於1902年超過法國，躍升為最大股東。

為了打開中國市場大門，1896年俄國迫使清廷出資五百萬兩，使該銀行取得中俄合資的名義，名正言順的在中國各地拓展銀行業務。至於中國，入股後則成為一個「沉默股東」（Silent Partner），無權干預銀行經營，亦無任何董事席次。

道勝銀行在中國的據點，集中在上海以北的都市，除

1910年，道勝清算改組。新銀行發給股東的清算資金分配證券。

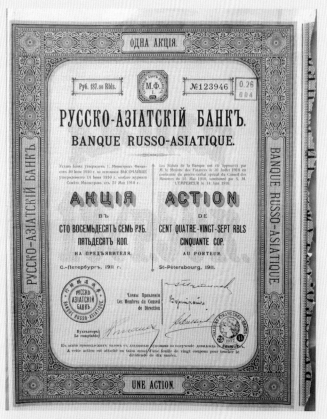

1911年道勝銀行股票。

了上海以外，還有北京、天津、漢口、營口、煙台、青島、哈爾濱、旅順、大連、長春、吉林、海城、瀋陽、張家口、烏魯木齊、庫倫等二十餘處。在清末享有代收關稅、經營鐵路等特權，至民國初年，更進一步代收鹽稅。

道勝銀行在華尚享有發鈔權，除了以盧布票（羌帖）強行在中國流通外，也以自己名義在華發行過銀兩與銀元票。

該銀行歷經多次增資，於1910年清算，並與俄國北方銀行合併，改組為 TheRusso-Asiatic Bank，中文名稱一直使用「華俄道勝銀行」（又譯為「俄亞銀行」）。雖有「華」俄之名，卻只是幌子，這是一家如假包換的俄國銀行。

該行於1917年十月革命後，因在俄境的資產遭新政府沒收，打擊甚大，終於1926年9月25日停業。

2、英德正借款公債（1896）

馬關條約賠款的第二期款五千萬兩，支付期限於1896年3月屆滿。1895年俄法借款公債所得款項，減去行佣、折扣、費用、提存利息，並支付日方第一期賠款後，所剩無幾。清廷決定再次舉債。

此時，朝中有關發行內債的聲浪四起，黃思永有關昭信股票的倡議被採納。昭信股票招募期間，由於國內欠缺發行公債所需的條件，息借商款失敗的癥結依舊存在，昭信股票很快也以失敗收場。

當時對於公債的認知嚴重不足，官員抱持舊思維帶頭認購，卻不敢以朝廷的債主自居；紳商則視之為一種義務性的報效，或是一種可交換虛銜封典的捐納，無一朝金錢借貸關係的方向思考。所以普遍出現購買公債，卻不領債券，情形與四年前的息借商款類似。這種社會環境下，公債體制自然無法健全發展。又由於公債的發行、買賣與管理欠缺整體規畫，使得募集工作困難重重，各地強迫攤派，貪污舞弊不斷。昭信公債與息借商款的先後慘敗，也迫使清廷對於內債斷念，確定走向借洋債的路線[39]。

39　曾建民《晚清公債的發行及其影響》，淡江大學歷史系九一學年度碩士論文。頁43–47。

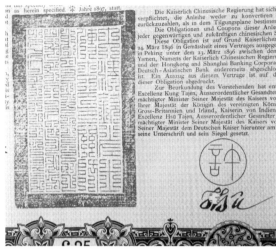

1896年英德正借款公債，德版二十五英鎊券，加蓋代表使節印信「大清欽差全權大臣關防」，並有駐德公使許景澄之簽字與私印，德華銀行代表簽字副署。

這次，英德聯盟捲土重來，且來勢洶洶。為了扳回一城，英德屢以外交手段施壓清政府，最後在海關總稅務司赫德的撮合下，清廷決定捨棄俄法，改向英德借款。1896年3月23日，英國匯豐銀行和德國德華銀行，與清廷在北京簽訂借款合同。

借款總額為一千六百萬英鎊，與一年前的俄法借款約合一千五百八十二萬英鎊，兩者數目相近，折合白銀一億兩。匯豐與德華被授權對外募集公債，兩家銀行承擔各半，分別於倫敦與柏林承銷。

公債分兩次發行，分別於1896年4月與9月，銀行以面額九四折承購，再以九八・七五折與九九折發售。三十六年期，年息五釐，每半年付息一次，自1897年起，每年抽籤還本一次，中國以海關稅收作為擔保。借款用於支付馬關條約第二、三次款，利息和威海衛駐兵費。借款合同出現有中國於半年內不得另借他款的規定，並且在三十六年期限屆滿前，不得提前還款。此舉除了確保投資人的獲利外，也杜絕中國向俄法另借以提前還款的可能性。

匯豐與德華兩銀行在倫敦與柏林分

1896年英德借款公債，德版五十與一百英鎊券。均在償還完畢後，打洞註銷。

頭發行公債。債券分為英版與德版兩種，內容均採英、德文並列，面額，分為二十五、五十、一百、五百英鎊四種，兩家銀行承作各半。英版，由匯豐銀行發行，以中大面額債券為主，分別是五百鎊券一千五百張、一百鎊券六萬張、五十英鎊券兩萬張、二十五鎊券一萬張，共九萬一千五百張；德版，由德華銀行發行，偏重中小面額，計有五百鎊券五百張、一百鎊券四萬張、五十鎊六萬張、二十五鎊券三萬張，共十三萬零五百張。德版債券張數多於英版。

作為對外發行的國家公債，債券是由駐外使節代表中國政府簽字用印，以示中國政府承擔債務之責。至於代表的駐外使節，則視公債發行地的所在國而定。所以，英德兩版，分別是由駐英公使龔照瑗及駐德公使許景澄簽字，並加蓋關防。

由於舉債規模龐大，為了提振市場信心，此公債發行時，英國由國會通過決議，承諾在債券到期後，持有人可用以轉換其國家銀行——英格蘭銀行（Bank of England）的記名股票，債款可確保無

虞。此舉，無異是對中國公債的一種擔保，這是與俄國稍早對於中國公債所做保證的較勁。英國同時也提出要求，在中國為還清借款之前，中國海關總稅務司一職，繼續由英國人擔任[40]。相同的擔保，在1898年英德續借款一千六百萬英鎊四‧五釐公債，亦曾再度出現。

這筆公債於1932年清償完畢。總計中國償還本息兩億三千兩百三十五萬五千三百九十二兩，是實收銀數的二‧五四倍。因此留存至今的債券，除非持有人逾期未領，否則均為打過洞的註銷券。目前所見，多為德版，英版已幾乎絕跡。按慣例，債券經償還後，經辦的外國銀行必須交由當地中國使館核銷，避免債券再流入市面。這筆公債，顯然，中國駐英德兩使館註銷方法不同。駐德使館採用打洞註銷，駐英使館則是直接銷毀結案，以致連註銷票也不存。

3、英德續借款公債（1898）

馬關條約第四期款到期之前，日人提出中國如果提前全額清償，可豁免賠款所有利息的提議，同時根據第八條[41]有關日軍對於威海衛的占領也將可提前結束。這個提議，竟引起清廷的興趣，並予以接納。這回，英德聯手再次打敗俄法團隊，在出借權爭奪戰中勝出。1998年3月1日，清廷與匯豐、德華兩家銀行簽訂續借款合同，提前償清對日所有賠款。

---

41 第八條：中國承認日本占領山東省威海衛三年，待中國還清賠款後才交還，如果費用支付不全，日軍不撤回，日軍軍費由中國負擔。

英國諷刺漫畫：借款敲定前，英俄兩國再掀借款爭奪戰，互不相讓，中國政府左右為難。（Punch, or the London Charivari, Fed.5, 1898）

---

40 合同第七款訂明，「至此次借款未付還時，中國總理海關事務應照現今辦理之法辦理」。

續借金額仍為一千六百萬英鎊，約合白銀一億兩。年息四·五釐，較前次微降半釐，但整體條件卻越來越差。兩銀行以面額八三折承購，實交一千三百二十八萬英鎊，再於倫敦、柏林兩地以九折售出，是歷來最大息扣之一，公債發行當下，中方立即損失了 17% 的債款，計兩百七十二萬英鎊。借期四十五年，較前次多了九年，並且不得提前償還。至於不得另借他款的限制，則從上次借款的半年，延長為一年。

借款再度對外發行的公債，英德仍承擔各半，分別於倫敦與柏林發行。延續前次作法，英版，以中大面額為主，有五百鎊券兩千四百張、一百鎊券六萬六千八百七十五張、五十鎊券一千五百張、二十五鎊券一千五百張，共七萬兩千兩百七十五張，由駐英公使羅豐祿簽字蓋印。德版，則是多為中小面額，有五百鎊券一百張、一百鎊券四萬三千一百二十五張、五十鎊券五萬八千五百張、二十五鎊券兩萬八千五百張，共十三萬零兩百二十五張，由駐德公使呂海寰簽字蓋印。

清廷仍以關稅作為擔保，但在多年來不斷作為各借款的擔保與償債之用，餘額所剩有限，瀕臨超支的狀況，已不足以擔保此全部借款。於是，追加蘇州、淞滬、九江與浙東四處貨釐與宜昌、鄂岸、皖岸三處鹽釐約五百萬兩，作為擔保。

清政府心繫於豁免賠款利息與日軍提早自威海衛撤兵，寧可忍受續借英德款的沉重代價。此一決策，令許多人無法苟同，在當時也引起輿論批判與社會撻伐，不過都已無法挽回。

公債還款期限四十五年，本應於 1943 年清償完畢，卻因對日抗戰於 1939 年中止作業，部分本息未再支付，延宕至今未決。現今，政府在台灣年度決算仍編列此公債的結欠本金兩百九十九萬六千四百二十五英鎊。所謂結欠，就是指未清償的公債債務。英版部分，有二十五鎊券兩百八十五張、五十鎊券兩百八十二張、一百鎊券一萬兩千五百二十六張、五百鎊券四百四十九張，面額共一百四十九萬八千兩百鎊。德版，有二十五鎊券五千三百三十七張、五十鎊券一萬零九百五十六張、一百鎊券八千零七十五張、五百鎊券十九張，面額共一百四十九萬八千兩百二十五鎊。

通常，逾期未清償，是造成大量舊債券滯留外界的原因，而中國早期對外發行的債券，大多因清償後回收銷毀，難得一見。1898 年英德續借款債券，逾期未清償的數量，則是遠超過任何更早發行的中國對外公債。目前所見，除了部分是經償還完畢、打過洞的註銷券，還有相當數量是逾期未清償的有效券。中國的各種早期對外公債，有大量逾期未清償而到處流浪的情形，大概就是從此開始。

1898年英德續借款公債，英版一百鎊（上左）、五十鎊（上右）與二十五鎊。駐英公使羅豐祿關防、簽字、蓋印，匯豐銀行代表簽字副署。

1898年英德續借款公債，德版一百鎊（上左）、五十鎊（上右）與二十五鎊。駐德公使呂海寰關防、簽字、蓋印，德華銀行代表簽字副署。

九、晚清的鐵路公債（1896-1911）

馬關條約簽訂後，中國不斷出現以興建鐵路為名的對外借款，儼然成為晚清公債的主流。當時，俄、法、比、英、法、美等在中國掀起搶建鐵路、爭奪路權的競賽，以提供借款作為取得築路權的手段。不過，完工後的鐵路與營運權都成為借款擔保，各種不利中國的合同條件，在各國間援引比照，引起主張集資商辦鐵路的知識分子與商人階層的不滿，最後演變成抗爭。

1896年李鴻章訪俄期間，與俄皇尼古拉二世合影。

1、山海關內外鐵路借款公債（1899）

馬關條約簽署後，由於俄、德、法三國的干涉，迫使日本同意由中國以三千萬兩贖回遼東半島。事後，各國紛向中國邀功，要求回報；其中以俄國最為積極。1896年4月，俄國利用李鴻章獲派赴俄祝賀沙皇尼古拉二世加冕典禮之際，伺機賄賂，誘使簽訂《中俄密約》[42]，以兩國共同對抗日本為藉口，大舉侵入中國東北。

---

[42] 密約共六條，主要內容為：一、日本如果侵占俄國遠東、中國或朝鮮領土，中俄兩國應以全部陸、海軍互相援助，並接濟軍火、糧食；二、未徵得另一方同意，簽約國不得與敵方議立和約；三、戰爭期間，中國所有口岸均應對俄國軍艦開放，中國地方官應盡力供應所需；四、允許俄國在黑龍江、吉林兩省修築鐵路直達海參崴（Vladivostok），該鐵路由華俄道勝銀行承辦，其詳細合同由中國駐俄公使與華俄道勝銀行議定；五、無論戰時或平時，俄國均有權通過該鐵路運送軍隊和軍需物品；六、本條約自鐵路合同批准之日起生效，有效期十五年，到期六個月之前，雙方再行商議展限事宜。

1896年8月，俄國隨即按照密約，以中俄合辦「中國東省鐵路公司」為名義，在中國境內建造通往海蔘崴的鐵路。這條由俄境西伯利亞鐵路南下貫穿中國東北的鐵路，被稱為中東鐵路（China Eastern Railway）或中國東省鐵路、東清鐵路等。這個模式，與使用華俄道勝銀行為幌子，在中國進行經濟侵略，如出一轍。

鐵路是由華俄道勝銀行承建，為了連接西伯利亞鐵路，中東鐵路的鐵軌軌距是採用俄國標準，在中國卻無法與境內鐵路相銜接。另一方面，鐵路公司的名稱，雖冠上「中國」二字，卻是一家依據俄國法律成立、不折不扣的外國法人。鐵路既不為中國所用，公司也不為清政府所管。

俄國還進一步擴大特權，包括鐵路用地全由中國配合提供，官有則無償使用，民地則價購；俄方有權使用鐵路運兵、公司獨占鐵路沿線的行政權與警察權等，中東鐵路於1897年開始修建、1903年完工。鐵路沿線及其周邊區域，從此淪為俄國勢力範圍。

然而，日本覬覦中國東北既久，這次的中東鐵路，加上稍早干涉還遼事件，日俄兩國間的嫌隙更為加深，已引燃日後爆發衝突的導火線。

清廷無力阻止俄國入侵東北，也只好搶建關內到東北的鐵路線，亦即山海關內外鐵路，或稱京奉鐵路（Peking-Mukden Railways）、北寧鐵路，外國則稱為中國北方鐵路（Railways of North China）。

這條連接首都北京與故都盛京（瀋陽）的鐵路，對於滿清統治者而言，意義重大。1897年，胡燏棻獲派擔任山海關內外鐵路督辦，負責整合山海關內的津蘆（天津—蘆溝橋）與津榆（天津—山海關）鐵路，以及興建關外通往新民廳與營口的支線，便於貫通關內關外，避免路權再被染指。

但過程中有一堆的問題必須先解決，包括提前償還先前建造津蘆鐵路所借洋款、收購官商各自為政的津榆鐵路之商路部分（即天津到古治段），並籌措關外路線的建造費用等。清廷最後決定採用「以夷制夷」的策略，向匯豐銀行借款，再與當時在全球各地積極防堵俄國擴展的英國合作，完成關內關外鐵路的整合。

1898年10月10日，清廷由山海關內外鐵路督辦胡燏棻與匯豐銀行代表中英銀公司簽訂借款合同，金額兩百三十萬英鎊，年息五釐，四十五年期，前五年只付息不還本，後四十年還本付息，提前還本須多付20%。另，應英方之要求，比照蘆漢鐵路借款之作法，由中國提供鐵路路產與收入作為第一順位擔保。這種以國家鐵路做擔保的作法，在同年6月甫定案的蘆漢鐵路借款合同開例之後，立即被引用。後來，許多中國國家鐵路，清償借款之

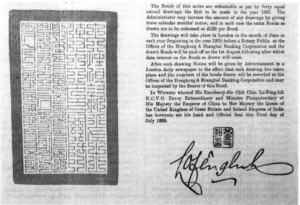

關內關外（京奉）鐵路一百鎊券。駐英公使羅豐祿加蓋關防、簽字、私印。匯豐銀行代表1899年7月1日副署。

前，長期淪為外人掌控，這條鐵路，是其中之一。

借款隨後由匯豐銀行代理中國於倫敦發行公債，債券由中國駐英公使羅豐祿代表簽字用印。按面額九七折發售，扣除銀行佣金與費用，實交九折。

依據借款合同，這條鐵路線不得被「外國化」或讓與外國（be alienated or parted with to a foreign power），但諷刺的卻是讓鐵路淪入英國之手，全面「英國化」，包括英方擁有用人與經營權、怡和洋行獨家供應鐵路設備等。英國更是乘機將勢力長期伸入中國東北，除了鐵路，也大肆開礦。這些都成為中國付出的代價。

英國進入東北後，與俄國的競爭，相互牽制。兩國均有意將勢力推向中國長城以北，因此也都反對中國將北京至內蒙的鐵路交由他國承辦。這種情形下，意外促成中國第一條自行設計與建造的鐵路——京張鐵路的誕生。1905年，清廷採納直隸總督兼山海關內外鐵路督辦袁世凱與會辦大臣胡燏棻的提議，決定不開罪兩方，自建從北京到張家口的京張鐵路，並指派詹天佑為總工程師。鐵路於1905年10月開

1899年英國漫畫，諷刺中國無力阻止俄國在東北建造鐵路而引進英國介入。

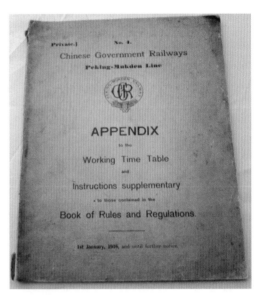

英國化下的京奉鐵路。1916年英文行車指南。

工，克服了資金、技術、設備等問題，終於在1909年8月完成。這就是中國第一條自力設計、興建的鐵路，總長兩百餘公里。

另一方面，英俄對於維護彼此的區域秩序與利益，雙方一直存在著默契。在天津稅務司英人柯樂德的推薦下，清廷在1899年同意了俄商附股開辦鄂爾河等處金礦[43]，開

---

43 光緒二十五年三月二十四日請試辦鄂爾河等處金礦，光緒二十五年一月二十六日議准俄商附股開辦鄂爾河等處金礦事請詳細聲復，光緒二十五年三月二十五日咨送奏請開辦鄂爾河等處金礦等摺片。

英國進入東北後，順勢大肆開礦。圖為1923年英商東北金礦公司（Manchurain Gold Fields）股票。

獲得英國支持的蒙古土謝圖汗與車臣汗部礦務公司，及其1911年五十盧布股票。

也並非所謂的附股。英國透過對於既成事實的承認，對俄國釋出善意，承受損失的卻是中國。

日本發動九一八事變後，占領並接管東北境內鐵路，京奉（山海關內關外）鐵路亦於1932年淪入日人之手。但中國政府為了宣示主權，仍繼續支付本息至1941年為止，因此存世的債券，上面的息票僅留下1942年2月與以後到期的最後四張，在此之前的息票均已獲支付。1942年後，因對日抗戰而中斷償付本息，受影響的債券據統計共一千七百二十五張。其他獲得還本的債券，可能大多被銷毀。目前收藏市場所見，是未清償的一千七百二十五張之一部分。

設「蒙古土謝圖汗與車臣汗部礦務公司」（Société Anonyme Minièe des Aimaks de Touchetoukhan et de Tsetsenkhan en Mongolie）。

清官員雖上奏說這是「招俄商附股」，但這家公司早已根據俄國法律設立。根據其股票所列章程，在1897年2月15日，俄國部長會議就已對該公司資本做過裁示，顯示整個事件不僅是出自俄國政府策畫，存在時間，也早於清廷的了解，

2、有關蘆漢鐵路的公債（1898-1911）

蘆漢鐵路，亦即後來的京漢或平漢鐵路，是早期中國最重要的一條縱貫鐵路主幹線。著眼於此，各地有許多鐵路選擇前來交會，建構成為一面重要的交通網。但，為了興建工程、追加預算及索還路權，中國政府屢屢借款，其中發行公債者，就有五筆之多。

為避免外國搶奪築路權，1898年大清鐵路總公司成立，搶先興建蘆漢鐵路。清廷選定比國鐵路公司建造，借款四百五十萬英鎊，作為工程費用，期限三十年。此後，因工程預算不足，雙方又於1905年另訂借款合同，再借五十萬英鎊。為此，中國政府授權比利時商，對外發行了兩次公債。

在上述兩次借款合同中，中國政府承諾以鐵路資產與經營權作為借款擔保，比利時鐵路公司另可獨攬鐵路工程與材料設備的採購權利，以及兩成鐵路營運的利潤等，引起國內各方的不滿與爭議，官方被迫於在十年後的1908年，即提前清償借款贖回鐵路。此時，蘆漢鐵路也已改名為京漢鐵路。

為了籌措償還比利時商款項，當時負責交通事務的郵傳部決定借新還舊，以債還債。1908年改向英法借款五百萬英鎊，

並對外發行公債。由於扣除發行公債的成本費用，所得不足以償還舊債，同年郵傳部又罕見地在國內發行京漢鐵路贖路公債一千萬銀元。這是為了蘆漢鐵路所發行的第三與第四次公債。

隨著國內銀元公債的認購情形欠佳，致使承辦的郵傳部資金周轉不靈，無法償還借來應急的度支部款項。1911年郵傳部轉向日本橫濱正金銀行告貸，成立了償還度支部官款一千萬日圓借款，再授權對外發行公債。這是因蘆漢鐵路所衍生的第五次公債。

（1）蘆漢鐵路比國借款公債（1898）

早在1889年間，當時的兩廣總督張之洞就曾以《請緩造津通改建腹省幹路摺》，倡議建構貫通南北從京城外的蘆溝橋到湖北漢口的蘆漢鐵路著手，全線分成四段，八年完工。

張之洞認為，此一鐵路將是中國鐵路交通的樞紐與大利之所在，並且，在資源有限的情況下，1885年李鴻章奏請在直隸境內聯絡天津與通州的津通鐵路修建，有必要暫緩[44]。

---

44 李允俊主編，《晚清經濟史事編年》，頁549，上海古籍出版社，2000年5月。

張之洞的建議獲得清廷採納，並開始在湖北籌辦漢陽鋼鐵廠，以供應鐵路建造之需。但由於經費無著及列強虎視眈眈，紛紛爭取鐵路興辦權利等問題，築路並未真正付諸行動。1895年，李鴻章出任馬關會議談判代表，王文韶接任出缺的直隸總督、北洋大臣等職務後，也力主建造蘆漢鐵路的戰略意義與重要性，與已改任湖廣總督的張之洞看法一致。於是，兩人聯手上奏。蘆漢鐵路的興建，再度獲得允准，並同意成立公司負責推動。

蘆漢鐵路公司於是在1896年9月14日成立，由盛宣懷擔任公司督辦。公司資本計畫籌措四千萬兩，除向官商募集外，另借洋債，但不入洋股。在「先造蘆漢幹路，其於蘇滬、粵漢等處，亦准該公司次第亦請展造，不再設公司」的規畫下，蘆漢鐵路公司於是變身成為「大清鐵路總公司」。

最初的構想，是由鐵路總公司統籌負責各鐵路建造、借款、談判等事宜，並規畫以總公司資產作為借款擔保，避免每一鐵路均另設有督辦、每一借款均由國家作保的情形。但鐵路總公司成立後，根本無足夠資產擔保經手的借款，充其量，只是鐵路借款的談判代表。至1906年盛宣懷呈請裁撤鐵路總公司獲准為止，承辦了眾多鐵路借款的談判與簽署，不只無法改善借款條件，還開啟許多惡例，被外國一再

盛宣懷

援用。蘆漢鐵路借款是其中之一，時間最早，影響也最為深遠。

1897年7月27日，鐵路總公司與承造中國鐵路比公司（Société étude chemin-ferchine，簡稱「比國鐵路公司」）在上海簽訂蘆漢鐵路借款正式合同，翌年6月26日續訂細則，所有內容敲定。

比國鐵路公司，是一家比利時與法國的合資公司，背後還有道勝銀行的金援，是比、法、俄三方的利益組合。當時，鐵路總公司的資本僅籌集一千三百萬兩。合同簽訂前，中方已自建蘆溝橋至保定（一百四十五公里）與漢口至信陽（兩百四十七公里）兩段，其中蘆保段將近完工。依據借款合同，後續工程，連同未開工路段，由比國鐵路公司接手。全線於1905年年底完工。

Machine Compound à 6 roues accouplées et à boggies
de la Société d'étude de Chemins de Fer en Chine

比國鐵路公司為京漢鐵路建造的蒸氣動力火車頭。

依據借款合同，借款金額一萬一千兩百五十萬法郎，合四百五十萬英鎊或兩千八百餘萬兩，期限三十年。授權比國鐵路公司代發公債，於1899年發行五百法郎券二十二萬五千張。前十年提前還本，須按面額加計2.5%。1909年起後二十年，每年抽籤還本。

所有二十二萬五千張債券，先由比國鐵路公司以面額九折的價格承購，實交一億零一百二十五萬法郎，該公司再將債券委由巴黎和蘭銀行（la Banque de Paris et de Pays Bas）分兩次在巴黎、布魯塞爾、阿姆斯特丹與日內瓦發行，按面額九六・五折價出售。第一次於1899年，發行十三萬三千五百六十六張；第二次於1902年，九萬一千四百三十四張。道勝銀行則獲指定為還本付息的專責銀行。

這些公債都在1909年，由中方改向英法借款提前清償完畢。當時中方依據借款合同之規定，贖回市場流通的債券，結果順利完成，至今尚未發現有任何一張遺留下來。

蘆漢鐵路借款，是大清鐵路總公司成立後的處女作，結果與其籌設的目的背道而馳，並開啟了許多惡例。鐵路總公司設立的目的，原在於負責全國鐵路的規畫、建造與借款事宜，並透過募集官商資本，以總公司資產提供借款擔保，避免每一借款都必須由國家作保。但由於資本募集不順，蘆漢鐵路的借款仍以鐵路資產與營運收入做擔保。依據借款合同，只要借款一日未還，鐵路路權即歸於借方，仍是把國家主權當作抵押。此外，借方雖非股東，卻強要分配兩成鐵路餘利，這是一般債主

所不可能享有的特權。這些條件危害中國國家主權甚鉅。惡例一開，隨即被列強一再援引，成為其他鐵路借款合同內容的一部分。顯然，鐵路總公司非但未發揮預期的功能，反而製造了許多亂源。

（2）京漢鐵路小借款公債（1905）

比國借款實收九折，因工程預算不斷增加及庚子事變的破壞造成損失等，導致鐵路建造經費不足。比國鐵路公司已先墊支百萬英鎊，盛宣懷只好追加預算，向該公司再增借。但借款合同並無可增借的條款，所以雙方在1905年又簽訂新合同。

這份借款合同簽訂於1905年8月13日，鐵路總公司向比國鐵路公司再借一千兩百五十萬法郎，折合五十萬英鎊，借款條件比照先前的借款合同，包括年息五釐、實收九折、以鐵路收入連同路產作為擔保等均相同。由於金額較小，這筆借款因而被稱為「小借款」，比方並再度獲得授權發行債券兩萬五千張。

蘆漢鐵路建造期間，遭逢庚子事變。當時，英、法、比等國為了運兵需要，自築輕便鐵道，將蘆漢鐵路延伸至北京正陽門西側，意外讓北京成了蘆漢鐵路的起點，鐵路從此改稱為京漢鐵路。小借款及其公債也就被稱為「1905年京漢鐵路小借款」。

不過，小借款的公債可能並未對外發行，而是由比國鐵路公司全數承受。目前僅有少數幾張未發行的債券流落市面，但未見發行紀錄，也未發現有流通券存世。

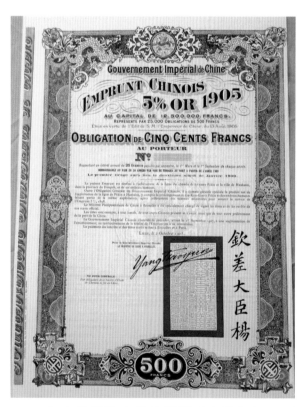

1905年京漢鐵路小借款債券（未發行）。預印駐比公使楊兆鋆的關防與中英文簽字，鐵路總公司督辦盛宣懷與比國鐵路公司代表則均待簽章。

（3）京漢鐵路英法借款公債
（1908）

京漢（原蘆漢）鐵路在1905年12月完工後，隨即正式通車營運。由於借款以路權作抵，在借款清償之前，鐵路按約定是由比方經營管理，並享有兩成餘利的分配權。這些條件引起當時社會對於借洋款蓋鐵路的反感與議論，主張收回路權自辦的聲浪不斷。

1908年，蘆漢鐵路借款屆滿十年，中國依合同將取得按面額提前清償權利，

郵傳部接替已於一年多前裁撤的鐵路總公司，主管鐵路交通事務，在提議修改合同內容又未被比國鐵路公司接納的情況下，郵傳部尚書陳璧決定提前償還比款，包括1898年借款及1905年的小借款，收回路權[45]。

郵傳部的籌款計畫，最後拍板內外兼施，分別向英法借款五百萬英鎊與國內募

45　曾鯤化，《中國鐵路史》，頁671。文海出版社，1973。

1908年京漢鐵路英版一百鎊與二十鎊。

集一千萬銀元公債[46]。

郵傳部轉向英國匯豐、法國東方匯理兩家銀行，議借五百萬英鎊。借款由兩家共同分擔，並在海外發行公債。債券先由兩家銀行先按面額九四折承購，實付四百七十萬英鎊，再於倫敦、巴黎兩地以九八折發售。

1908年京漢鐵路英版二十英鎊債券專用保管箱。

合同約定借款用途為，八成償還蘆漢鐵路比國借款，剩餘兩成作為郵傳部自辦工藝、振興實業之用。由於英法借款實收四百七十萬英鎊，加上工程期間比方墊支一百萬英鎊，也還未償還，相較於償還比國所需的五百萬英鎊，還短少一百三十萬英鎊，折合一千萬銀元，郵傳部決定另在國內發行公債補足差額。

五百萬英鎊公債，由英國匯豐與法國東方匯理代理發行，英版與法版的債券，分別由中國兩國公使李經方與劉式訓簽字用印。

借款三十年期。前十五年，年息5%；後十五年，年息4.5%。為

1908年京漢鐵路法版二十英鎊債券。

46　《清末當政者有關資本問題的認知與實踐：以陳璧惟考察中心》。《河南師範大學學報》，2006年第六期。

英版：駐英公使李經方簽章。匯豐銀行代表
1909年3月1日副署。

法版：駐法公使劉式訓簽章。東方匯理代表
1909年3月1日副署。

了解決路權旁落外人的問題，英法借款刻
意避免以路權作抵，改以浙江、江蘇、直
隸與湖北四省的省稅，每年四百二十五萬
庫平兩的範圍內作為擔保。

公債發行滿十年後，即自1919年起，

分二十年抽籤還本，預定1938年
償清。公債本息最早以鐵路餘利撥
付，由於獲利不佳，後來改從鹽稅
收入支付。根據平漢鐵路局於1937
年所編的《匯豐匯理長期借款》之
紀錄，1925年之前本息償還基本正
常，但後來因稅款不足，開始出現
拖欠情形。

1929年，財政部宣布每年從鹽
稅提撥專款作為清償，所有三十年
利息陸續還清，這也是即使有部分
債券因未還本而流落外界，但所有
息票均已被剪除不見的原因。

時至1939年5月，因受戰事影
響，鹽稅嚴重短收，但其擔保各
債，停付本息，自此後的公債未再
還本，拖欠至今。這筆公債未還本
的金額，根據中華民國政府在台灣
每年的年度決算，結欠本金二十
五萬英鎊，為公債總額的5%。其
中，英版二十鎊券共兩萬四千張，
有兩百五十張未清償，目前發現的
實物也最少；一百鎊券共五千張，
有一千兩百張未清償，次之；法版
僅二十鎊券一種共十二萬五千張，
有六千兩百五十張未清償，目前所
見，以此種占大多數。

（4）京漢鐵路收贖銀元公債

（1908）

1908年英法五百萬英鎊借款，中方所得款項，不足以提前償還比方借款與結清墊欠，差額尚有一百三十萬英鎊，合一千萬銀元。郵傳部打算發行國內公債籌款。

有鑑於光緒二十年息借商款與光緒二十四年（1898）昭信股票先後失敗，清廷對於國內發行公債募款，已大致斷念，借洋款成為彌補財政空缺的主要途徑。郵傳部敢於國內發行銀元公債，這個決定是明顯受到光緒三十一年（1905）直隸公債四百八十萬兩、袁世凱宣稱募集成功的假象所影響。

直隸公債是中國近代首次發行的地方公債。即使在攤派與強制認購下，銷售情形依然不振，後來只好祕密洽商外國認購結案，結果，內債轉為外債。直隸公債的神話，在各地廣為宣傳，甚至傳到朝廷，不斷被借用。郵傳部盛宣懷就曾奏陳「自直隸總督臣袁世凱創辦公債後，成效昭著信用大彰，人始曉然於公債之益」[47]，盛宣懷認為京漢鐵路贖款可仿傚直隸成法籌款[48]。1908年10月郵傳部奉准對內募款，發行名為京漢鐵路收贖公債，總額一千萬銀元。

翌年，郵傳部發行債券每張面額一百元，共十萬張。特設公債處管理，並由部轄之交通銀行、官辦鐵路、電報各局經理。年息七釐，每半年付息一次。期限十二年，第八年起分五年抽籤還本，公債持有人並可分享鐵路餘利。公債為不記名式，可自由轉讓，認票不認人。

郵傳部京漢鐵路收贖公債發行後，迎面而來的卻是殘酷的現實；百姓反應依然冷淡。一千萬元公債，僅募得約三十四萬元。後來為了支撐場面，郵傳部還動用交通銀行及電報局資本兩百五十萬元買了二萬五千張債券[49]。

47　《政治官報》，光緒三十四年九月二十七日。文海出版社，1965，頁493。

48　《郵傳部奏擬仿直隸成法籌辦贖路公債摺》……「國債有內外之分，凡借外債必須力杜債東干涉事權，方足取益防損。是以財政充裕之國，遇有急需又多取內債……中國前此風氣未開，故無辦理公債成法，自升任直隸總督臣袁世凱創辦公債後，成效昭著信用大彰，人始曉然於公債之益……誠為今日借款妥善之策。臣部現因籌贖京漢鐵路，擬即先行試辦第一批公債，計銀元一千萬元，交由臣部交通銀行承售，一切辦法仿直隸章程，略加變通……。」

49　宣統三年五月二十五日，東方雜誌「論中國外債及財政之前途」，係譯自同年四月二十五日至五月三日大阪《朝日新聞》之報導，「……經三年之久，僅募得兩百餘萬兩，且此兩百萬兩皆利用交通銀行及電報局資本，實際民間應募者寥寥無幾。」

上：商辦川漢公司鐵路股票聲明不得轉讓或質押非中國人。下：滇蜀騰越鐵路股票章程則開宗明義，不得售予或質押非中國人。

由於債券是不記名式，而發行章程又有一段「執票者無論何人，均照本國人民看待」的規定[50]，無異是開放外人收買，也為國內募集失敗後預留了退路。看在本國人眼裡，格外諷刺。此一時期，國內各商辦鐵路的募股辦法，就普遍規定不准出售或讓與外國人，以示維護主權的決心。例如滇蜀騰越鐵路股票，就明訂「本公司定章專集中國人股分，並不准抵售予非中國人，如不遵章，此票即作廢紙」。川漢鐵路股票，則規定「此股單照定章不得轉售或抵押與非中國人，如不遵章此單即作廢紙」。果不其然，此種國內銀元公債也與直隸公債的命運相同，都是轉向國外募集。不久後，原為商辦的滇蜀騰越與川漢鐵路都被收歸國有，將借洋款興建。

1910年8月，郵傳部將以自資金買下的二‧五萬張債券，按一百銀元折合八十八日

50　曾建民《晚清公債的發行及其影響》，前揭論文，頁33。

74

圓的匯率，以兩百二十萬日圓的價格轉讓日本橫濱正金銀行，正巧，前述的直隸公債大部分就是被其收購。另外，有五萬張，總額五百萬元，則按每一百元折合九英鎊，以總價四十五萬英鎊，委託英國密德倫銀行（The London City & Midland Executor & Trustee Co）在倫敦發行權利憑證四千五百四十五張（另有一張畸零券），每張憑證代表十一張中國發行的一百銀元債券，以九七・五折出售，結果全數售罄。

剩餘的兩萬一千六百張，直至1914年12月，才由北洋政府以面額兩百一十六萬元折合十九萬四千四百英鎊，委託敦菲色爾公司（Dunn, Fisher & Co.）按前例，仍在倫敦發行權利憑證一千九百六十三張（另有一張畸零券），實收九一折，亦如數完銷，得款十七萬六千九百英鎊[51]。

至此，郵傳部京漢鐵路收贖公債幾已全數轉變為外債。

根據1925年2月10日《交通債款說明書》的記載，無論是國內發行的銀元公債券或國外發行的權利憑證，均已按期償清，至今均無實物被發現。

---

[51] 1910年8月1日「敦菲色爾借款」《中華民國史檔案資料叢書：民國外債檔案史料03》，頁460–465。

【關於川漢鐵路】

光緒二十九年（1903），四川以保主權為由，奏請建造川漢鐵路，自設公司統籌其事，獲得朝廷批准。鐵路全線計畫以成都為起點，經內江、重慶、萬縣、奉節、秭歸、宜昌至漢口，全長三千公里。

集股辦法於1905年1月上奏獲准，鐵路自辦，不招外股，也不借外債。所需資金，除賴少數額定官款入股與民間紳商出資認股外，主要是「按租抽穀，每百取三」，強迫地主每年以穀租所得的百分之三作股，隨糧繳納，並以穀租十石為起收點，無數的稅戶於是成為鐵路最主要的股東，其持股被稱為「租股」。所有股份皆按週年四釐行息。

各州縣因此設立公局分售股票、徵收抽租股款、支付股息。按租抽穀，後多改為以穀折色，按市價折銀繳納，成了不折不扣的附加稅，與四川同治年間起徵的按糧捐輸無異。因此，對於租股的繳納，地方又稱為「租捐」。

川漢鐵路光緒改民國元年大股六股票。

各州縣城局經管的折穀款項，應接受官方稽核，並加蓋鈐記後，在當年度盡數報解，專款專用，但實則短解浮收、侵蝕漁利等問題，層出不窮。公司開辦以來，至1911年保路運動爆發為止，總共募集到一千四百萬兩的股款，其間爆發路款分別遭到銅元局與內部主管挪用虧空等情形。建設進度則非常緩慢，宜萬段（宜昌至

萬縣）遲至宣統元年（1909）底才開工，聘任翰林院編修胡峻為總辦、詹天佑為總工程師，但最後僅完成西段成渝鐵路的部分工程。清廷意識到商辦鐵路同時存在著資金與技術不足的問題，1911年5月9日，宣布全國各省商辦幹線鐵路，一律收歸國有，十天後與四國銀行團正式簽訂借款合同。川漢與粵漢鐵路旋即被併入湖廣鐵路，經費來源，來自由英、法、德、美四國銀行團借款六百萬英鎊。

光緒三十三年川漢鐵路公司新訂章程規定，將原股票每股五十兩，改為大小股兩種，大股五十兩，小股五兩，年息六釐。租股多為畸零數，不滿一股，先由地方官發給臨時收據，待湊足整數後再發給正式股票。

引發革命的鐵路收歸國有風潮，一直延續至民國成立之初才結束。改朝換代後，百姓依舊繳納租捐。這時期所發給的股票，是沿用前清版式加蓋民國年月字樣，到了民國二年，民國政府仍堅持鐵路國有的政策，交通部以一紙借據接收了川漢鐵路的資產，僅承諾按年息兩釐支付利息，租股與民股所得待遇未見改善，事件就此落幕。

【關於滇蜀騰越鐵路】

1899年，法國取得滇越鐵路的築路權，從法屬越南通過邊境，直驅雲南。此舉，也激起英國建造滇緬鐵路的念頭。1906年英國駐雲南領事提出，興建由英屬緬甸經八莫、由騰衝通往雲南的鐵路計畫。為阻止英國的企圖，在雲南仕紳陳榮昌等與雲南商務總會的奔走下，1908年擴充三年前地方成立的「滇蜀鐵路公司」，改名「滇蜀騰越鐵路公司」，搶建雲南境內之相同的鐵路線。最後，鐵路雖未完成，但也成功阻卻了英國的企圖。

滇蜀騰越鐵路公司也是清末雲南省集股商辦的鐵路，受清廷鐵路幹線收歸國有政策之影響，於1911年春，滇蜀騰越鐵路收歸官辦。中央重新定調，先修滇桂，後建滇蜀。至於所募集的滇蜀路款，則撥存大清銀行，以供滇桂路之用；不過，鐵路商股尚未來得及回收，清政權就已被推翻，修路一事，只得停擺。

鐵路公司股票剛印製完成，當局即宣布鐵路國有政策，除零星數張簽發之外，其餘均屬未開出的空白股票。這正是目前所見存世實物所呈現的狀況。

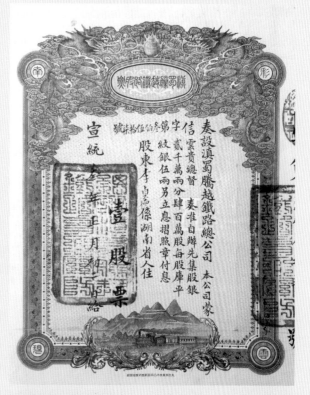

滇蜀騰越鐵路募股，受鐵路國有政策影響而停頓，股票簽發無幾。

（5）償還官款日本借款公債（1911）

為了提前償還蘆漢鐵路比商借款，雖有英法借款與國內收贖公債作為資金來源，不過由於收贖公債的募集情形不佳，導致郵傳部經費短缺，為此，郵傳部於1908年10月6日奏借度支部官款規平銀五百萬兩以彌補缺口。約定年息六釐，分七年以京漢鐵路餘利項下籌付攤還本息。1911年3月，因海軍購船急需，度支部必須提早收回款項，郵傳部只好於3月向日本橫濱正金銀行借款償還官欠，但一般仍視為與京漢鐵路有關的借款。

借款一千萬日圓，二十五年期，年息五釐，半年付息一次，期滿十年後，分十五年抽籤還本，預計1936年償清。橫濱正金銀行以借款代為發行公債，日方稱之為「明治四十四年清國政府五釐鐵路公債」。清廷指定江蘇漕糧折價庫平銀一百萬兩作為擔保，民國後改以京漢鐵路餘利擔保，並攤還本息。

日本在十九世紀後期也多次在歐洲發行公債借款，選用政治色彩淡薄的猶太裔家族羅斯柴爾德財團（Rothschild）代理，在不受剝削的情況下，蓄積不少國際債市的專業與經驗。1880年成立的橫濱正金銀行，則受到國家政策性的支持，

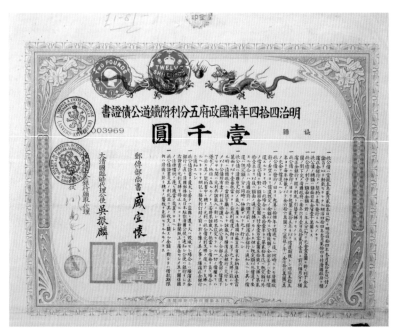

1911年郵傳部日本借款公債一千日圓券。

1911年郵傳部日本借款公債五百日圓券。

成為專業外匯銀行,並於1893年起進軍中國,循匯豐模式,從經營匯票、以日商為主的押匯、存放款等業務開始。同時也積極介入對中國中央與地方政府的放款業務,1905年袁世凱的直隸公債及1910年郵傳部的京漢鐵路收贖銀元公債,橫濱正金銀行均大量收購。此次更進一步將郵傳部的日圓借款推向海外發行公債,也表示日本的國際金融實力與地位正產生變化。

公債由橫濱正金銀行先以面額九五折承購,1911年5月,於東京與倫敦發行,按九七·五折價出售。債券以中、日、英三國文字並列,面額有一百、五百、一千、五千日圓四種,債券上由郵傳部尚書盛宣懷與駐日代理公使吳振麟簽字用印。

公債發行後,由於鐵路收入不敷所需,本息經常逾期未付,至1922年為止,共積欠本息一百零二萬日圓。財政部曾發行庫券六十萬元償還部分積欠,其餘則從1924年3月至5月鹽餘項下撥補,但未維持多久,1930年12月起,未再還本付息。

1935年4月,交通部與橫濱正金銀行代表協商,將過期未付利息分三年清償,第四年起每年清償本金一期,並支付中籤但未償付的債券五釐單息,預計從1935

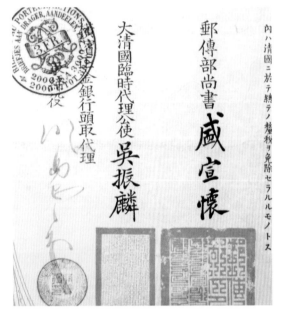

郵傳部尚書盛宣懷與駐日臨時公使吳振麟加蓋關防並簽名。橫濱正金銀行代表副署。

年5月份起，分十七年攤還，但尚未見實施。1937年因抗戰而全面停止撥付本息。

據統計，共有面額九百三十四萬九千日圓的債券未獲清償，還本比率僅6.51%。

橫濱正金銀行上海分行1905年10月5日辦理日商進出口押匯所簽發的日圓匯票。

3、正太鐵路借款公債（1902）

蘆漢鐵路，是一條打通華北到長江中游的交通幹道，各省無不設法在境內另建鐵路與之接軌；山西，就是其中之一。1898年，山西巡撫胡聘之上疏建造從山西太原到直隸正定府的鐵路，連接蘆漢鐵路，作為山西盛產的煤鐵等礦之出路，獲得朝廷批准。這條鐵路名為正太鐵路。

清末，俄國以山西、河南、甘肅、蒙古、新疆一帶為其勢力範圍，山西呈請開辦正太鐵路，其實是與俄國的威逼有關。不過，當時，山西商務局原已代表省方與道勝銀行商定借款合同內容，但由於仕紳的強烈反對，新任山西巡撫毓賢也不願違逆輿情[52]，合同的簽訂便拖延下來。庚子事變爆發後，借

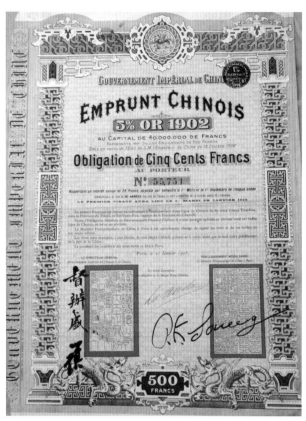

正太鐵路公債五百法郎債券。鐵路總公司督辦盛宣懷與駐法公使孫寶琦簽章。道勝銀行代表1903年1月27日副署。

52　山西巡撫毓賢，上摺臚列地方反對興建正太鐵路的五大理由，包括：一、晉省山河，夙稱天險……若興辦鐵路……一旦有事，強鄰可以長馳直入……二、鐵路一開，生機立蹙，萬民待命，人心惶惶……三、必於其田廬、墳墓有……四、所有車馬行店，肩挑負販，皆成無用……五、煤皆毒臭，鐵盡剛脆，不能行遠……山勢險峻，搥鑿維艱，無利可取。

款造路之事只好擱置。

1902年，山西巡撫改由岑春煊出任。岑上奏時，即開宗明義表達「竊維興利之用，以開路為先」的主張，支持興建鐵路。於是借款興路，又恢復展開。不過，由於清廷已成立鐵路總公司，借款合同就從地方仕紳階層參與的山西商務局，收歸中央辦理。當年9月，鐵路總公司就與道勝銀行完成借款合同的簽訂，俄國正式取得正太鐵路的興築權。

依據合同內容，正太鐵路長約兩百五十公里，分為兩段：第一段，由直隸正定府到山西平定縣的平譚地方；第二段，由平譚到太原。工程限期三年完成，由道勝銀行推派法國工程師設計施工。

鐵路從1902年開始興建，遲至1907年才完工，較原訂期限晚了兩年。正太鐵路完工後，成為山西省的第一條鐵路。由於鐵路東端於直隸正定府與蘆漢鐵路接軌，不只使得山西豐富的煤鐵礦藏獲得出口，也促成了正定府附近的石家莊的繁榮發展。

鐵路借款四千萬法郎，合銀約一千三百萬兩，援引蘆漢鐵路借款合同之例，以路產與收入擔保，俄方也享有餘利分配權。在借款還清前，鐵路將歸俄方經營管理。此外，俄方另享有用人權及鐵路設備的採購權等。除此外，中方必須由山西、陝西、河南、安徽四省連續十年，每年撥款五萬兩，一併作為抵押。

公債由道勝銀行負責發行與募集，駐法公使孫寶琦與鐵路總公司督辦盛宣懷共同代表中國政府在債券上簽字用印。發行五百法郎公債券八萬張，道勝銀行先以九折承購，再分兩批發行。第一批四萬四千張，在上海以面額發售；第二批三萬六千張，在巴黎以九二‧五折發售；道勝另經手還本付息，按金額抽收2.5%。結果，銷售情形不理想，有過半數約兩千兩百萬法郎面額的債券並未售出，由道勝銀行自行購下。

1904年，道勝銀行因財務狀況不佳，將正太鐵路的路權、借款合同及持有的債券一併出讓與法國在華建築開發公司（Société Francaise de Construction et Exploitation de Chemins de Fer en Chine）及法亞銀行（La Banque Franco-Asiatique）兩家法商。

法國人承辦正太鐵路工程後，不顧中國的反對，強迫採用一米寬窄軌系統，不同於其他省分已使用一‧四三五米的寬軌系統。這使得山西與包括蘆漢鐵路在內的系統無法直接銜接，任何火車出入山西都必須換軌的奇特現象，這也是繼中東鐵路之後，又一條無法與鄰省接軌的境內鐵路。

民國時期山西都督閻錫山。

後來，民間盛傳這是「山西王」閻錫山入主後，為求山西政治、軍事、經濟等發展的獨立性，讓外來勢力無法長趨直入，刻意「閉關自守」的結果。事實上，法國人在建造山西的窄軌鐵路時，出生於1883年的閻錫山還只是當地武備學堂的學生，一直等到辛亥革命後，閻錫山才被推舉為山西都督。可知，民間說法，純屬穿鑿附會。

公債年息五釐，二十年期，發行前十年只付息，滿十年後逐年抽籤還本，應於1921年清償完畢。國民政府檔案顯示，此公債的償還，拖延至1932年始清償完畢。不過，根據德國高文的研究，未獲清償的債券多達一萬七千四百七十五張[53]，說法

與中國官方有所出入。但本公債券存世甚少，不像有一萬七千四百七十五張未清償債券存世的情形。

事實上，此一公債遲延支付本息的主因，應與合同爭議有關。第一次世界大戰結束後，原本法國使用的紙法郎大幅貶值，因此改用金法郎，並要求中國按新幣制支付先前的借、賠[54]各款，而此公債亦在其中。中國認為法國將本國貨幣貶值的損失轉嫁債務國，不僅無理且無根據，拒絕照辦，仍按紙法郎匯率提存本息，法國持票人於是在其本國賽納府（Siene）法院提出訴訟，並於1928年獲得裁定勝訴。

為執行法院命令，法方自行印製本公債本息收據，於提交債券、息票受領本息時，宣稱「保留要求中國政府按照借款合同有關付款貨幣之規定，補足申請人應得之數額之權利」。由此可知，中國政府應是認為法國法院無權審理且裁判無理，堅持使用紙法郎匯率，並將款項存入銀行，法國投資人應是在領取時，製作收據聲明保留要求中國政府補足匯率差額的權利。

投資人雖在單方聲明保留權利的情形下，交回債券與息票，領取本息，不過從中國政府的立場，本公債已清償完畢，則是確實無誤。因此本公債應如國民政府檔

53 　Wilhelm Kuhlmann，前揭書，頁34。

54 　詳本書〈法國庚款借款公債（1925）〉。

1929年4月15日No.78578。正太鐵路債券持有人領取本金，但保留匯差請求權的收據。

正太鐵路借款1934年2月6日No.33142，領息但保留匯差請求權的收據。

案所說，已於1932年清償完畢，投資人繳回的債券並已被銷毀，這應是公債券絕少再出現的原因。

以上是當時兩張分別註明「大清政府1902年（正太鐵路）五釐金公債」的收據，各於1929年4月15日與1934年2月6日簽發，地點在巴黎。前者記載，「收到債券一張，編號78578，於1928年7月28日中籤還本（第十六次）。本收據，作為領取五百法郎以外金額之用；係依據賽納省民事法庭法官1928年2月24日的裁判所發行。申請人同意接收支付之款項，但明白保留要求中國政府按照借款合同有關付款貨幣之規定，補足申請人應得之數額之權利。」後者是息票一張，其餘內容大致相同，也是領息但保留要求中國政府補足數額之收據。

這類領取本息時聲明保留匯差請求權的收據，存世頗多，也代表債券大多已被回收，並取代。

4、滬寧鐵路借款公債

（1904、1907）

在中國鐵路路權的爭奪戰之中，各國均有斬獲，俄國、比利時有中東、蘆漢、正太鐵路，德國有膠濟鐵路，法國有從法屬印度支那通往雲南的滇越鐵路，就連美國也取得粵漢鐵路。英國不落人後，積極搶進。英國向來視長江流域沿岸為其勢力範圍，對於中國的要求之一，便是鎖定上海到南京的路線，索討築路與借款等相關權利。

1903年6月9日，清廷批准鐵路總公司與中英銀公司簽訂的滬寧鐵路借款合同，並由英方取得築路權。滬寧鐵路借款三百二十五萬英鎊，年息五釐，五十年期。英方並援引1897年蘆漢鐵路、1900年粵漢鐵路等借款合同內容，要求中國以路產與收入作為擔保、並給予鐵路營運的兩成餘利[55]、鐵路建造、經營的用人權及

---

55 《滬寧鐵路借款合同》：此鐵路每年進款，除提付各項經費及養路、修路，並添換機器、車輛，與辦公一切費用，又除借款小票年息五釐，及中國總公司自備或另借銀公司購買地價之年息六釐外，剩是為餘利，當提五分之一給交銀公司，聽其分派。

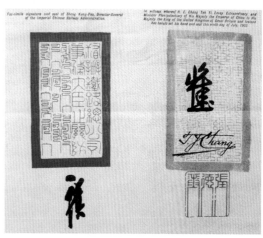

滬寧鐵路公債，一百鎊券，1904版。
鐵路總公司督辦盛宣懷、駐英公使張德彝簽章。中英銀公司代表1904年12月2日副署。

鐵路設備的獨家採購權，並可抽取採購金
額5%作為佣金。

在合同之中，匯豐銀行與怡和洋行
被指派為中國政府的代理人，分別代理對
外發行公債與設備採購等事宜。而中英銀
公司，正是英國匯豐與怡和洋行所共同投
資的投資公司。除了有借款人的身分外，
中英銀公司在對外發行公債後，也成了債
券持有人的信託管理人，同時代表債券持
有人的利益與中國進行公債相關事宜的協
商。合同相關事宜全為這三家英國公司所
包攬與操縱。

借款三百二十五萬英鎊，按進度，工
程分兩次，委由匯豐在倫敦發行。第一次
在1904年，原訂發行兩百九十萬英鎊，實
際發行兩百二十五萬英鎊，分為一百英鎊
券二·二五萬張，中英銀公司以面額九折
認購，再按面額打九·七五折售出。第二
次於1907年，原訂發行三十五萬英鎊，
實際發行六十五萬鎊，分作一百英鎊券六
千五百張，中英銀公司以面額九·五五折
認購，再按面額售出。1904年的債券，編
號自第1到22,500號；1907年，則接續從
22,501到29,000號。

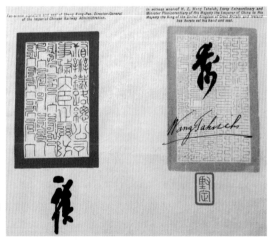

**滬寧鐵路公債，一百鎊券，1907年版。
鐵路總公司督辦盛宣懷、駐英公使汪大燮簽
署。中英銀公司代表1907年6月1日副署。**

中國政府在借款合同中承諾，不將滬寧鐵路的管理權移交給英國人以外的外國人，也不會核准與滬寧線具有競爭關係的鐵路進行營運。另外，借款後十二年半前，中國不得提前清償；十二年半到二十五年之間，提前清償須多付2.5%；二十五年以後，才可按面額提前清償。

大清鐵路總公司經手的鐵路借款公債，按例是由鐵路總公司與中國駐發行地國家使節代表中國政府簽字用印。由於本公債分1904與1907年兩次發行，債券上除了有鐵路總公司督辦盛宣懷的名銜外，1904與1907年兩版分別出現當時駐英公使張德彝與汪大燮的名字。按往例，所有債券都必須有中英銀公司代表簽字副署，方得對外發行、流通。

滬寧鐵路債券，1904與1907年兩次發行沿用相同版式，僅年份與用印的些微變動，樣式簡單，但採用了投影式浮水印，在光線下，券面會浮現「100-Chinese Imperial Railways, Sterling Bond-Shanghai-Nanking Line-100」（一百英鎊·中華帝國鐵路·英鎊債券·滬寧線·一百英鎊）字樣，是當時先進的防偽技術。

鐵路全線於1908年完工後，大幅縮短了上海到南京兩地之間的距離，原本三十小時的客運車程縮短為八小時，貨運則由一星期減為一天。滬寧線因此成為長江流域最繁忙與最賺錢的交通幹道。稍早於

1898年完工通車、連接吳淞與上海之間的淞滬鐵路，也被收購成為滬寧鐵路的支線。

滬寧鐵路借款合同規定，中英銀公司享有長達五十年鐵路兩成餘利的分配權。這種分配權的存在，一直有著合理性的爭議，卻為同時期鐵路借款合同所沿用。滬寧鐵路借款，中英雙方對於「餘利」一詞，甚至出現不同定義，後來以仲裁解決[56]。

1904年第一次發行公債時，中英銀公司選擇將此餘利分配權信託給匯豐銀行，製作書面憑證後，連同債券一併供認購。書面憑證，名為「Net Profit Sub-Certificates」，即「餘利分配憑證副券」。不過，到了1907年第二次發行時，就不再提供此認購權。

中英銀公司本來計畫，同時印製「餘利分配憑證主券」（Net Profit Certificates），即，每五張債券共分一張

---

56 對於「餘利」的定義，是否應扣除中國政府遵照借款合同墊付借款、建造與購地費之利息，以及添換機車與車輛的酌留款項等，中國政府與中英銀公司意見分歧，後來在倫敦聲請仲裁。但裁定結果不利於中方，交通部分配餘利之前，不得先扣除前述利息與酌留款項。1919年1月22日滬寧鐵路餘利仲裁案第一次判決文，與1919年5月10日滬寧鐵路餘利仲裁案第二次判決文。《中華民國史檔案資料叢書：民國外債檔案史料03》，頁181-184。

主券，每張主券另附有五張「餘利分配憑證副券」（Net Profit Sub-Certificates），副券除可領取餘利外，亦可單獨轉讓、流通。由於債券是以一張作為交易單位，而非五張，主券的設計成了多餘，因此並未印製，便出現了僅有副券、未見主券的情形。

滬寧鐵路1904年債券與餘利分配憑證，應於1954年完成清償，1907年債券則是1957年。但本息的償還情形並不理想，到了對日抗戰後，甚至全部宣告停付。兩次發行的公債券，息票剪至第六十六號，顯示均付息至1936年6月1日。另外，都只有兩次還本的紀錄，原規定發行滿二十五年後，分二十五年還本，每半年一次，共應還本五十次，也就是說有96%的債券未獲清償，分別為1904年券兩萬一千六百張與1907年券六千兩百四十張，這也是這種債券至今並不難找的原因。餘利分配憑證，則在停止付息前，即已暫停分配利潤。

除了兩次發行公債外，按照合同規定，1913年10月，中英銀公司有權在倫敦另發行滬寧鐵路六釐購地債券十五萬英鎊，作為歸還鐵路購地用款。購地債券分為一千鎊券一百五十張，年息六釐，十年期，擔保條件與滬寧鐵路借款相同，自第六年後，即1919年開始還本，至1923年償還完畢。所有債券均由中英銀公司按面額九二折承購，未再出售。

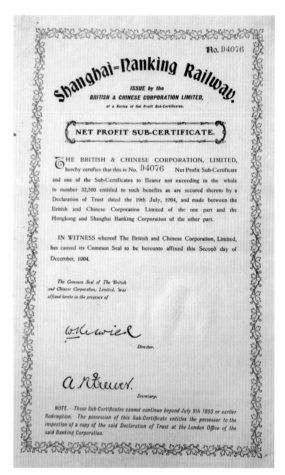

1904年公債「餘利分配憑證副券」。

【關於中英銀公司】

中英銀公司（The British & Chinese Corporation, Limited），1895年5月成立於倫敦，資本額二十五萬英鎊。目的在於爭取在華各項權益，包括公共工程與金融交易等商機。資本額雖小，但與英國在華商業和銀行業鉅子怡和洋行及匯豐銀行關係密切，同時以維護這兩家公司的利益為其業務。

中英銀的公司章程也明訂，匯豐與怡和共同擔任中英銀公司的代理人，匯豐成為中英銀的委託銀行，怡和則是材料設備的獨家供應商，兩家公司各任命一代表人，擔任中英銀公司的董事。因此，三家英國公司形成密不可分的利益共同體。

1903年，併購北京福公司，但福公司仍維持存續，中英銀則為其控股公司。翌年，與北京福公司共同出資，參與成立華中鐵路公司，競逐中國鐵路商機[57]，中英銀在華的事業版圖更加擴大。

中英銀公司標章

---

57 Roberta Allbert Dayer，"Bankers and Diplomats in China 1917-1925: The Anglo-American Relationship". 1981. pp17-18.

5、汴洛鐵路借款公債（1905、1907）

蘆漢鐵路於1898年起造後，河南也爭取興建首府開封與古都洛陽間的汴洛鐵路，獲得朝廷允准後，由鐵路總公司盛宣懷接辦。汴洛鐵路的建造，原只是為了連接蘆漢鐵路，形成一面幹線與分枝交錯的交通網。經過多年的分段擴建，沒想到，最終貫穿中國東西，汴洛鐵路成為近代中國最長的隴海鐵路的最早路段。

汴洛開路計畫背後的推手，依然是外國勢力。比國鐵路火車合股公司（la Compagnie Générale de Chemins de Fer et de Tramways en Chine，簡稱「比國合股公司」），在承辦蘆漢鐵路的比國鐵路公司鼎力支持下，對於汴洛鐵路的築路權勢在必得。簽約前，除了開始接觸中國政府，也進行勘查與規畫，雖因庚子事變而中斷，仍於1903年順利取得汴洛鐵路的借款合同與築路權，條件比照蘆漢鐵路。

後來，由開封往東至海州（連雲港）出海，從洛陽往西至甘肅蘭州行經甘肅、陝西、河南、安徽、江蘇五省的隴海（全名「隴秦

1905年汴洛鐵路公債，五百法郎券。
鐵路總公司盛宣懷、駐比公使楊兆鋆簽章，比國合股公司代表副署。

豫海」）鐵路，就是在汴洛鐵路的基礎上，往東西逐步擴建，分段完成。

汴洛鐵路於1908年底完工，但隴海其他路段工程，則幾經政權更替與戰火摧殘，時建時停，至一九五〇年代才全線大功告成，前後長達四十餘年。這也是中國施工期最長的鐵路線。

為了建造汴洛鐵路，當時的鐵路總公司，於1903年11月與1907年3月，先後兩度向比國合股公司借款兩千五百萬與一千六百萬法郎，總額四千一百萬法郎，約合一百六十四萬英鎊，均授權發行公債。

第一次於1905年4月12日發行公債兩千五百萬法郎，共有面額五百法郎券五萬張，由鐵路總公司督辦盛宣懷與駐比利時公使楊兆鋆簽字蓋印，由華比銀行（la Banque Belge pour l'Etranger）在上海銷售；第二次於1907年4月25日發行公債一千六百萬法郎，分成面額五百法郎券三萬兩千張，僅由駐比公使李兆鐸簽名蓋印。巴黎和蘭銀行在巴黎與阿姆斯特丹銷售。兩次債券均由比國合股公司代表副署。

1907年汴洛鐵路公債，五百法郎券。僅有駐比公使李兆鐸簽章，比國合股公司代表副署。原鐵路總公司已於一年前撤除。

　　1905與1907年兩個年度所發行的債券，外觀近似，除了註明的年份不同外，由於鐵路總公司於1906年已被裁撤，不再出現於1907年印製的債券上，成為兩個年份債券最明顯的區別。

　　債券售價頗低，均按面額打九折，銀行佣金另計。兩次公債總額四千一百萬法郎，年息五釐，三十年期，發行滿十年後的1915年起，分二十年抽籤還本。

　　沿用蘆漢鐵路模式，以路產擔保，比國合股公司並享有兩成的鐵路餘利。公債利息，在鐵路完工前，從債款中動支；完工後，改由鐵路收入提撥本息。

　　第一次還本期限於1915年屆滿時，中國政府因無力償還，與債權人議定延後五年，自1920年7月起開始還本。至1935年12月底為止，兩次借款共還本金一千七百五十萬法郎，支付利息四千一百六十六萬兩千五百法郎，尚欠本金兩千三百五十萬法郎，後來就未再償還。

　　抗日戰爭發生後，除1939年7月1日前應付之利息，經與債權人談判再付給半數作為結清外，根據關鹽稅攤存停付辦法，自即日起，本息一律停付。未清償的債券，1905年發行有兩萬八千六百六十張，1907年發行則有一萬八千三百四十張，這些債券長期流浪各地，至今仍不難找到。

【關於比國鐵路電車合股公司】

比國鐵路電車合股公司（la Compagnie Générale de Chemins de Fer et de Tramways en Chine，簡稱「比國合股公司」），是十九世紀末歐洲著名的 Empain 集團（The Empain Group）所成立。該集團至今在相關產業仍具有相當大的影響力。

Empain 集團的核心事業在於輕軌電車、電力等項目，也跨足供電設備、礦業與不動產等領域，事業版圖橫跨各大洲，爲挪威、法國、俄國、西班牙、埃及、剛果、土耳其與中國建造電車或鐵路系統，其中也包括法國巴黎地鐵。

在法國與俄國的支持下，甲午戰爭結束後不久，Empain 集團開始拓展亞洲市場，特別是在中國與法屬安南爭取興建電車與鐵路的商機。

1900 年 3 月 26 日，Empain 集團在中國成立比國鐵路電車合股公司，資本額一百萬法郎，Empain 集團持股占 58%，汴洛鐵路則是該公司成立後的第一筆生意。隨著在華鐵路工程業務的擴展，1920 年增資爲三百萬法郎，並持續與法俄兩國保持密切的合作關係。

比國合股公司 1920 年股票，面額兩百五十法郎，早期曾在中國證券市場進行交易。

6、道清鐵路借款公債（1905、1906）

1902年，北京福公司（Peking Syndicate Limited）在河南投資開辦焦作煤礦，自建道口到清化間的道清鐵路，作為運煤之用。全線於1904年完工，是河南省境內的第一條鐵路。其後，因煤礦經營績效不佳，福公司不願再負擔鐵路開銷，於是透過英使施壓中國政府，逼迫鐵路總公司出面收購。福公司便以鐵路的售價，作為中國政府的借款，雙方於1905年簽訂合同。

借款合同規定，借款七十萬英鎊，年

1905年道清鐵路公債，一百鎊券，編號1-7,000號。鐵路總公司盛宣懷與駐英公使張德彝簽章；福公司代表於1905年10月5日副署。

隨鐵路一併移轉中國的火車頭──Tender Engine。

息五釐，授權對外發行公債。1905年，福公司原本委由匯豐銀行承辦在倫敦與上海兩地銷售事宜，後來臨時更換主辦銀行為勞埃銀行（Lloyds Bank），並由勞埃與渣打銀行分別負責倫敦與上海的銷售。因此，債券印製完成後又更改了文字。

1905年，發行債券面額一百鎊券七千張，由福公司以九折價格承購。鐵路雖由中國政府收買，在公債尚未清償前，因以路權與運費收入作為擔保之故，鐵路仍由福公司經營管理。公債為三十年期，發行滿十年後，分二十年抽籤還本，訂於1935年償清。債券由鐵路總公司督辦盛宣懷與駐英公使張德彝共同代表簽字用印。

1906年又因築路、購料等需款，續借十萬鎊，繼續發行公債一百鎊券一千張。1906年版，福公司以八七‧五折承購。1906年版沿用前年版式，接續其編號，自70,001號起。因中國駐英公使已換人，改由汪大燮簽字用印，福公司代表則於1906年2月15日副署。

兩次發行的公債，均為福公司所承購，一直到了1914年該公司因資金需要，才在倫敦市場按面額八七‧五折出售。

1926年起，公債開始拖欠本息。為求解決，鐵道部除了在1935年將道清鐵路併為平漢鐵路支線，以結餘款還債外，1936年再與福公司商議，宣布整理借款辦法，欠付年息減為2.5%，分二十七年清償；積欠利息減免五分之四，其餘五分之一另委託匯豐銀行代為發行無利基金憑證，於本金清償後付還。1937年起年息恢復為五釐。不過，由於對日抗戰的爆發，相關作業均未及實施，隨即停擺。在此之前，兩

次發行的公債已償付本金約三十萬
英鎊，其餘五十萬英鎊尚未處理。

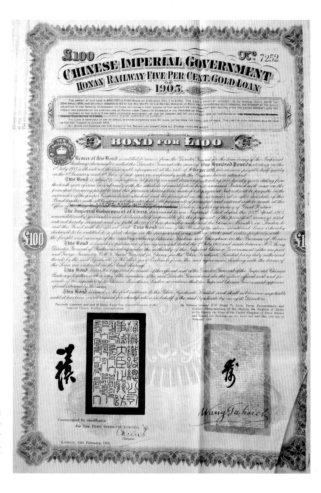

1906年道清鐵路公債，一百鎊券，編
號7,001–8,000號。鐵路總公司盛宣懷
與駐英公使汪大燮簽章；福公司代表
於1906年2月15日副署。

道清鐵路公債無息基
金憑證分券：九鎊憑
證的三分之一。中國
政府委託匯豐銀行於
1938年8月20日簽
發。

【關於北京福公司】

北京福公司（Pekin Syndicate Limited），亦稱北京銀公司，在清末民初，外國勢力在華礦業資源的爭奪戰之中，扮演一重要角色。

該公司係於1897年3月17日，由義大利人羅沙第（Rosadi）依據英國法律，申請設立於倫敦，主要投資股東來自英國、義大利。同年即在北京設立辦事處，背後受到匯豐銀行的支持。1903年，與匯豐關係密切的中英銀公司併購該公司。翌年，北京福公司與中英銀公司共同成立華中鐵路公司[58]。

根據1907年的股票票面記載，資本額為一百五十四萬英鎊。其中名為「山西股」（Shensi Shares）的特別股，多達一百五十萬股，每股一英鎊。當年另有三萬九千九百股普通股，以及兩千股特別股，每股面值一英鎊。

股票上並記載，山西股的持有人，得分享該公司在山西、河南租界內所獲淨利之10%，直至面額一英鎊全數還本為止；此外，倘該公司尚有盈餘，進一步分享其中50%的餘利。

福公司於1897年與山西晉豐公司簽訂借款合同，取得盂縣、平定、澤州、潞安等處的煤鐵礦權。次年，與河南豫豐公司及河南商務局訂立借款合同，取得焦作的礦權和在河南修築鐵路的權利。1902年，開始修築道清鐵路，作為焦作煤礦聯外之用，1905年強迫中國政府買回。1908年，山西保晉礦務公司集資贖回山西礦權，福公司轉而專營河南焦作煤礦。民國時期，歷經減資、重整，先後投資河南與四川等地煤礦，最終於1952年結束營業。

1907年，北京福公司發行名為「山西股」的特別股五股。

58　Roberta Allbert Dayer，前揭書。

7、 廣九鐵路借款公債（1907）

英國為了貫通香港殖民地到廣州之間的交通，1898年起，屢向中國提出修築廣九鐵路的交涉，後因戰亂而一度擱置；直至1907年3月，廣九鐵路的興建，終告定案。根據雙方約定，中國政府向中英銀公司舉借一百五十萬英鎊，年息五釐，用以建造廣州到深圳邊界間的鐵路，即廣九鐵路在中國境內的路段。另有深圳至九龍間約三十五公里的路段，為英方路段，香港政府已完成建造。

中方授權中英銀公司以借款發行三十年期公債。發行滿十年後，分二十年抽籤還本，於1937年償清。中英銀公司另委託匯豐銀行承銷。當時，中國的鐵路總公司已裁撤，未再出現，因鐵路行經廣東省境內，於是依據事權，債券改由兩廣總督周馥與駐英公使汪大燮共同簽字用印。共計發行一百英鎊券，一萬五千張，於上海和倫敦兩地出售。在上海，訂價按面額九四折；在倫敦，則按面額原價出售。銀行抽佣三萬五千英鎊。

比照滬寧鐵路借款合同條件，本借款以路權擔保，借款期間，鐵路由中英銀公司營運管理。中國政府並承諾，不建造與本鐵路具有競爭關係的其他路線。

廣九鐵路於1911年完工，因收入不足還本付息，先由借款內支出，民國時期，借款用訖，由政府代墊或改以京滬鐵路餘利代付。因本息時常拖欠或無法支付，1936年，鐵道部、英國持券人代表與中

1907年廣九鐵路公債，一百鎊券。兩廣總督周馥與駐英公使汪大燮簽章。中英銀代表於1907年12月2日副署。

1936年國民政府進行整理廣九鐵路公債時，於券面加蓋重點提示，提醒投資人注意條件變更。

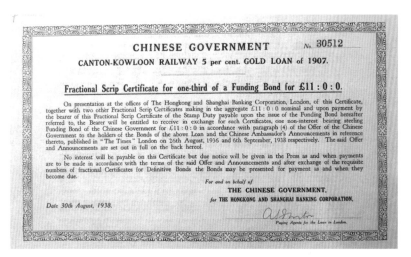

無息基金憑證分券。九鎊憑證的三分之一。中國政府委託匯豐銀行於1938年8月30日簽發。

英公司三方進行協調，8月間，訂定整理廣九路債券辦法。重點在於本金延至1937年開始，五十年內償清；欠息取消五分之四，其餘換給無利憑證，待本金清償後支付。（詳見附錄：債券譯文，1907年廣九鐵路公債整理辦法與內容）

1938年11月，抗戰期間因廣九鐵路中方路段淪陷，所有本息一律停付。停付前，已償付本金三十八萬八千五百英鎊，尚有一萬一千一百一十五張債券未獲清償，流落外界。

8、滬杭甬鐵路借款公債（1908）

清末中國官方屢次以開辦鐵路為由，對外借款，而受制於壓力，不得不將鐵路的建造權與經營權一併交給外國，背負債務，卻利權旁落，民間抵制借洋款，收回路權，自建鐵路的聲浪也越來越大。

英國覬覦興建從上海、杭州到寧波的滬杭甬鐵路甚久，這條路線處於英國的勢力範圍長江流域之內，銜接滬寧鐵路，構成交通網。早在1898年就由怡和洋行與鐵路總公司督辦盛宣懷簽訂《蘇杭甬鐵路借款合同草約》，搶占該路路權。為了反制，1905年，江浙紳商成立浙路和蘇路公司，並獲朝廷允准自辦鐵路。英國原來的計畫被打亂，因此不斷向中國政府施壓。

左右為難的情況下，清廷改採迂迴策略。1908年3月6日，由郵傳部尚書盛宣懷與中英銀公司簽訂《滬杭甬鐵路借款合同》，借款一百五十萬英鎊，再由郵傳部出借蘇、浙兩路公司。根據合同規定，借款年息五釐，償還期限三十年，但不以路權作抵，改用關內外（京奉）鐵路餘利擔保，中國政府並保證不將鐵路抵押予他國。不過，此一作法不僅未被蘇、浙兩路公司接受，還引起民間激烈反彈。

款項既借，已無法改變，只好移作他用。借款合同成立後，匯豐銀行受中英銀公司委託，仍按原訂計畫在倫敦發行公債，計發行一百英鎊券一萬五千張。公債於1938年到期時清償完畢，債券應已全數回收銷毀，至今未曾見過。

1908年商辦江蘇鐵路公司股票。

9、津浦鐵路借款公債（1908）

從天津到浦口的津浦鐵路，也是清廷在十九世紀末為了保護路權而搶在外國之前建造的鐵路之一。1899年，總理衙門奏准成立公司，著手籌備，但工程與經費無著，後來還是得依賴外國。由於鐵路行經英、德兩國的勢力範圍，不得不與之合作。於是，三方訂定借款草約，英、德兩國負責築路，中國政府以稅收作為抵押，避免再犯眾怒，不以鐵路路權擔保。不久，發生庚子之亂，未及簽訂正式合同而擱置。

1908年，清廷與英國華中鐵路公司（The Chinese Central Railways Limited）及德國德華銀行重啟談判。鐵路南端由原先的鎮江延伸至浦口，因此鐵路名稱改津

1908年津浦鐵路公債，德版二十與一百鎊券。津浦鐵路督辦大臣呂海寰與駐德公使孫寶琦簽章；德華銀行代表於1908年9月1日副署。

1908年津浦鐵路公債，英版一百鎊券。津浦鐵路督辦大臣呂海寰與駐英公使李經方簽章；華中鐵路代表於1908年9月1日副署。

鎮為津浦。鐵路分為兩段，以山東東南境的嶧縣分界，北段由嶧縣至天津，途經德國勢力範圍的山東，由德國負責建造；南段自嶧縣至浦口，進入英國於長江流域的勢力範圍，由英國建造。全線北連山海關內外鐵路、南接滬寧鐵路。

津浦鐵路借款合同隨即於同年簽訂。借款金額五百萬英鎊，年息五釐。鐵路由津浦鐵路公司自營，由中國政府提供直隸、山東、江蘇等省釐金每年三百八十萬關平兩作為擔保，授權德國德華銀行與英國華中鐵路公司分別發行公債。發行滿十年後，分二十年抽籤還本，於1938年償清。

公債於1908及1909兩年發行，德華銀行代理發行的德版，占63%，計三百一十五萬英鎊；華中鐵路公司代理發行的英版，占37%，計一百八十五萬英鎊。

德版，在柏林發行，有二十與一百英鎊兩種面額，由津浦鐵路督辦大臣呂海寰與駐德公使孫寶琦代表中國政府簽字用印。1908年，發行一百八十九萬英鎊，以九八‧五折出售；1909年，發行一百二

十六萬英鎊，按面額出售。銀行佣金，另計。

英版，由匯豐銀行在倫敦承銷，僅一百英鎊一種面額。債券由津浦鐵路督辦大臣呂海寰、駐英公使李經方代表中國政府簽字蓋印。1908年，發行一百一十一萬英鎊，以九八‧五折出售；1909年，七十四萬英鎊，按面額出售。銀行佣金，另計。

德、英兩版在風格與樣式上均有所差異，但文字內容相同，只是各以英文與德文呈現，兩版都將中國光緒皇帝批准津浦鐵路借款的諭旨原文照錄，作法甚為罕見。

雖是中國的國家公債，因在海外發行，必須使用發行地所在國的文字，以方便投資人閱讀。一般除了中國官員的簽名用印外，幾乎不見中文。津浦鐵路公債出現整篇的中國皇帝的諭旨，是一種特色，也是中國對外發行公債中的創舉。

津浦鐵路公債，是將相同的債券分成兩批，分別在1908及1909年發行，至少在德版的情形是如此；而英版卻出現了細微的差異。英版一百英鎊券，在BOND FOR ￡100（100鎊債券）標題的上一段文字說明，倒數第二行最後一句「AS MENTIONED BELOW」，1908年發行的債券在BELOW之後並無逗點，1909年債券再度印製時，顯然在印版上做了更動，

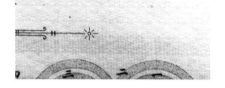

英版1908（左）、1909（右）年份的區別：在BELOW之後有無逗點。

出現了逗點。因此，逗點之有無，成為英版兩個發行年份的區別。

英版，在1926年之前，還本付息大致正常，到了1926年開始出現償債基金不足的情形，中籤債券九百二十五張僅夠償還半數五十鎊，償還後債券被註記已償還五十鎊（Fifty pounds principal repaid on May 25, 1926）後發還。往後的利息與本金，均未再付，這九百二十五張僅還本半數的債券，就變成了極為特殊的五十鎊債券。

1926年5月25日償還半數本金的英版債券，成為一種獨特的五十鎊券。

10、津浦鐵路續借款公債（1910）

1910年間，津浦鐵路工程尚未完成，借款卻已用罄，中國政府於是引用1908年借款合同之規定，與德華銀行和華中鐵路公司續訂合同追加借款，續借四百八十萬英鎊。同年，發行公債三百萬英鎊，英、德各分一百一十一萬與一百八十九萬英鎊；其餘一百八十萬鎊，因時局影響，未再發行。

借款三十年期，年息五釐，發行滿十年後，分二十年抽籤還本，於1940年償清。除沿用1908年借款的擔保，即直隸、山東、江蘇三省釐金每年三百八十萬兩關平銀，作為第二順位擔保外，另增加直隸、山東、安徽釐金與省稅，以及江蘇江寧釐局、淮安關之稅收，在每年三百六十萬兩關平銀的範圍內，享有第一順位擔保。

晚清津浦鐵路前後兩次對外公債，為避免再落人口實，雖改用稅收擔保，不再以路權抵押外人。但在進入民國後，北洋政府仍將津浦鐵路以每年六千萬銀元的權利金，交由國內財團包攬經營牟利，引發各國議論[60]。不過，這已是後話了。

本公債本息償還的情形，英德兩版亦有差異。

英版，一百鎊券，約有40%弱的七千四百張獲得清償，其他60%強的一萬一千一百張未清償。

德版，則因1917年至1924年間，歷經第一次世界大戰中德斷交，中國政府以「敵國債務」名義，停止償還所有對德外債，並於1919年正式知會各國。對於津浦鐵路公債，除了中立國或協約國人民所持有之債券仍委由匯豐支付本息外，一律停付[59]。另一方面，德國戰敗後，有部分債券亦曾歸還中國政府作為賠償。其餘，直至1924年才恢復還本付息。

59　Wilhelm Kuhlmann，前揭書，頁60。

60　1919年2月21日「財政部聲明在戰期內停付德債本息，德華銀行所抽之籤無效函」，1919年3月22日「外交部關於廢止津浦湖廣路德華銀行權利及繼續停付敵債並匯案核算咨」。《中華民國史檔案資料叢書：民國外債檔案史料03》，頁347以下。

1921年津浦鐵路的起點——天津車站。

與1908年情形相同，1910年德版，有二十英鎊券與一百英鎊券兩種，在柏林發行；1910年英版，仍只有一百英鎊券，在倫敦發行。兩版都以九八‧五折出售，銀行佣金則另計。實際銷售情況，並無資料可稽。但，可確定的

1910年津浦鐵路公債德版二十、一百鎊券。津浦鐵路督辦大臣徐世昌、駐英公使劉玉麟代理簽章。德華銀行代表副署。

是，1910年英、德兩版債券並未全數售出，其中有相當數量是被中國當作鐵路工程預付款支付給兩國。德華銀行因此而握有大量1910年債券。在一戰結束之際，面額仍有六十七萬零八百鎊之多[61]。

債券的設計與印製，仍由英德各自負責。並延續1908年時的風格，照錄國皇帝批准續借款的中文諭旨，此時已改元宣統。津浦鐵路督辦大臣徐世昌駐英公使劉玉麟在英德兩版債券上簽字用印。

1910年英版，發行一百英鎊券一萬一千一百張，僅20%獲清償，未清償八千八百張。

1910年德版，與1908年情形相同，受到一次世界大戰中國對德宣戰，1917年至1924年間，除中立國或協約國所持有之外，停止償還所有對德外債，直到1924年，才對德債恢復還本付息。後續到期本息拖欠嚴重，發行二十英鎊與一

1910年津浦鐵路公債，英版100鎊券。津浦鐵路督辦大臣徐世昌、駐英公使劉玉麟簽章。華中鐵路公司代表1911年6月1日副署。

---

61 依據1921年中德和約規定，應有一百四十萬鎊面額的德版債券由德國歸還中國。如果規定確實被履行，未清償總額將大幅減少。但很可能有部分債券被歸還後，並未進一步註銷，後來又被中國政府作為借款的質押擔保品而外流。參閱 Wilhelm Kuhlmann，前揭書，頁54。

百英鎊券各四萬九千五百與九千張，但僅約12%獲清償，未清償券各為四萬三千五百四十九與七千九百一十八張。不過，由於德國戰敗後曾以部分債券作為賠償，未

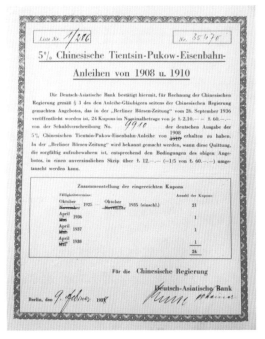

德華銀行依據津浦鐵路公債整理辦
法，1938年2月9日回收德版債券
公債息票時開立的收據。

津浦鐵路公債的德版無息基金分配憑證
十二英鎊。1938年8月1日受託發行，
中國駐英公使郭泰祺簽字。

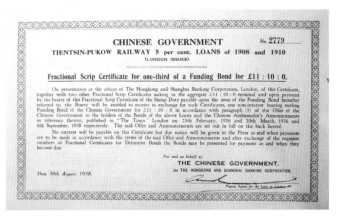

為了整理津浦鐵路公債，中國政府委託匯豐銀行
1938年8月1日簽發的英版無息基金分配憑證分
券，面額十一英鎊十先令的三分之一。

清償的債券可能遠較書面紀錄少[62]。

津浦鐵路 1908 和 1910 年兩次借款合同均規定以釐稅擔保，並在廢除釐金制度後，改以新增關稅擔保，但後來因未能依約償付，屢屢引起英、德兩國出面交涉。

津浦、廣九、道清等各種公債陸續出現拖欠本息的問題，在債券持有人與外國政府的施壓下，中國政府被迫處理，著手協商。1936 年陸續與各方達成協議，其中也包括訂定整理津浦鐵路債務辦法（詳見附錄：債券譯文 1908／1910 年津浦鐵路公債整理案相關辦法與內容）。

各公債的整理辦法，大同小異，均採減息緩付的方式；津浦鐵路公債，也是如此。所有欠息減記五分之四，其餘五分之一另發無利憑證，本金則延至 1941 年起，分二十年攤還。相關內容刊登於報紙外，也在債券上加蓋註記。不過，1938 年後，因鐵路淪陷，債券整理被迫停擺。

62　William Hard, "Chinese Custodians of the Open Door". A sia. 1921.Dec., pp. 1036-1041。

【關於華中鐵路公司】

華中鐵路公司（The Chinese Central Railways Limited），成立於 1904 年，英國福公司與中英銀公司為共同投資人。該公司董事是由中英銀派員出任，實際控股權則掌握在匯豐銀行手中。

1905 年進行改組，接受法國東方匯理銀行、法國鐵路公司及比利時華比銀行、比國鐵路公司的入股。比利時集團具有一定的影響力，但匯豐仍擁有公司董事會的控制權。

二十世紀初，中國興起收回鐵路路權風潮，各國公司於是彼此合縱連橫，進行反制與對抗；華中鐵路公司便是其中的產物。

11、從粵漢到湖廣的鐵路風潮
（1900-1911）

十九世紀進入尾聲之際，中國各海口紛紛成為列強的勢力範圍，並朋分殆盡。在海路交通受阻的情況下，開發鐵路成為重要的出路。因此，在蘆漢鐵路獲准興建後，1897年直隸總督王文韶、湖廣總督張之洞再度會奏，強調開辦南路，也就是粵漢鐵路的必要性。

王、張二人認為，蘆漢、粵漢氣脈貫通後，除了成為國家交通幹線的戰略意義外，營業獲利亦可因此大增，改善償債能力，有助於走出借款、招股興辦鐵路時所面臨的困境。

但是，歷經美國合興公司違約、粵漢鐵路收回自辦的事件後，主張湖南、湖北、廣東三省紳商自辦粵漢鐵路以抵制外人的張之洞，基於資金與技術等層面的考量，決定捨商辦，改由國家收購，再將粵漢與川漢兩路合併為湖廣鐵路，擴大向外國銀行團借款。

鐵路政策歷經十年的周折，三省紳商成為受害者，在其號召下，各地爆發了保路運動，意外地促成辛亥革命的成功。

（1）粵漢鐵路借款公債（1900）

1900年，鐵路總公司宣布由美國合興公司（American China Development Co.）取得粵漢鐵路的借款合同與築路權。

初試啼聲的合興公司，在中國的知名度不高，卻背景雄厚，股東個個赫赫有名。公司成立於1895年，股東包括鐵路大王哈里曼（Edward H. Harriman），曾任美國副總統、紐約花旗與大通銀行行長莫頓（Levi Morton），摩根銀行及卡內基鋼鐵公司（Carnegie Steel Company）等美國政壇、金融、工業界的名人與企業[63]。

合興公司所提條件相較於他國的競爭對手，稱不上優惠，但，雀屏中選的原因，實際上是與中國官方對於美國外交政策的政治權衡有關。根據盛宣懷上摺呈送借款合同時的說法，「惟美最新，距華最遠，尚無利我土地之意。總公司經營蘆漢，即擬借美債，嗣以該國商人求利較厚，改而他謀。粵漢則以英、法各有覬覦，權衡利弊之重輕，自以籌借美款為妥貼。」[64] 當時，進軍遠東的腳步落後於列強的美國，正極力宣揚門戶開放政策，主張各國公平分享在華商業與貿易的機會，反對獨占特殊利益。盛宣懷認為合興公司將會實踐美國的該項政策。

63　Braisted, William R.,"The United States and the American Devel opment Company" The Far Eastern Quarterly, Vol 11. No 2. 1952. pp147-165.

64　《愚齋存稿》卷七，頁17。

粵漢鐵路公債一千美元券。鐵路總公司盛宣懷與駐美公使伍廷芳簽章。美國合興公司代表於1900年7月13日副署。

1898年簽訂草約，合興公司取得粵漢鐵路的築路權。經過兩年多的勘查、估價與談判，借款合同終於1900年7月簽訂。此一借款合同，基本上是比照1897年中國政府與比國鐵路公司所簽訂的盧漢鐵路借款合同內容，借款四千萬美元，年息五釐，實交九折，分期至少四次，在紐約、倫敦等地發行公債銷售，債券由鐵路總公

司盛宣懷與駐美公使伍廷芳簽名用印。債期五十年，是歷來最長、捆綁最久，規定前二十五年不得提前還本，其後提前還本需加計5%。

中國政府以路產擔保，鐵路由合興公司建造、經營、管理，借款還清後，鐵路始歸還中國。鐵路設備由合興公司獨家採購，並抽佣5%。合興公司另可分享鐵路餘利兩成，並發行餘利分配憑證另行出售，面額分為五百與一千元，但不給息。鐵路用地地價，兩百五十萬元，另發行鐵路地價公債，年息6%。合同權利不得轉讓他國或他國人民。

不過，事後的發展證明，盛宣懷顯然是誤判情勢。

1901年底，合興公司進行改組，比利時萬國東方公司（Banque d'Outremer, LD.）[65] 成為最大股東，取得兩席董事。出任的兩人，分別具有比國駐紐約領事與布魯塞爾地方議員的官方身分。

比利時入主合興公司的消息逐漸在中國傳開。1903年，合興公司三分之二股

65　亦譯作「大東萬國公司」。參閱：孫修福編，《近代中國華洋機構譯名大全》。中國海關出版社，2003年1月。

權已由比利時萬國東方公司取得，並將粵漢鐵路北段交由比利時建造。一時間，輿論譁然，其中以主張自辦鐵路的湘、鄂、粵三省紳商反映最為激烈，強烈主張合興公司已違反有關將合同權利移轉他國之人之規定，要求廢約收回路權。由於事態嚴重，美國股東隨即趕緊收購股權外，美國政府也開始介入，並以合興公司事後已購回大多數股權、重掌權利為由，不贊成中國廢約的立場。

1905年，在美國政府的壓力下，中國以六百七十五萬美元向合興公司贖回合同權利了事。為此，中國由湖廣總督張之洞代表以年息四‧五釐，並以廣東、湖北、湖南菸土稅外加簽押釐金票的雙重擔保，向香港政府借款一百一十萬英鎊，以支付贖金[66]。

在此之前，合興公司已出售了兩百二十二萬兩千元債券，全為入股的比國人所認購。但比國人拒絕照價賣回，中國只好繼續按時付息。後來，當中國轉向英、德、法等國銀行團，重新進行粵漢鐵路借款談判時，比國債券持有人蓄意阻撓。銀行團以舊債未了，將來借款在歐洲發行公債勢必受阻為由，建議中國增借五十萬英

鎊，以按票面加價2.5%，連同應付利息，贖回比國人的舊債券。中國政府亦如是辦理後，問題始告解決。美國企業首度代理中國政府對外發行公債，就此不歡而散。至今這種債券，已不見蹤跡，僅零星幾張註銷券被保留下來。

（2）湖廣鐵路借款公債（1911）

從從合興公司手中收回粵漢鐵路後，清廷又回到原點，按照王文韶與張之洞的最初建議，交由湖北、湖南、廣東三省各自籌款、各自築路。

當時計畫中的粵漢鐵路，分為兩線：一為湖南、湖北兩省境內粵漢鐵路，由湖北省武昌府，經岳州、湖南省城長沙，至湖南省南界郴州境內章宜縣，連接廣東省，約九百公里；另一為湖北省境內川漢鐵路，由湖北廣水京漢鐵路所經之處起，經過襄陽、荊門州至宜昌，約三百公里，兩線共長一千兩百公里。1908年，清廷任命張之洞出任粵漢鐵路及鄂境內川漢鐵路兩路督辦。

各商辦鐵路中，除湖南願意改採官辦外，湖北、廣東堅持商辦鐵路的立場。然而，經過一年多，連集資都成問題，張之洞改變原先觀點，認為商辦鐵路窒礙難行，開始轉向四國銀行團商談借款。但在湖北、廣東兩省仍堅持商辦的情況下，將

66　「香港政府粵漢鐵路借款合同」，《中華民國史檔案資料叢書：民國外債檔案史料03》，頁277。

造成對外借款的障礙，於是決定改請將粵漢、川漢路收歸國有，以利借款興建。此番轉折引起支持集資自建鐵路的仕紳的不滿，在各省掀起保路運動，事態的嚴重性，出乎清廷的意外。

在張之洞的主導下，對外借款談判依然展開。首先是依照1905年向香港政府借款支付贖款時的約定，先與英國議約，由於條件過苛，因此轉向德國，並成立借款。英國立即提出抗議，經過協商後，改為英、法、德三國借款五百五十萬英鎊，約定粵漢鐵路由英法建造，湖北境內的川漢鐵路則由德國興建。

1909年6月6日中國與英、法、德簽訂草約後，由於美國政府提出抗議要求加入，後來便擴增為英、法、德、美四國銀行團的聯貸，四國銀行團成員，分別為英國匯豐、德國德華、法國東方匯理銀行，以及由摩根銀行（J.P. Morgan & Co.）、昆勒貝公司（Kuhn, Loeb & Co.）、第一紐約銀行（The First National Bank of the City of New York）和紐約花旗銀行（The National City Bank of New York）所組成的美國銀行團。

1909年10月，借款合同內容定案即將簽訂之際，張之洞驟逝，合約因而延至1910年5月23日才於巴黎簽訂，並改名為湖廣鐵路借款[67]。各國以合作與妥協取代競爭與對抗的模式逐漸形成，銀行團成為集體壟斷對華借款的重要手段。

借款六百萬英鎊，四國銀行均分，以面值九五折承購，年息五釐，期限四十年，發行期滿二十年後，分二十年抽籤還本。中國政府規避了最受人詬病的以路產擔保的作法，改提供湘鄂兩省釐捐每年約五百二十萬兩關平銀作為擔保，銀行團有權將借款對外發行公債。

借款中有一百一十萬鎊是償還1905年為了贖回粵漢鐵路借款合同，向香港政府的借款，五十萬鎊則是作為加價買回合興公司所售債券之用。

四國銀行團各發行總面額一百五十萬鎊的公債。債券分為二十與一百英鎊兩種面額。

債券在借款合同簽訂後，隨即印製，郵傳部關防、盛宣懷與駐外使節的簽字已預先完成製版。發行期間，滿清政權垮台，按例必須在債券簽章的駐外公使改由中華民國改派，後來分別在債券上簽字蓋印，因此出現了新舊政權官員共同代表中國政府的奇特現象。

67　張忠紱，《中華民國外交史（1912-1921）》，致知學術出版，2014年5月。頁29。

湖廣鐵路公債英版一百鎊與二十鎊。

清郵傳部大臣盛宣懷的關防與簽字，固定出現在各版債券上，而英、法、美版則分別由駐英公使劉玉麟、駐法公使劉式訓與駐美公使張蔭棠，德國版則是由駐英公使劉玉麟代表。各版同時又加蓋了中華民國駐美、英、法代表的關防，並由駐美代表張蔭棠、駐英代表劉玉麟（英、德版）與駐法代辦林桐實[68]（駐法代表胡惟德尚未到任）簽字。

發行價格各有不同。其中，英國版，在倫敦與上海分別按面額九九‧七五與九

68　林桐實，清末派署駐法國使館一等參贊。民國建立後，1912年8月，派署駐法國使館代辦。因民國首任駐法代表胡惟德至1913年5月6日才到任，債券於1913年3月15日送交駐法使館簽署時，改由林桐實代行。

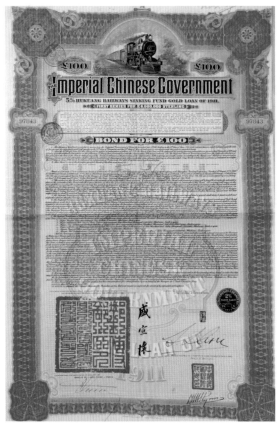

湖廣鐵路公債法版一百鎊與二十鎊。

五折價發售；法國版，在巴黎按面額一
〇〇‧五溢價發售；德國版，在柏林按面
額發售；美國版，在紐約按面額九七折價
發售。

　　不過，因各省紳民反對、銀行團意見
相左及辛亥革命爆發等因素的影響，築路
進度落後。民國初年，湖北、湖南均已收
歸官辦，商辦部分僅剩廣東粵漢鐵路公司
繼續運作。湖北、湖南之間武昌至長沙株
洲段，長四百八十公里，於1918年通車。

廣東境內廣州至韶關段，長兩百二十四公
里，也在1916年完成。但廣東到湖南間的
韶關至株洲段，長四百餘公里，因工程艱
鉅，遲遲無法完工。

　　1927年，國民政府鐵道部成立，決
定將商辦廣東粵漢鐵路公司收歸國有，由
官方接手剩餘路段工程。1930年再次發行
粵漢鐵路公債，作為收購商辦鐵路股票之
用。1934年以中英庚款基金作為擔保對外

湖廣鐵路公債德版一百鎊與二十鎊。

發行公債[69]，當成築路經費，粵漢鐵路於
1936年終告全線完工通車。

　　因政權的更替，湖廣鐵路借款合同簽
訂不久後，改由民國政府接手，從借款撥
付利息，當借款用完後，則改由交通部墊
付或由財政部以鹽稅支付。1925年起，因
鹽稅收入短絀，開始出現無法還本付息的

情形。1937年與銀行團達成減息、緩還的
協議，將1937、1938年內應付利息之利率
減為五分之一，還本期間則延至1942年起
至1962年止。不料，1939年因關、鹽稅
被日本劫奪，政府宣布攤存辦法，停付本
息，因此留下許多債券未經清償。根據中
華民國政府在台灣的決算[70]，這筆公債共

69　詳本書〈1934年英國庚款借款公債〉。

70　中華民國中央政府總決算債款目錄 —— 外
　　債（停付本息部分）。中華民國一〇一年
　　十二月三十一日。

湖廣鐵路公債美版一百鎊。

法國版，二十鎊券發行三萬七千五百張，有三萬五千零六十七張未清償。一百鎊券發行七千五百張，有七千零一十三張未清償。

美國版，二十鎊券發行一百五十張，有一百四十一張未清償。一百鎊券發行一萬四千九百七十張，其中一萬三千九百九十九張未清償。

湖廣鐵路的借款公債，是張之洞的最後遺作，生前在意輿情、反對軍事鎮壓的他[71]，在鐵路商辦或國有政策的轉折，帶著許多無奈，不意仍引發群眾不滿，掀起保路運動，承辦鐵路借款的盛宣懷被究責下台，流亡日本，尚無法平息，最後演變成為滿清政權覆滅的燎原星火，成了後人所說的滿清亡國公債。倘若地下有知，這也會是張帥所始料未及的吧？

結欠五百六十五萬六千英鎊。

英國版，二十鎊券發行兩千五百張，有兩千三百三十八張未清償。一百鎊券發行一萬四千五百張，有一萬三千五百五十九張未清償。

德國版，二十鎊券發行三萬張，有兩萬八千九百五十九張未清償。一百鎊券發行九千張，有八千六百八十八張未清償。

71　惲毓鼎〈一個官員的亡國反思〉，《看歷史》月刊，2011年9月。

英版　清郵傳部盛宣懷與中華民國駐英代表劉玉麟（清使改任）簽章；匯豐銀行代表副署。

德版　清郵傳部盛宣懷與中華民國駐英代表劉玉麟（清使改任）簽章；德華銀行代表副署。

法版　清郵傳部盛宣懷、清駐法公使劉式訓簽章。1913年3月15日加蓋中華民國駐法代表關防與代辦林桐實英文簽字；法國東方匯理銀行代表副署。

美版　清郵傳部盛宣懷與中華民國駐美代表張蔭棠（清使改任）簽章；紐約銀行代表副署。

第二篇
民國時期
（1912–1949）

一、外國銀行團影響下的對外公債（1912-1925）

英美德法四國於1910年11月合組銀行團，意在聯合壟斷中國對外借款。四國銀行團曾與清廷簽下幣制實業借款及湖廣鐵路借款兩份合同，其中幣制實業借款用途因與振興東三省工業有關，並以東三省的菸酒等稅作為擔保，引起日俄的反對，以致胎死腹中。但各國透過銀行團進行集體壟斷中國對外借款的態勢，已儼然成形。甫成立的民國政府，面對的是百廢待舉的國家、更艱困的財政，還有更具組織、步步進逼的強悍對手。

1、克利斯浦借款公債（1912）

清政府垮台後，南北議和，袁世凱取得政權，遷都北京；中國進入北洋政府時期。北洋政府急於獲得巨額經費，再與四國銀行團接觸。1912年3月9月，袁世凱很快就向銀行團承諾，由其擔任中國財政的代理人，對中國享有借款優先權，以及即使中國日後向其他銀行借款，條件也不可優於銀行團等條件。但，銀行團提出許多嚴苛的附帶條件，加之各國間存在歧見，談判進展十分緩慢。

同年6月18日，因日、俄的加入，銀行團成員國由四國增為六國。同一時間，袁世凱政府因需款孔急，但無法確認是否可即時取得銀行團的借款，便開始與南京臨時政府曾接觸過的傑克森財團（Jackson International Financial Syndicate）洽談。

結果，與傑克森財團的談判意外的順利。很快的，雙方於7月12日就簽訂了借款合同。中國政府以鹽餘作抵借款一千萬英鎊，整體條件遠優於銀行團所提。隨後，傑克森財團在中國政府的同意下，於8月30日將借款權利移轉予由英國金融業合組的克利斯浦公司（C. Burch, Crisp & Co.）[1]，並另訂借款合同。

克利斯浦（C・B・Crisp），原是一名倫敦股票交易所的經紀商，1912年從代表傑克森財團的另一名英國證券經紀商白啟祿（E・F・Birchal）手中，接下北洋政府一千萬英鎊貸款的權利。克利斯浦找來三家銀行組成公司，與北洋政府簽訂借款合同，其中一家是滙豐銀行在中國的長期競爭對手渣打銀行。

克利斯浦借款一千萬英鎊，分三次發

1　Macmurray, John Van Antwerp. Treaties and Agreements With and Concerning China, 1894-1919. Vol. 2. 1921. Reprint. London: Forgotten Books, 2013. pp. 43-4.

1912年克利斯浦公債二十鎊券，由財政部周學熙與駐英代表劉玉麟代表簽章；克利斯浦公司之代表人英國國際投資信託公司副署。

作為第一順擔保[2]，但承諾不以稽核名義干涉中國鹽政。

依據合同規定，借款用在償還舊債、整理政務及興辦實業。借款如能順利完成，該公司將享有以後中國對外借款的優先權。

克利斯浦公司代理發行了兩批共五百萬英鎊公債，委託英國外貿銀行（The British Bank for Foreign Trade）、勞埃銀行與渣打銀行共同募集。債券上由財政部長周學熙與駐英公使劉玉麟簽字用印，並由克里斯浦公司的代理人英國國際投資信託公司（The British & International Investment Trust, Limited）代表副署。

對於新改組的六國銀行團而言，半路殺出的克利斯浦借款，代表一種嚴重的威脅，群起反對外，也施壓中國政府，同時阻撓借款合同的進行。在英國的蓄意杯葛下，克利斯浦借款公債在倫敦的募集遭遇了困難。受此影響，投資人普遍觀望，以致交易冷清，第三批的五百萬鎊債券只好暫停

行公債，分別是1912年年底前兩百萬英鎊、1913年2月三百萬英鎊與1913年9月發行五百萬鎊。借款四十年期，前十年只付利息，自第十一年起，分三十年，每半年抽籤還本。克利斯浦公司以八九折承購，再於倫敦以九五折出售。借款以鹽稅

2　依據借款合同，鹽稅每年約四千七百五十萬庫平兩白銀，其中兩千四百萬庫平兩已另作庚子賠款抵押，現可供抵押的鹽餘每年約為兩千三百五十一萬庫平兩。

克利斯浦一百鎊券。

發行。由於無法從市場募得足夠借款，為了獲得更多借款，中國政府只好重回六國銀行團的談判桌，並被迫在1912年12月底終止克利斯浦公司發行其餘五百萬英鎊債券之權利，並支付十五萬英鎊作為賠償。

克利斯浦借款公債，已發行部分，在1928年前，本息均按時償還。到了1928年後，因鹽稅銳減而停付。1929年9月起改由鹽款項下每月籌撥基金，分期補還，但拖欠的情形未見明顯改善。1939年3月起因日軍侵華，克利斯浦借款公債隨其他外債的腳步，因關、鹽兩稅攤存而停付。

已發行的五百萬英鎊公債，根據中華民國政府在台灣2012年的決算報告，計結欠三百六十六萬六千九百七十一英鎊。其中，二十英鎊券共發行三萬兩千五百張，有兩萬三千三百八十四張未清償；一百英鎊券兩萬六千張，有一萬九千零六十八未清償；五百英鎊券兩千張，有一千四百六十七張未清償與一千英鎊券七百五十張，有五百五十張未清償。

2、善後大借款公債（1913）

1912年2月，南北議和，袁世凱為取得財政支援，與四國銀行團進行借款交涉。銀行團則提出許多嚴苛的附帶條件，包括對於中國將來的對外借款享有優先權、派員監督財政收支、代理改革鹽稅等。6月，因日俄兩國的加入，銀行團成員擴大為六國。於是又增加了日俄的要求，借款不得用於滿蒙的開發與建設等用途。

面對需款孔急，銀行團又步步進逼，提出一連串極不合理的條件，形同以國家主權交換借款。在沉重的壓力下，中國的談判代表兩度走馬換將，由最早的唐紹儀換成熊希齡，最後由袁氏人馬、深受倚重的財經幕僚周學熙接棒。同時，也尋求盡速為克利斯浦借款案解套。

北洋財長周學熙。

1913年3月，美國以大借款條件有違威爾遜總統的門戶開放政策為由，宣布退出銀行團，銀行團成員減為五國。

不久後，中國國內發生宋教仁被刺身亡事件，內戰一觸即發，袁世凱政府的談判立場因此出現鬆動。最後，對於銀行團開出的條件，幾乎照單全收。1913年4月26日，在未經國會同意的情況下，簽訂借款合同。借款總額兩千五百萬英鎊，折合白銀兩億兩，授權銀行團發行公債，這也成為中國歷來最大的一筆公債。年息五釐，八四折承購，以鹽稅與關稅作為擔保。

善後大借款公債，分為英、德、法、俄四國版本印行。債券分為二十與一百英鎊兩種面額（或等值的德國馬克、法國法郎、俄國盧布與日圓），僅英、德兩版才有一百英鎊券。債券係由英國最富盛名的Waterlow & Sons印刷公司所設計印製，清末不少對外公債都是出自該公司之手。

善後借款，是中國譯自公債上的用語「Reorganization Loan」，有「重建」之意。債券上的圖像，是希臘神話中的商業之神荷米斯（Hermès）帶著大量物資、機器漂洋過海來到中國的農村社會。用以詮釋此一借款，這是種西方國家將在中國建立新秩序過程中所提供的援助，也是中國帶給西方國家的龐大商機。

債券在刻版、印刷、套色、用紙等表現均屬一流，是公認二十世紀初的傑作，也是最為國外所熟悉的中國債券之一，令許多公債迷愛不釋手。

借款總額為兩千五百萬英鎊，合五萬一千一百二十五萬德國馬克、或六萬三千一百二十五萬法國法郎、或兩萬三千六百七十五萬俄國盧布、或兩萬四千四百九十萬日圓，由五國銀行團共同代理發行公債，這也是歷來最大型的中國對外公債。債券分為英、法、德、俄四版，面額僅二十與一百英鎊兩種（或等值法郎、馬克、盧布）。兩千五百萬英鎊借款，共發行八十八萬六千張的債券，其中以小面額的二十英鎊券為主，還有部分一百英鎊券，發

債券上的希臘神話商業之神荷米斯的形象。

善後大借款公債，英版一百鎊券。

善後大借款公債，英版二十鎊券。

善後大借款公債，德版兩千零四十五馬克（一百鎊）券。

善後大借款公債，德版四百零九馬克（二十鎊）券。

行金額之多、數量之大，都是空前。

英版，由匯豐銀行承辦，占七百四十一萬六千六百八十英鎊，與霸菱兄弟、London County & Westminister Bank、Parr's Bank及Schröder & Co.等金融機構於倫敦共同發行。計有二十鎊券九萬五千八百三十四張（編號1–95,834）、一百鎊券五萬五千張（編795,001–850,000）。

法版，由東方匯理銀行承辦，占七百四十一萬六千六百六十英鎊，與其他法國金融機構於巴黎共同發行。計有五百零五法郎（合二十英鎊）券三十七萬零八百三十三張（編號215,835–586,667）。

德版，由德華銀行承辦，占六百萬英鎊，與其他德國金融業者於柏林共同發行。計有四百零九馬克（合二十英鎊）券十二萬張（編號95,835–215,834）、兩千零四十五馬克（合一百英鎊）券三萬六千張（編號850,001–886,000）。

俄版，由道勝銀行承辦，占兩百七十

善後大借款公債，俄版一百八十九・四盧布（二十鎊）券（黃色原始版）。

善後大借款公債，俄版一百八十九・四盧布（二十鎊）券（綠色新版）。

七萬七千七百八十英鎊，主要在巴黎與比利時發行，僅極少數在聖彼得堡發行，面額均是一百八十九・四盧布（合二十英鎊）。計有，黃色原始版，最初發行十三萬八千八百八十九張（編號586,668-725,556），絕大多數於1922年期間被更換為綠色新版，僅存約兩千多張，綠色新版約十三萬六千張（編號586,668-725,556），與比利時黃色版六萬九千四百四十四張（編號725,557-795,000）。

英德兩版，均由由國務總理兼任財政

總長熊希齡與駐英公使劉玉麟簽名用印。法版與俄版，則分別由熊希齡偕同駐法公使胡惟德與駐俄公使劉鏡人簽字用印。

日本，由橫濱正金銀行代表，但並未代理發行專屬版別。不過，所有債券都註明兌換日圓的匯率，並可在東京出售。

債券按面額九折出售，銀行團實交中國八四折，即兩千一百萬英鎊，6%的差額為銀行團的酬佣。年息五釐，期限四十七年，前十年僅付息，自第十一年起，

善後大借款公債，法版五百零五法郎（二十鎊）券。

善後大借款公債，俄版一百八十九‧四盧布（二十鎊）券（比利時黃色版）。

每年抽籤還本。第十七至三十二年間，中國政府可額外購回部分或全部，但須加價2.5%。三十二年後，則可按面額購回。按優先順序以鹽稅、關稅及直隸、河南、山東與江蘇四省上繳中央的特定稅款作為擔保。

爾後，中國如有相同用途或以鹽稅作為擔保的借款，銀行團都享有優先權。此外，中國必須引進外國有關徵收與管理鹽稅的制度和協助，並且鹽務機關須另設洋會辦一職，主司鹽務稽核，未經洋會辦簽字，不得提款。這意謂著中國鹽務的管理權，將繼海關關稅後，也交付予外國人。

善後借款的償還，依照合同規定，伊始是以鹽稅收入為擔保償還，1917年後，由於鹽稅收入不足攤還，改以關稅收入支付。

善後借款公債發行後，陸續發生過一些狀況。首先是1917年俄國十月革命期間，蘇維埃政府沒收道勝銀行在聖彼得堡經認購而尚未交付之俄版債券，並重新

英版　北洋政府財政總長熊希齡、駐英公使劉玉麟簽章；匯豐銀行副署。

法版　北洋政府財政總長熊希齡、駐英公使胡惟德簽章；東方匯理銀行副署。

德版　北洋政府財政總長熊希齡、駐英公使劉玉麟簽章；德華銀行副署。

俄版　北洋政府財政總長熊希齡、駐俄公使劉鏡人簽章；道勝銀行副署。

出售，造成市場秩序的混亂。中國政府因此規定，道勝銀行在俄國所發行的黃色債券，必須是以1917年12月27日前認購時所取得的臨時憑證換發者，始能獲還本付息。由於債權歸屬的認定困難，中國政府於1922年宣布全面更換俄版債券，以新印的綠色債券調換原有的黃色債券，除顏色不同，新舊編號、內容均完全一樣。1926年因道勝銀行倒閉，債券曾暫停調換。至1930年2月，由法亞銀行（Banque Franco-Asiatique）接手換發，至5月截止完成。

絕大多數俄版黃色債券，已被調換成綠色。

俄版債券，也曾在比利時大量發行，當時道勝銀行是印行另一種黃色債券，與原有的俄版黃色債券稍有差異。總計俄版債券，共出現過二黃一綠三個類別，是善後借款公債中最為複雜的一支。

另外，德版債券在中國對德宣戰時曾停付，至中德恢復邦交後才繼續償付，這也使得德版公債的清償進度大幅落後，比

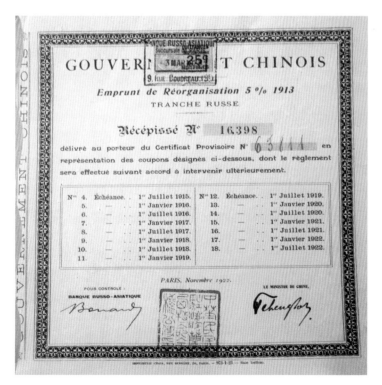

1922年道勝銀行換發俄版債券時，也簽發給持臨時憑證換發新版債券之人，逾期未付的欠息憑條。中國駐法公使陳籙簽章。

例僅9.5%遠低於其他各版的21%。

國民政府成立後，接手善後大借款公債的償還，但並不承認銀行團壟斷對外借款之權利。1939年1月份起，為因應對日戰事，中國政府宣布關鹽稅擔保各項外債一律攤存停付、本息全面停付。根據中華民國政府在台灣的結算報告，本公債結欠一千九百六十九萬一千八百八十英鎊。總計約有七十多萬張的債券流落各地至今。

善後大借款，由於必須先由銀行團扣除賠償辛亥革命期間，外國人遭受損害、償還銀行團及其成員國的墊款與舊欠後，其餘才交由中國政府，供裁遣各省軍隊、支應政府行政與各項工程費用，以及整頓鹽務之用。扣除欠墊各款，加上限定用途，北洋政府可得支配的借款數額非常有限。為了取得更多軍費防範革命勢力再起，北洋政府勢必得另闢蹊徑，向銀行團成員國外的財團借款。銀行團並非全然無知，後來也有意放寬中國對外借款的條件，開放部分外資對於中國企業的投資。但，不久後歐戰爆發，英法等國已無暇顧及遠東事務。

於是，日本乘機擴大對華投資，1917到1918年期間，向北洋政府提供統稱為「西原借款」的多批貸款，總額達一億五千萬日圓之多，一躍成為中國的最大債權國與投資來源，影響力已非其他國家所能匹敵。

3、北直隸政府借款公債
（1913）

1913年1月27日，北洋政府國會通過直隸省政府向比利時迪思銀行（Banque de Reports de Fonds Publics et de Dépôts Société anonyme）借款案，由該銀行代理發行名為北直隸政府借款公債。

北直隸，原是明代的行政劃分，包括現在的北京、天津、河北及河南、山東的一部分地區。所謂直隸，有直屬京師的地區之意，而北直隸之名，正是明成祖朱棣遷都北京後才出現。在此之前，明代的直隸，是指南京直屬的江蘇、安徽等江南地區，在遷都後，這個地區就改稱為南直隸。外國人所謂的北直隸，指的則是民初的河北省。

借款五十萬英鎊，以河北省的菸酒稅擔保，不足部分由中央承擔。借款合同隨後於4月4日簽訂。

這是一樁很少見、由中央政府授權地方簽訂的對外借款，名義上雖是河北省借款，卻由中央出面簽署與背書，作法頗為特殊，可能與躲避銀行團耳目有關。

直隸，自清末以來，就是國內發行公債最為活躍的省分。從清光緒三十一（1905）年袁世凱擔任直隸總督時，首度發行地方公債以來，往後的二十年間，雖歷經改朝換代與政權更替，當地仍奉袁氏

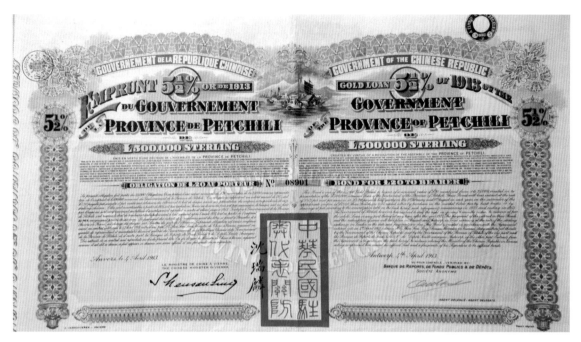

1913年北直隸公債，二十鎊券。中國駐奧地利代表沈瑞麟簽章，比利時迪思銀行代表副署。

公債為「正朔」，以「接辦」的名義，又發行了五次，藉此凸顯政策的延續性[3]。

　　直隸，是北洋軍的大本營，歷次公債大多與軍事需要有關。宣統三年（1911）陳夔龍擔任直隸總督，依循袁世凱模式發行二次公債，但因遭遇辛亥革命而中斷，原計畫募款三百二十萬兩銀並未成功，省方只能另覓財源。

　　北洋政府上台後，直隸改借外債。1913年公債，在北洋政府的擔保下，以地方政府的名義對外借款。這種中央擔保地方對外發行公債的模式，十分特殊，是歷來所僅見的。

　　金額五十萬英鎊，年息五‧五釐，借期長達四十年。由迪思銀行代理，在布魯塞爾與安德沃普發行公債，共發行二十英鎊券，兩萬五千張，發行價格、銀行佣金、銷售結果等均無資料可循。債券內容顯示，雙方約定，當債券市價低於票面

3　詳見〈直隸公債與歷次接辦的公債（1905、1911、1920、1925、1926）〉，頁180。

時，中方可從市場或競標收購[4]。

由於比利時當時還未承認中華民國政府，中國並沒有派駐外交使節，因此合同與債券都改由駐奧國代表沈瑞麟代表簽署。

關於借款用途，公債辦法中的說明頗為含糊籠統，說是作為省內的公共建設及改良（Public Works & Improvements）之用，實際上，這類借款卻多被挪作軍政費用。

此公債自1926年2月起即未再付息，本金則全數未還。經銀行向河北省政府催促，省方則以菸酒稅劃歸中央，無力償還債務為由，繼續拖欠。

1937年，迪思銀行倒閉，比國代辦代替持票人出面交涉，財政部表示願報請行政院核議整理，但從此卻無下文，成了懸案。

4　詳見，附錄：債券譯文，〈1913年北直隸政府五十萬英鎊借款公債〉，頁288。

4、瑞記洋行三次借款公債
（1912-1913）

滿清政府在辛亥革命期間，曾先後於1911年12月與1912年2月兩度向德商瑞記洋行，洽訂軍械武器，協議進行中，卻已改朝換代。袁世凱政府上台後接手了這兩批軍火訂單，並簽訂借款合同，分別為瑞記洋行第一次與第二次借款，金額為三十萬與四十五萬鎊。

1913年4月10日，善後大借款合同即將簽訂之際，循前兩次借款模式，中國政府再次向瑞記洋行借款三十萬英鎊，作為採購軍械之用，亦即瑞記洋行第三次借款。由於第二次借款，有部分是用於支付前清政府向奧匈帝國船廠Stabilimento Tecnico Triestino訂購一艘命名為「龍江號」的驅逐艦，時速三十海浬、四千五百千瓦、雙驅動輪軸的燃煤動力驅逐艦的貨款，雖然性能已屬過時，但因造價低廉，每艘僅一萬六千五百英鎊，袁世凱政府決定再訂購十二艘，這便是第三次借款的主要原因，而向外國供應商改貨款為借款的作法，於是也成財政匱乏的北洋政府所慣用。

瑞記洋行的三次借款，年息折扣均為六釐，前兩次發行價格為九五折，第三次為九二折。第一次借款，期限五年，第一年僅付息，第二年起分四年清償，以崇文

瑞記二次借款，遭奧匈帝國沒收的中國龍江號驅逐
艦（前）。

門商稅作抵。第二次借款，期限十年，前三年僅付息，第四年起分七年清償，其餘條件與第一次借款相同。第三次借款，期限五年，前兩年僅付息，第三年起分三年清償，並改以契稅作抵，其他條件與先前相同。

三次借款均發行公債，債券僅面額一千英鎊一種，分別有三百張、四百五十張與三百張，發行過程與付息還本情形均無資料可循。龍江號驅逐艦完工下水時，正逢第一次世界大戰爆發，奧匈帝國政府於1914年8月1日宣布沒收龍江號，改名Warasdiner後參戰[5]，第三次借款所訂購的十二艘同型鑑也停止建造；瑞記洋行在華資產則是由英商匯豐銀行接管，但所有借款因已發行公債，中國政府對於債券持有人仍無法豁免債務，必須繼續支付本息。

三次借款還本期限先後屆滿，中國政府無法償還，後來便以借新還舊的方式，改以發行1925年史可達第二次公債（Skoda Loan II）作為清償。

5　Ryan K. Noppen，"Austro-Hungarian Cruisers and Destroyers 1914-1918"，pp.44-45。Bloomsbury, 2016.

5、奧國三次借款公債

（1913-1914）

　　就在「瑞記洋行第三次借款」成立當天，即1913年4月10日，在瑞記洋行的安排下，中國政府又與奧國金融集團簽訂了兩筆借款合同，充當購買軍械的貨款。兩筆借款被稱為「奧國第一次借款」與「奧國第二次借款」，均轉往倫敦發行公債。

奧國第一次借款（一百二十萬鎊）公債，五十鎊券。

　　為了避免五國銀行團的干擾，兩次借款都是在事後才提交國會追認。

　　「奧國第一次借款」，金額一百二十萬英鎊，主要是作為海軍部向瑞記洋行簽購六艘魚雷艦的貨款之用（後改為鐵甲巡洋艦三艘）。「奧國第二次借款」兩百萬英鎊，主要是作為海軍部向瑞記洋行簽購十二艘魚雷艦的貨款之用（後也改為鐵甲巡洋艦），以及陸軍部購買槍砲之用。但所訂購之船艦槍砲，因歐戰爆發，後來均未交貨。

　　1914年4月27日，中國政府與奧國金融集團三度簽訂借款合同，即「奧國第三次借款」。金額五十萬英鎊。大部分作為訂購奧國史可達（Skoda-Werke）公司所生產的軍械之用。

　　三次借款，條件均為年息六釐，五年期，前兩年只付息，第三到第五年，每年還本四十萬鎊。實收九二折。以契稅每年約一千萬兩擔保。由奧國皇家特許土地銀行（K.K. Priv. Österreichische Länder Bank）代理，於倫敦發行公債，債券有五十、一百、五百、一千英鎊四種面額。

　　1919年，三次借款先後到期，未清償本金分別為八十萬鎊、一百三十三萬三千五百鎊與三十三・三五萬鎊。後來全改以1925年史可達第二次（Skoda II）公債作為清償。

6、隴海鐵路借款公債（1913）

1903年汴洛鐵路借款合同規定，比國合股公司如能將汴洛鐵路妥善完工，將取得開封到西安段的優先築路權，從這點也可清楚看出，比利時方面壟斷中國橫貫鐵路的企圖。

為了打破比利時獨占路權的局面，1907年9月，河南趕在汴洛鐵路1908年完工前，提出成立公司，自辦洛潼（洛陽至潼關）鐵路計畫，並獲得清廷的同意。洛潼鐵路於1910年8月開工，至1912年完成洛陽到鐵門段及鐵門到澠池段部分工程。

1912年，比國合股公司再向中國政府提出建議，願提供新借款，讓中國提前償還汴洛鐵路公債，並且放棄兩成鐵路餘利分配權，以交換展築隴海鐵路其餘全部路段的權利。同年9月雙方簽訂隴秦豫海鐵路借款合同，借款一千萬英鎊。比國合股公司開始擴展汴洛鐵路路線，首先延伸至開封至徐州段。

借款合同金額一千萬英鎊，折合兩億五千萬法郎，四十年期，以路產為擔保，供作償還汴洛鐵路借款與建造隴海鐵路其

1913年隴海鐵路公債二十英鎊券。

餘路段工程之用。中國政府授權比國合股公司，以英鎊計價發行公債。

1913年，發行第一批債券，四百萬英鎊，共有面額二十英鎊券，二十萬張，編號從20,001–220,000（編號1–20,000原係保留給一百鎊券，但並未發行），由比

國合股公司承銷，在布魯塞爾與巴黎按面額九一折價出售，佣金另計。發行滿十年後，分三十年抽籤還本，應於1953年全數還清。

第一批公債發行後，銷售情形今已無詳細資料可查，但可確知並未售訖。後來到了1922年10月，Williams, Simmons & Co. 在倫敦曾以每張債券十三鎊七先令六便士的價格出售同一公債兩千五百張，這些公債來源，應係比國合股公司當時負責承銷時，未能售出而自行購下的部分。

債券由駐比利時參贊吳爾昌、隴海鐵路督辦施肇曾與比國合股公司代表分別簽字蓋印。由於施肇曾就任隴海鐵路督辦的時間是1912年10月，而比國合股公司代表的簽押落在1913年1月1日。由此可知，此一債券的製版期間，應在1912年10月以後，並於1913年1月1日後印製。辛亥革命後，當時駐比利時公使李國傑隨後兼程返回中國，由參贊吳爾昌代理使事，這也是債券改由吳簽名的原因。

比利時直到1913年10月6日才承認中華民國政府，但債券上除了可見到「大清欽差全權大臣之關防」，也可找到民國政府的「督辦隴秦豫海鐵路關防」，這

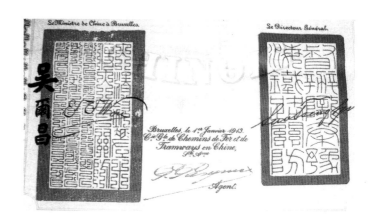

民國隴海鐵路督辦施肇曾與清駐比利時代理公使吳爾昌簽章。比國合股公司代表1913年1月1日副署

種新舊政權機關同時出現，共同代表中國的情形頗為罕見。稍後的「1913年北直隸借款公債」[6]，也是在比利時布魯塞爾發行，但採用了另一種辦法，即改由駐奧地利公使簽署。

其餘六百萬鎊借款，因受第一次世界大戰及國內局勢動盪等影響，並未繼續發行公債而取消。因此，借款的兩項目的：即償還汴洛舊欠及完成隴海鐵路其他路段，均未能達成。

借款利息最初從債款中支付，債款用罄後，應付利息及工程款常由比國合股公司臨時墊借的方式應付，至1925年下半年後，比國合股公司拒絕再墊借，開始出現

6　詳本書頁130-131。

拖欠的情況。

在道清、津浦鐵路公債整理案先後出爐後，荷、比、法公使屢次提出抗議，並要求循例解決隴海鐵路歷次債務。1936年8月，國民政府財政部、鐵道部與比國合股公司等議定隴海鐵路公債整理辦法（詳見附錄：債券譯文，隴海鐵路借款公債整理辦法與內容），涵蓋在比、荷、法發行的各公債與庫券，包括1913年發售之債券四百萬英鎊及1920至1925年發行的各庫券，金額共計四百五十八萬零三百八十英鎊。所有利息，由隴海鐵路按月提撥清償基金，以減息緩付的方式處理[7]。

另外，到了1937年，1913年隴海鐵路債券再度被印製發行了兩萬九千零一十九張，償還比國合股公司墊款二十八萬八千兩百英鎊，以及更換原為償債之用的1924年隴海鐵路一千萬元國內公債，折合二十九萬兩千一百八十英鎊。印製後，這批

1937年再度印製發行的1913年隴海鐵路債券。編號從220,001到249,019號

1937年版的1913年隴海鐵路債券全交給比國合股公司作為償債之用，並未對外發行。後來出現市面的，應自是比國合股公司流出。這批債券沿用原有版式，外觀與其他債券無異，但債券編號是接續1913年的二十萬張之後，自第220,001號起至第249,019號止，可輕易辨認[8]。

抗戰後，到期利息付至1938年7月。以後各期，未再支付；本金則是全數未償還，導致這種債券二十餘萬張全流落在外。

7　1936年7月18日「財鐵兩部整理隴海路債務提案」與1936年8月25日「財鐵兩部恢復隴海鐵路個借款還本付息通告」，《中華民國史檔案資料叢書：民國外債檔案史料04》，頁242–246。

8　Wilhelm Kuhlmann，前揭書，頁80–82。

7、滬楓鐵路償債借款公債
（1914）

1912年1月27日，民國肇建之初，南京臨時政府向日本大倉商社借款三百萬日圓，約定以江蘇境內的滬杭甬鐵路，即上海至楓清的滬楓鐵路，作為擔保。

但，早於1908年3月6日，在清政府郵傳部與中英銀公司所簽訂的滬杭甬鐵路借款合同中，就明文規定，該路不得抵押予他國。在英方的抗議下，北洋政府只好提前償還大倉商社借款，取消以楓清鐵路路權作為擔保。為了提前償還大倉商社借款，北洋政府交通部與中英銀公司於1914年2月14日簽訂滬楓鐵路償債借款合同，借款三十七萬五千英鎊，授權中英銀公司發行公債，每張債券面額一千英鎊，共三百七十五張。中英銀按面額九一折承購，年息六釐，期限二十年，每半年付息一次，前十年只付息，後十年攤還本息，以山海關內外鐵路（京奉鐵路）餘利撥付本息，並作為擔保，享有僅次於1899年山海關內外鐵路借款與1908年滬杭甬鐵路借款的優先權。

借款合同簽訂後，中英銀公司即委由匯豐銀行，在倫敦與上海兩地代理發行公債，售價與銷售情形不詳。債券由交通總長朱啟鈐與駐英公使劉玉麟代表中國政府簽字用印。

公債發行後，1925年前之利息、第一期全部與第二期部分本金已付清，但1926年後的利息、第二期本金短付的六千零二十九英鎊及以後各期本金均未再付。1935年7月，改由京奉鐵路局每月提撥專款五千英鎊償還借款，至1937年6月，對日抗戰前夕，1928年以前利息均已結清。抗戰爆發後，因京奉鐵路淪陷，停止撥付本息，至今尚有本金二十二萬五千英鎊未清償。

1914年滬楓鐵路借款公債一千英鎊券，空白券。交通部長朱啟鈐與駐英公使劉玉麟簽章。

8、中法實業借款公債（1914）

民國初年，政府財政收入結構與前清基本無異，倚賴田賦、鹽課、關稅及各種名目的苛捐雜稅。扣除償還前朝的欠債後，復以南北分裂導致稅收短少、地方軍閥勢力坐大，截留中央稅款，使得當時的北洋政府不得不舉債度日。由於可供擔保的關稅、鹽稅等籌碼用盡，對外借款，特別是採用發行公債的形式，在欠缺可靠的財稅資源可供擔保的情形下，變得格外困難。善後借款前後，銀行團企圖壟斷中國對外借款的管道，例如1912年克利斯浦借款、1914年同成鐵路借款，都是在公債發行期間遭到銀行團的抗議予阻撓[9]，導致發行結果不佳，投鼠忌器的情況下，中國對外發行公債已進入了乾涸期。

在此背景下，北洋政府1914年4月1日得以順利與中法實業銀行簽訂的借款合同，令外界感到意外。借款總額一億五千萬法郎，年息五釐，五十年期。前十五年僅付息，後三十五年攤還本息。中國政府以國營事業收入作為擔保，如有不足，則以長江以北各省菸酒稅補充。發

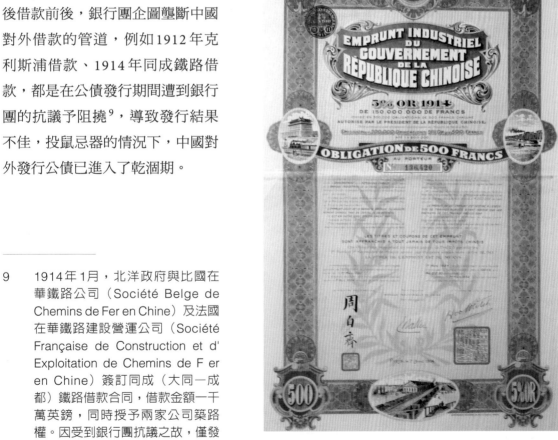

1914年實業借款公債五百法郎券。

9　1914年1月，北洋政府與比國在華鐵路公司（Société Belge de Chemins de Fer en Chine）及法國在華鐵路建設營運公司（Société Française de Construction et d' Exploitation de Chemins de F er en Chine）簽訂同成（大同－成都）鐵路借款合同，借款金額一千萬英鎊，同時授予兩家公司築路權。因受到銀行團抗議之故，僅發行一百二十五萬英鎊後即作罷。

行公債的承辦權落在一家剛在中國營業不久、背景特殊的中法實業銀行（La Banque Industrielle de Chine）身上。

此時，這家銀行成立還不到一年，由中國政府與法國東方匯理銀行共同協議成立。法方占三分之二股權，中方獲得其餘三分之一，實際上並未出資，但給予九十年的營業特許及發行鈔票的權利，是典型錢權交易下的產物，而協助北洋政府對外發行公債借款，也是條件之一。

4月7日，中法實業銀行與西方興業公司（Société Générale Occidentale）及法國中央省分信貸銀行（Crédit Français and Société Centrale des Banques de Province）在巴黎共同發行公債，債券面額均為五百法郎。中法實業銀行以八四折承購[10]後，再以九四‧二五折對外發售，價差超過10%。但在發行兩萬張債券共一億法郎之後，即未再發行。債券由財政總長周自齊與駐法公使胡惟德代表中國政府簽名用印。

實業借款公債的發行後三個月，第一次世界大戰爆發。根據募債海報的宣傳，投資人於1914年4月7日前認購，每張債券可按面額五百法郎享有九四‧二五折優惠，僅需支付四百七十一‧二五法郎，實質年利率可達5.3%。但因時局惡化，從後來所遺留下的大量空白臨時憑證與債券來看，認購情形可能並不踴躍。

此一借款的用途，依據公債辦法中所載，包括改良浦口港和北京市政中心、修建北京天津沿線道路橋梁、利息支出、認購北京鐵路公司股份、公債印製費用及政務費等，但可能多只是名目而已。有研究指出，政務費實際上占大多數，袁世凱透過成立籌安會鼓吹帝制，收買議會，經費也是來自此借款[11]。

只付息不還本的前十五年間，本借款共付過十五次利息，除了前兩期是按時支付外，其餘都出現拖延情形。至1921年3月為止，欠息全由中法實業銀行墊借，加上複利，共兩千零五十三萬三千八百三十九‧三八法郎，銀元二十八萬一千三百二十七元九角八分。1930年2月19日，經協議之後，中國政府以所持中法實業銀行股票兩千股自1930年起十八年之官紅利抵償。1930年起，應開始償還本金，但所有本金與後續利息，均未清償，因此兩萬張債券全數均流落在外。

10　根據1926年出版，劉秉麟《近代中國外債史稿》的記載，中法實業公債的折扣更大，為八一折。

11　潘國旗，前揭書，頁143。

1914年，實業借款在法國
巴黎的募集海報。

認購實業債券所發的臨時憑
證（空白），暫代債券。

【關於中法實業銀行】

1912年，北洋政府甫接政權之際，法國東方匯理銀行向新政府提議，兩國合組實業銀行，引進外資。與銀行團交涉善後借款並不順利的北洋財政總長熊希齡，則希望由東方匯理負責籌資，共同成立銀行，再以發行公債為手段，募集資本，提供中國所需之建設經費的構想[12]。

在此基礎上，雙方在1913年制定了《中法實業銀行章程》，中法實業銀行隨即於7月1日於法國賽納省登記成立，總行位於巴黎，主營業所設在北京，中國政府授予九十年的營業特許權。這家銀行，以及隨後1914年實業借款公債的發行，即是由此而來。

設立時，登記資本為四千五百萬法郎，共九萬股，分為普通股（Ordinary Shares）八萬七千股與創辦股（Founders' Shares），中法雙方按持股比例分配，每股均為五百法郎。法方，占全部股權三分之二，共三千萬法郎，計有普通股五萬八千股、創辦股兩千股，主要股東是東方匯理銀行及北京福公司等；中方是北洋政府，占全部股權三分之一，共一千五百萬法郎，有普通股兩萬九千股、創辦股一千股。實繳三百七十五萬法郎，係北京福公司所墊付。

該行曾多次增資發行新股，1919年增資三千萬法郎，發行新股六萬股。1920年再增資七千五百萬法郎，發行新股十五萬股。1921年7月在中國宣布停業前，登記股本已達一萬五千萬法郎、三十萬股、實收七千五百萬法郎，但中方一直未曾出資。

該行營業項目包含存放款、國內外匯兌、金銀買賣、證券交易、公款經理等，並獲有發行鈔票的特權。在中國的業務發展迅速，先後在北京、

12　張百霞，《中法實業銀行始末述論》。河北師範大學2004年碩士論文。頁26–28。

中法實業銀行的推手北洋財長熊希齡。

上海、廣州、漢口、福州、瀋陽、天津等二十餘處設有分行，海外據點也有十幾處。第一次世界大戰期間，由於該行在歐洲從事白銀投機失利、放款業務面對巨額呆帳等問題，加上法國實施紙法郎的通貨膨脹政策，導致嚴重虧損，中國分行因此受到牽連，於1921年7月宣布停業。

但，該行關係著法國對華政策，也牽涉龐大的政商利益。法國政府便利用退還庚款的談判中，挾帶以法庚款重整中法實業銀行的條件。兩國政府最後於1925年4月達成協議，以墊借名義提供法庚款給該行，給該行服下一劑的續命丹。

1925年，該行改組爲中法工商銀行，喪失發行鈔票的權利。中國政府的持股則降爲20%。該行後來於1949年停業，1954年完成清算。

中法實業銀行1913年普通股股票。

9、民國元年軍需公債特種債券（1914）

1912年1月8日，南京臨時政府參議院議決發行八釐軍需公債，總額一億元。在兵馬倥傯之際，大量債券無法順利發行，僅在控制下的南方省分，由各省領作兵餉，或作為功勳獎勵、部隊編遣、行政補助[13]，甚至賤售[14]。

來自認購所得，僅得七百多萬元。當時南京臨時政府發行軍需公債募款，目的就是要對抗武昌起義的主要對手，前清所任命的欽差與總理內閣大臣袁世凱及其領導的北洋軍。

同年2月12日清帝下詔退位，3月10日袁世凱在北京接任中華民國第二任臨時大總統。頗令人玩味的是，袁氏上任後，非但未下令銷毀南京臨時政府所遺留下的軍需公債庫

南京臨時政府發行的民國元年軍需公債一百元券。

存，反而繼續促銷。

1913年10月間，英商福德洋行賀爾飛與北洋政府接觸，表示有意承購軍需債券。雙方議定以九英鎊合一百銀元，購買一百元債券五萬五千五百五十六張，總價五十萬零四英鎊，折扣九五折。當時北洋政府因善後借款用盡，苦於另闢財源，於是接受了交易，雙方訂立草約。不過，軍需公債是中國的國內公債，無法在歐洲市場發行。賀爾飛於是就將合同權利讓與比

13　「曾經為光復南京立下首功的江浙聯軍總司令徐紹楨……孫中山為酬勞徐紹楨的革命功績，贈給他八釐公債一百萬元。徐提出一・四萬作為《民立報》的補助費、一萬元作為女子北伐隊結束費，其餘一概奉還政府，頗有清譽。」韓文寧《中華民國在大陸的真相1912–1937（上冊）》，2012年4月，大旗出版社。

14　潘國旗，《近代中國國內公債研究》（1840–1928），頁174–175。

決定重新包裝臨時政府軍
需公債，前往歐洲借款的
民國總統袁世凱。

Gouvernement de la République Chinoise

Emprunt OR 8 o/o 1912 de £ 500,004 ou Fr. 12,625,101 ou $ 5,555,600

EN

55,556 Bons du Trésor 8% OR de 1912
au Porteur

de £ 9 ou Fr. 222.25 nominal (monnaie française)

Intérêt annuel : £ 0.14.5 ou Fr. 18.18 monnaie française
Payable par semestres les 2 février et 2 août de chaque année
à la Banque de Chine, à Anvers, à Bruxelles, à la Banque de Reports, de Fonds
Publics & de Dépôts, à Paris et, eventuellement sur d'autres places.

1913年年底，迪思銀行刊登的公債招募廣告。
認購期限1914年1月12日。

國迪思銀行（Banque de Reports, de
Fonds Publics & de Dépôts）[15]。迪
思銀行打算以另發行特種債券的方
式，重新包裹軍需公債，在歐洲上
市。

　　後來，中國駐英公使劉玉麟
與該銀行於1913年12月30日簽訂
正式合同，雙方約定以民國元年
八釐軍需公債的名義，於1914年1月12日
發行一套特種系列債券，金額五十萬零四
英鎊，可另增額至六十二萬五千英鎊。這
種債券每張九英鎊，等於軍需公債一百元
券一張，年息八釐，每半年付息一次，自
1915年起至1918年止，分四年抽籤還本完

畢，以調增的關、糧稅作為擔保，條件與
軍需公債相同。迪思銀行按面額九五折承
購，再以九九‧五折價出售，獲有4.5%的
價差。於是，這種特種債券就成為民國元
年軍需公債的海外版。

　　迪思銀行在合同簽訂之前，已與中國
駐英公使劉玉麟達成默契，提前在1913年
底刊登廣告，募集認購，截止期限就訂在

15　民國檔案有時亦稱之為「雷泡銀行」。

1914年1月12日。這天正式雙方簽訂合同的日期。

消息一出，立即引來五國銀行團的抗議，認為此舉已違反善後借款合同的規定，北洋政府迫於無奈，只好緊急通知銀行停止發行。但為時已晚，特種債券早一步在布魯塞爾與安德沃普預售，至1914年1月9日為止，已預售出三萬八千八百多張，得款三十五萬零三英鎊。債券雖未及備妥，迪思銀行已對認購人發出臨時憑證，效力等同債券，只待換成正式債券。

北洋政府只得出面收拾殘局，與銀行於1914年8月7日達成和解，授權另外發行一種不公開發行、只供交換的五釐債券，面額十英鎊券四萬張，總金額四十萬英鎊，以一張換一張的方式，換回臨時憑證，並以剩餘的部分作為銀行的賠償，臨時憑證則自1914年8月1日停止付息。不久，迪思銀行回報，更換工作已完成，事件落幕[16]。

檔案顯示，這種不公開發行的五釐債券，每半年付息一次，由華比銀行代理付息；自1915年起每年還本一次，至1918年償清，至今不見蹤跡。倒是臨時憑證，仍有少數逾期未更換新券的漏網之魚存世。

16　1914年9月25日「財政部關於與雷泡銀行換發五釐債票經過呈」《中華民國史檔案資料叢書：民國外債檔案史料04》，頁750-752。

民國元年軍需公債特別債券臨時憑證。迪思銀行於認購期間簽發，暫代債券。

10、馬可尼公司借款庫券

（1918）

北洋政府陸軍部與英商馬可尼無線電報公司（Marconi Wireless Telegraph Company, Lmited）因無線電話機採購案，雙方於1918年8月27日談定借款合同，借款六十萬英鎊，其中三十萬英鎊為陸軍部採購兩百部無線電話機的價款，其餘三十萬鎊則由北洋政府支配。合同並授權馬可尼公司代理北洋政府發行庫券。

庫券，即國庫券的簡稱，英文稱為Treasury Bill 或 Treasury Note，也是公債的一種。不過還款期限較短，多在十年以內。但國庫券的期限並無一定的標準，相對於一般的公債期限多在十年以上，庫券可謂是一種短期性的公債。

這種與供應商因採購案所建立的借款，也是北洋時期對外公債的特色之一。

馬可尼公司借款六十萬鎊，年息八釐，十年期。每半年付息一次，第六年起開始還本，分五年還本。馬可尼公司委由英國外貿銀行（British Bank for Foreign Trade Ltd.），代為在倫敦發行庫券，由於利息較高，引來許多投機者的興趣，以面

1918年馬可尼庫券五百鎊券。中英文兩面並列。北洋財政總長龔心湛簽章。1936年，國民政府財政部長孔祥熙簽字並加蓋註記進行整理。

額105%溢價出售。庫券分為一百鎊券一千五百張、五百鎊券五百張、一千鎊券兩百張，採中英文兩面印刷，由財政總長龔心湛簽名用印。本息之支付，在倫敦與北京，分別由中國銀行與中法實業銀行擔任。

一般說來，國庫券的金額相對小於公債，但利率較高。此一庫券，總金額僅六十萬英鎊，年息8%，就是典型之一。在倫敦發行時以高於面額5%的價格風光完銷，不過，由於北洋政府並未提供特定稅收或資產作為擔保，僅以政府信譽做保證，因此投資人承擔了很大的風險。

果然，庫券利息到了後來僅付過五次，從1920年8月起即未再付息，至於還本期限陸續到期後，更是無一獲得償還。

1936年，馬可尼借款庫券拖欠本息，與1919年費克斯借款庫券合併整理，內容大致為1936年6月30日前欠息一律免除。1936年7月1日起重新付息，第一年年息一‧五釐，以後每年遞增〇‧二五釐，至1943年增至三釐。本金六十萬英鎊，自1941年6月30日起開始償還，從每年1%，逐步調整償還比例至每年4%，並以鹽餘作為擔保，於1975年全部清償為止，較原訂期限延後了四十八年。

根據整理辦法，減息緩付，延緩四十八年還本。改貼新息票聯。

接受整理辦法的國庫券持有人，必須向北洋政府在倫敦代理銀行提交國庫券，並繳交相當國庫券面值6%的現金作為整理費用。完成整理程序的庫券，原券被印上整理辦法內容，並更換新息票聯，上面可看到當時中國財政部長孔祥熙的署名。然而，經過一連串的繁複手續後，只又支付了五次利息後，因抗戰爆發，1939年3月1日中國政府宣布鹽稅擔保債款攤存停付辦法，還本付息又進入漫長的等待期。

11、費克斯公司借款庫券

（1919）

1921年北洋政府使用維梅式飛機的航空隊。

1919年10月1日，北洋政府向英商費克斯公司（Vickers）訂購了維梅式（Vimy）飛機一百架及機棚設施，在陸軍總長靳雲鵬的倡議下，成立了近代中國第一批商用航空機隊，提供國內定期航線，也成為後來中國空軍的前身。

交易價款一百八十萬零三千兩百英鎊，被作為借款，由北洋政府授權費克斯公司代理發行庫券支付。庫券的條件，年息八釐，十年期。前五年僅付息，自第六年起分五年還本。

庫券隨後由費克斯公司委託英國勞埃銀行與中國銀行在倫敦共同發行，按面額九八折出售。分為一百鎊券九千零八十二張、五百鎊券七百五十張、一千鎊券五百二十張。依照合同規定，價款中有五十萬英鎊被存入中國航空署的特別存款帳戶，

1919年費克斯公司庫券一百鎊券。北洋財長李思浩、駐英公使施肇基簽章。英國勞埃銀行代表副署。1936年，民國財長孔祥熙簽字整理。

以供教育訓練與設備採購之用。

庫券發行後，由於北洋政府並未撥交利息，先是由費克斯公司或航空署特別存款帳戶代墊，在1922年4月1日後，即未再付息。陸續到期的本金，也無一獲償。

1936年，費克斯借款庫券與1919年馬可尼借款合併整理，兩者辦法相同。在整理之後，經過五次付息，也於1939年3月1日，因鹽稅擔保債款攤存停付辦法的實施，停付本息。根據中華民國政府在台灣的決算，馬、費兩庫券本金全部未償還，共結欠兩百四十萬三千兩百英鎊。

12、美國太平洋展業公司借款庫券（1919）

1919年美國駐北京使館。

美國以主張門戶開放政策的理由，於1913年脫離四國銀行團，並反對列強壟斷在華利益，此後自行致力對華借款。一戰期間，歐洲勢力從中國抽離，不受戰爭影響的美國，成為在中國唯一能威脅日本地位的對手，但借款活動受到日本大肆阻撓，美國被迫自我節制，成效也有限。

1916年北洋政府向美國芝加哥大陸銀行（Chicago Continental & Commercial Trust & Savings Bank）借款五百萬美元，這筆借款另發行三年期庫券，是民初少有的美國借款公債[17]。

1919年下半，芝加哥大陸銀行1916年三年期庫券到期，北洋政府11月26日與美

17　劉秉麟《近代中國外債史稿》、郭廷以《中華民國史事日誌》頁347和鄧書傑、李梅、吳曉莉、蘇繼紅《新潮湧動（1910–1919）（中國歷史大事詳解）》。

國太平洋展業公司（Pacific Development Corp.）簽訂五百五十萬美元借款合同，以供償債，其餘留供編遣軍隊之用。

年息六釐，兩年期，仍由芝加哥大陸銀行發行國庫券，隨即於12月1日在芝加哥與紐約發行一千美元券五千五百張，全數為太平洋展業公司以九一折承購，後來質押予二十八家銀行。

根據借款合同，借款以中國全國菸酒稅作為擔保，並且必須委任一美國人擔任菸酒公賣會辦。消息一出，立即遭法國抗議，因菸酒稅已是1914年中法實業借款的擔保品。法國要求，倘若中國聘用美國人擔任菸酒公賣會辦，法國亦要比照辦理，由法國人同時出任會辦。後來，美法兩國對此事均不了了之，並未派員進駐。

此一兩年期國庫券的四期利息六十六萬美元，均按期付清。但本金於1921年11月底到期後並未償還，經延展至1922年4月1日，展期利率改為年息八釐，到期後本息仍未償付。

1937年間，國民政府財政部長孔祥熙訪美期間，與債權代表美國摩根銀行磋商整理借款。

雙方先達成借款展期與計息的有關協議。自1921年5月1日至1936年11月1日期間的欠息，按原訂利率的五分之一計算：1936年11月1日至1939年11月1日，年息以2.5%計，1939年11月1日後，年息以5%計。以上，均以無息憑證（Scrip Certificate）發給債券人。

1919年太平洋展業公司千元美金庫券。駐華府特使顧維鈞簽字、芝加哥大陸銀行代表副署。

根據整理辦法所發行支付欠息之用的無息憑證。

無息憑證連同庫券本金的支付，從1942至1954年，按比例由每年5%遞增至10%，由中國政府分期付款。

但，由於太平洋展業公司已宣告破產，該公司原持有之庫券五千五百張、面額五百五十萬美元，已全數向二十八家銀行抵押借款四百九十萬元。雙方進一步修正協議，中國政府整理庫券僅須償付債權銀行有關展業公司之欠款四百九十萬元。同年7月1日，改發名為「1937年美國太平洋展業公司借款」公債共四百九十萬美元，以新債償還舊債。原有的整理辦法為新方案所取代。

以債還債後，1919年美國太平洋拓業公司五百五十萬美元六釐庫券即告結清。但，2012年年底，國民政府的年度結算書仍記載此公債結欠五百五十萬美元，顯係錯誤，在以1937年美國太平洋展業公司借款公司四百九十萬美元抵償後，結欠金額應為四百九十萬美元。

13、包寧鐵路購料庫券
（1922）

1922年間，北洋政府為籌措軍政各費，在未經國會同意的情況下，由交通總長高恩洪、財政總長羅文幹與比國營業公司（Société Belge D'entreprises en Chine）於10月2日密訂包寧鐵路購料合同，借款兩百二十萬英鎊，先由公司墊款二十二萬鎊，移充軍政費用。借款授權比國營業公司分批發行庫券。

發行的第一批庫券八十萬英鎊，比國營業公司先以八七折承購，再委由華比銀行（La Banque Belge pour l'Etranger）在布魯塞爾與英國海外銀行（The British Overseas Bank）在倫敦，按面額九九折發行。庫券年息8%，十年期，前五年僅付息，第六年起，分五年抽籤還本，共發行二十英鎊（一千兩百比利時法郎）券四萬張，投資人可選擇以英鎊或比利時法郎認購。

借款以包寧鐵路路產為第一擔保；京綏鐵路（北京到包頭）路產為第二擔保；京漢鐵路之餘利為第三擔保。交通部長高恩洪與駐比利時公使王景岐，代表中國政府在庫券上簽名蓋印。

由於借款名實不符，借貸雙方動機均不單純，特別是比國營業公司從中獲得

1922年包寧鐵路購料借款公債二十鎊券。北洋政府交通部長高恩
洪與駐比公使王景岐簽章，比國營業公司代表副署。

借款總額高達12%的差額，並輕易取得包
寧、京綏兩鐵路路權，再度觸動中國社會
的敏感神經。

借款扣還墊款後，所剩金額均交由比
國營業公司管理，除了借出十餘萬英鎊供
隴海、津浦兩路購料外，作為借款名義的
包寧鐵路，卻是遲遲未開工，甚至不曾勘
查，借款後來也大多被挪作他用，因而
引起各方撻伐，交通總長高恩洪因而被
迫下台。

北洋政府並未撥付庫券第一批各期本
息，比國營業公司也未將剩餘借款交付北

洋政府。庫券的後續發行，也就此不了了
之。

14、史可達公司第二次公債

（1925）

1912至1914年期間，北洋政府為了訂購軍艦、砲彈等，先後向瑞記洋行與奧國皇家特許土地銀行等金融集團借款六次，並發行公債「瑞記洋行三次借款」（三十，四十五，三十萬鎊）與「奧國三次借款」（一百二十，兩百，五十萬鎊），共四百七十五萬鎊。均由借方付出部分借款作為訂作貨物的訂金，其他則保留作為購貨存款。

1915年12月部分借款到期，北洋政府為了償還本金一百二十三‧三萬鎊，1916年6月與借款人再訂借款合同，以新債償還舊債，年息八釐。與前述六次借款，並稱為「奧國七次借款」。

在1917年中國對奧國宣戰後，「奧國七次借款」即未再收到本息。1922年，北洋政府有意損失訂金，終止訂購合同，結清購貨存款。但再計入積欠本息後，欠款總數竟高達五百七十七萬多英鎊。雖北洋政府曾一度與債權人簽訂合同，借新還舊，延緩償還，但政府內部此時出現了否定貨款效力的主張，並於1923年1月宣告擱置合同。由於「奧國七次借款」多已發行公債，債券流通在外，各國的執票人不斷透過各種管道、要求中國政府清償債務。

直至1925年，義大利接受「奧國七次借款」債權人的委託，與中國進行交涉。由於義大利以停止即將完成的有關交還義國庚款餘額[18]的談判作為要脅，逼迫北洋政府出面解決。

北洋政府九月間做成決定，償還「奧國七次借款」與終止購貨合同，另與華義銀行（The Sino-Italian Bank）結算「奧國七次借款」積欠本息，簽訂借款合同，華義銀行並獲授權發行公債，以一英鎊舊債調換一‧五英鎊新債的方式，發行六百八十六萬六千零四十六英鎊十先令十便士，除供作調換清償舊債外，並未再對外發行。年息八釐，每半年付息一次。自發行之日起，按預定債券編碼順序，分十年還本。本息發放由義大利信用公司（Credito Italiano）與漢博父子公司（J. Hambro & Sons）於倫敦辦理。此一公債，被稱為史可達公司第二次借款公債（Skoda Loan II）。

18　義大利賠款部分，為兩千六百六十一萬七千零五關平兩，折合九千九百八十一萬三千七百六十八‧七五法郎，預加利息，共計三億一千七百八十六萬八千六百四十七‧九二三法郎。1907年各協約國允將該國賠款緩付五年，後經雙方於1925年10月1日簽訂協議，比照法、比兩國模式，1925年1月起至1948年12月止，所有義國賠款餘額九千一百一十四萬六千七百零四‧五法郎，改用美元電匯。賠款餘額先由華義銀行一次墊付義國政府，中國海關總稅務司再按月將關款改交該銀行清償墊款。墊款交清後，轉交「中義委員會」，作為慈善教育或公益工程之用。

至於史可達公司第一次借款公債，則是在1911年，當時的清廷為了購買史可達公司承製的海軍武器裝備，借款七十五萬英鎊作為價金，以鹽稅做擔保，授權瑞記洋行在倫敦發行的一筆十年期、年息五釐的公債。這筆公債，全由瑞記洋行與史可達公司以面額九五折承購，也是未公開對外發行。

由於包含史可達公司在內的奧國七次借款債權人，同屬一個金融集團，因此後來為了奧國七次借款所發行的公債，史可達公司第二次借款公債，便因此得名。

除了奧國七次借款原有的擔保將繼續有效之外，史可達公司第二次借款另還享有契稅作為第一順位擔保。債券共兩萬七千零三十五張，於北京印製，分為五、十、五十、一百、五百與一千鎊券。由財政部長李思浩代表簽字用印。

不過，史可達公司第二次借款公債發行後，北洋政府從未付息或還本。

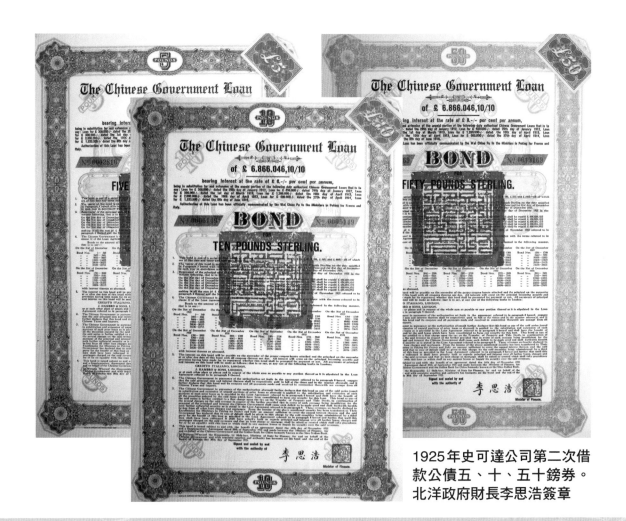

1925年史可達公司第二次借款公債五、十、五十鎊券。北洋政府財長李思浩簽章

二、轉化自庚子賠款的公債（1902-1934）

辛丑和約簽訂後，西方社會開始出現庚子賠款的報復性是否過於強烈的省思。1909年1月，美國宣布其決定，將退還未到期的庚子賠款，成立教育基金，用於協助中國的興辦教育事業。

此一議題，在第一次世界大戰爆發後發酵。協約國後來在1917年11月30日達成協議，同意同屬會員國的中國緩付庚款五年，北洋政府因由對德奧宣戰，以停付的兩國庚款作為民國三、四年內國公債的擔保，開創以外債擔保內債的紀錄。北洋政府更利用1917年各國緩付庚款為擔保，發行長短期公債等多種內債，助長民初內債市場的蓬勃發展[19]。

同時，各國也著手退還庚款及其用途之研議，後來包括美、英、法、比、俄等國，均建立在以退還庚款成立基金，再將基金指定用於教育、慈善、交通等用途上，再與中國共同成立特別委員會或基金會監督管理的原則。基金的來源，則是來自以未到期的庚款作為擔保，由中國政府對外發行的公債取得，在此原則上各國依

八國聯軍占領北京，李鴻章馳往英國使館進行談判。

各自情形進行調整。

1、俄國庚款變現公債（1902）

俄國是庚款的最大債權國，金額高達二‧八四億盧布，占全部庚款的28.97%。第一次世界大戰期間，中國對德奧宣戰，盟國宣布同意中國緩付庚款五年，俄國由於政局不靖，急需經費，只同意中國緩付俄款三分之一，其餘三分之二繼續支付。

俄國革命期間，新政府曾多次宣布放棄帝俄時期的內外債，包括庚子賠款中未付部分，以換取中國政府的承認。蘇維

19　金普森、潘國旗〈論近代中國內外債的相互演變〉。浙江大學學報第四十卷四十期。2010年7月。

埃政府掌控政權後，中國政府雖早就迫不及待以俄國庚款抵作民國三、四、五年內國公債和七年長期公債、十一年公債、使領經費庫券等國內公債之用。但中俄還是又歷經了多年談判，才在1924年5月31日正式簽訂《中俄解決懸案大綱協定》，宣布蘇俄放棄俄國部分的庚子賠款。退款用途，除償還中國政府以俄國庚款作為擔保之各項債務外，其餘全用於中國教育事業，由兩國合組「俄國退還庚子賠款委員會」負責。扣除擔保債款後，俄國庚款尚餘九千千百餘萬元，除有少數撥交作為平津高等教育經費外，大多數隨著國民政府與蘇俄絕交及北洋政府垮台後，賠款委員會被解散，停止運作。

俄國決定退還庚款時，並未要求中國發行公債募款作為基金用途，僅由中國自行撥款。這時俄國對於庚款的要求，其實，對於俄國來說，意義已經不大，因為

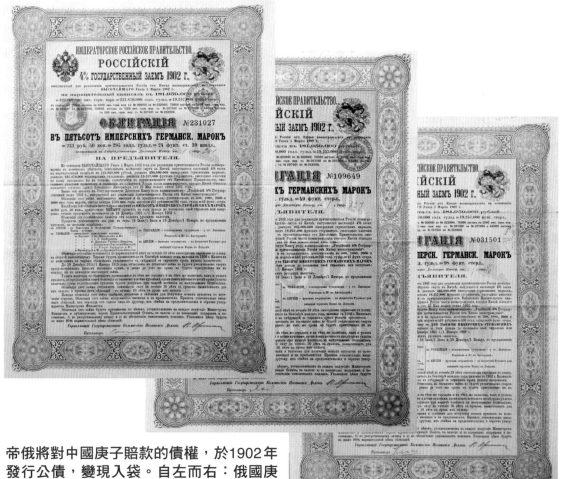

帝俄將對中國庚子賠款的債權，於1902年發行公債，變現入袋。自左而右：俄國庚款變現公債，五百、一千、兩千馬克券。

早在辛丑合約簽訂後，俄國就已迫不及待地自行將未到期的所有庚款轉讓，對外發行了一筆巨額公債變現入袋了。

1902年3月1日俄國沙皇下令，以俄國從中國所得的庚子賠款，一億八千一百九十五萬九千盧布（合三億九千三百萬德國馬克，或合兩億三千一百八十七萬荷蘭佛林，或合一千九百二十五萬七千英鎊）在俄、德、英、荷等國發行公債，以德國馬克計值，債券共有五百、一千、兩千、五千馬克四種面值，年息四釐，分三十九年抽籤還本。俄國發行的這筆對外公債，金額甚至大幅超越中國為了馬關賠款所發行的1895年俄法借款一億盧布公債，或1896及1898年兩次英俄借款一千六百萬英鎊公債。

根據在阿姆斯特丹的經理銀行Lippmann, Rosenthal & Co. 於蘇維埃政府取得政權前夕，1916年2月28日開給一張編號31,501債券的息票根（Talon）顯示，此筆債券晚在當時仍在付息之中。

蘇維埃政府成立後，宣布不承認帝俄時期所欠的舊債，此後這筆公債就未再償還。由於俄國早已提前享用中國的庚款債權，對於陸續到齊的庚款，俄國只是過路財神，必須用來支付債券本息。因此，中國政府被豁免庚款，只能說是俄國新政府的順水推舟，甚至是慷他人之慨吧？

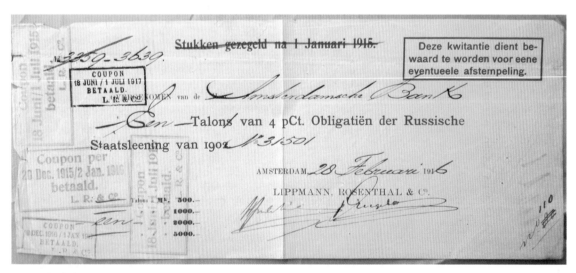

俄國發行的庚款公債，直至俄國革命之前，仍有經理銀行的付息紀錄。必須償付公債本息，是俄國在一戰期間不願中國緩付庚款的原因。

2、法國庚款借款公債（1925）

法國是庚款的第三大債權國，僅次於俄、德，占賠款總數四億五千萬關平兩的15.75%，計有七千零八十七萬八千兩百四十關平兩，按一關平兩折合三・七五法郎，並預加年息4%，共為五億八千零一十六萬九百三十五・五八四法郎，歷來中國均按月照付。

法國庚款自1917年12月1日起緩付五年，移至1941年至1945年補付。到了1922年，緩付期間即將屆滿，駐華公使提出緩五年期滿後，將庚款餘額充作重整中法實業銀行及辦理中法間教育之用的方案。但，這個方案同時挾帶了一個具爭議性的條件，即賠款必須改按金元交付，而不是使用原本已大幅貶值的紙法郎。由於兩者匯率的差距，直接反映在中國支付銀元數額的多寡，差異很大，因此無法為中國所接受，史稱「金法郎事件」。但，法國的立場陸續獲得比利時、義大利與日本的支持，1922年12月與法國發表聯合聲明，表示中國如無意以黃金償還庚款，就必須立即返還緩付款項，延長緩付的期限要求也被視為取消，藉此施壓。此案由於中國國內輿論的強烈反對，北京政府左右兩難，只好擱置未決。

原本實施金本位制度的法國，在歐戰結束後，因改採取紙幣實施通貨膨脹的政策，造成紙法郎持續大幅貶值。到了1922年，法國對中國提出退還庚款方案之際，一兩海關銀在過去約可換取四金法郎，現兌成新紙幣，卻可換到十四紙法郎。實際上，所謂的金法郎已不存在。

法國政府堅持以金法郎計算賠款，並引用辛丑和約第六款之規定，「中國應付各國戰爭賠償四億五千萬兩銀，分期三十九年，年息四釐，以中國的關稅與鹽稅償付」。法國認為中國應付賠償在條款明訂使用銀兩，至於債權國使用何種貨幣，選擇權並不在中國。法國雖廢止金法郎，改用紙法郎，並不代表法國不能指定其他貨幣接受賠款。

法國在這個議題上，也聯合存在有類似貨幣匯兌問題的義大利、比利時與西

北洋總理段祺瑞。

班牙等國，共同表態與施壓，以便讓其訴求取得普遍性與正當性。北洋政府一度於1923年2月9日同意法國改按金元計算的要求，卻因民間的強烈反彈及眾議院的否決，被迫擱置。

1925年4月，北洋段祺瑞政府最終仍被迫讓步，以墊借名義提供法國庚款予中法實業銀行，並以對於該銀行的借款債權，改以美金取代金法郎，發行公債借款，作為中國推展教育的經費。在換了貨幣名稱後，中國仍是以另一種金本位幣付款，結果與使用金法郎無異。

重整中法實業銀行，是法國退還庚款餘額的指定用途之一。該行成立於1913年，是一家擁有中國官方占近三分之一股權作為護航的中法合資銀行，關係著法國的對華政策重要的一環，也代表著龐大的政商利益，因經營不善、虧損嚴重，甫於1921年宣告破產，法國政府急予挽救。

1925年4月12日，雙方簽署協定，法國同意將1924年12月1日後的法國庚款餘額交還中國政府。中國政府則同意將此款項全數以美金計算，並逐年墊借給中法實業銀行，並以此債權作為五釐美金公債之發行基金。

賠款餘額借與中法實業銀行，

資金用途明訂為（1）換回遠東債權人所持之該銀行無利證券，（2）辦理中法間教育及慈善事業，（3）代繳中國政府未繳清之股本餘額，（4）撥還中國政府所欠該行各項債務等四項，並成立了中法實業管理公司[20]。在資金用途的範圍內，作為中法實業銀行的永久代理人。

20　該公司係於中法實業銀行破產後，主要為東方匯理銀行、中法工商銀行（The Banque Franco-Chinoise pour le Commerce et l'Industrie）等法國銀行所共同成立。

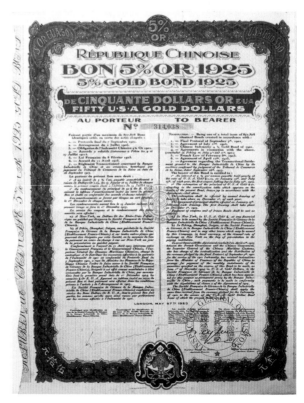

1925年法國庚款美金公債五十美元券。

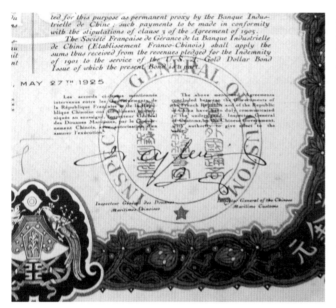

海關總稅務司安格聯簽字並加蓋關防。海關總稅務司在中國對外債券上出面具名，僅見此例。

自此後，負責彙總撥付庚款的海關總稅務司，即將法國交還自1924年12月1日起的庚款餘額，以美金按月交付中法實業管理公司管理。

法國庚款餘額改以美金計算，得出四千三百八十九萬三千九百美元的金額，由北洋政府授權中法實業管理公司（Societe Francaise de Gerance de la Banque Industrielle de Chine）代理公債發行，共計五十美元券，八十七萬七千七百七十八張，年息五釐。自1925年起，每年12月1日抽籤還本，分二十三年償清，以1924年12月1日起交還中國政府的庚款餘額作為擔保。

債券有一特殊之處，即中國海關總稅務司英籍的安格聯（Francis Aglen），以庚子賠款經理機關的身分，代表中方簽字用印，再由中法實業管理公司代表副署。這也是海關總稅務司首度也是唯一一次，於中國對外公債上露臉。

大多數債券於巴黎與倫敦按票面發售，少數則於北京、上海、西貢、紐約等地。本息代理發放機構，倫敦為亨利舒德（Henry Schröder）公司，巴黎、北京、上海與西貢為中法工商銀行（Banque Franco-Chinoise pour le Commerce et l'Industrie），紐約為義大利商業銀行（Banca Commerciale Italiana）。

資料顯示，此公債約有半數獲清償作廢，另有四十四萬兩千七百零四張至今仍未清償。所有債券之利息，自第二十九號息票起（1939年7月）未再支付。

3、比國庚款借款公債（1928）

依據辛丑和約，比利時獲得八百四十八萬四千三百四十五兩關平銀，占賠款總額的1.89%，折合法郎後支付。賠款折算後為三千一百八十一萬六千兩百六十三·七五〇法郎，期限三十九年，按年息四釐計，本息共計六千九百四十四萬七千零六十一·一四八法郎，名列所有十一個債權國中的第八位。

一次世界大戰期間，比利時加入協約國之決議，自1917年12月1日起至1922年11月30日止，同意中國將該期間應付庚款緩付五年。所有緩付款項，移至1925年9月起至1930年8月止，連同各該期間內應付賠款一併支付。

緩付五年期間結束後，比利時也與法國站在同一陣線，1922年12月至1925年8月間，比利時拒收北洋政府以紙法郎支付的庚款，款項暫由總稅務司保管。

幾經磋商，雙方在1925年9月5日與12月8日兩次達成協定，主要內容包括：

（1）比國原先拒收自1922年12月至1925年8月間的庚款，全數交由中國政府提回使用；1917年12月以後所欠或到期之庚款，先由華比銀行墊款，再由中國海關每月以美元償還。

（2）1927年5月至1928年3月間的庚款，由中國政府領回運用，其中保留十萬美元，作為比人遣返或接濟之用。

（3）1928年4月到1940年12月止，所有比國庚款，作為發行美金公債之用。

（4）發行五百萬美元公債，40%用於隴海鐵路購料，35%用於其他鐵路購料，25%用於教育慈善事業，由兩國成立中比庚款委員會管理。

美元公債的發行，是建立在最後十二年又九個月未到期的比國庚款（1928年4月至1940年12月）作為擔保的基礎上，比國的相關債權將因此結束。但，在此之前，中國政府必須先付還華比銀行有關庚款的墊款。

1927年5月，中國政府償還華比銀行的墊款完畢，雙方進入退還庚款五百萬美元與發行公債的議題。

北洋政府授權華比銀行代理發行。總金額五百萬美元，年息六釐，十三期，以1928年4月起至1940年12月止之比國可得庚款作為擔保。華比銀行隨即於1928年1月在上海發行一百美元券五萬張，以八三折出售。

債券內容，中法文並陳，且有北洋政府最後一任財政總長閻澤溥的簽字蓋印，這也是北洋政府於1928年6月垮台前所發行的最後一種對外債券。

這筆美元公債發行後不久，因政權轉移，改由國民政府承受。1929年下半，國民政府接收中比庚款委員會。當時，委員會仍保有一百一十五萬七千兩百美元面額的債券，以及1928年到1929年上半三次領息與抽籤還本所得的十一萬零九百八十八與九萬兩千八百美元。由此可知，五百萬美元公債中，有一百二十五萬美元面額的債券是由中比庚款委員會保留，以公債本息作為經費，並未在發行時出售。

從1928年發行，至抗戰時期的1939年7月停付本息，共償還本金四百一十七萬一千一百美元，尚欠本金八十二萬八千九百美元，未清償票八千兩百八十九張，與利息六萬零八百二十八美元。

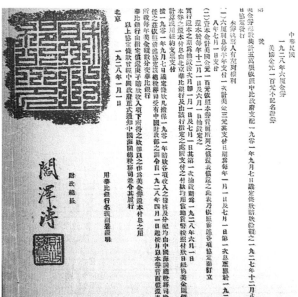

1928年比國庚款美金公債一百美元券。這是北洋政府發行的最後一次對外公債，由末代總理閻澤溥簽章，華比銀行代表副署。

4、英國庚款借款公債（1934）

英國庚款，總額七百五十九萬三千零八十一‧七五英鎊，按年息四釐計，本息合計一千六百五十七萬三千八百一十‧一七四英鎊，是僅次於俄、德、法的第四大債權國。1917年12月1日起至1922年11月止，因歐戰關係，英國與其他協約國採取一致辦法，同意賠款緩付五年，1931年3月至1933年2月又停付兩年。兩次緩付款項移至1941年至1946年補還。

英國政府原擬自1922年12月起，將所得庚款退還，作為兩國互有利益事業之用，後因國會改選而擱置。1925年，英國國會通過庚款退還案，卻又因庚款已改存倫敦銀行，不再劃歸國庫，必須另設諮詢委員會研討相關作業，再度耽擱。

直至1930年9月，英方完成最後程序，中英政府正式換文。英國依照其諮詢委員會的建議，英國庚款餘額設置基金，用於投資、整理中國鐵路及其他生產事業，再以所生孳息興辦教育文化事業。

依據雙方協定，1931年4月，中英庚款董事會在南京設立，直屬於國民政府行政院，負責基金的管理、分配、處置等事宜。7月，中英庚款購料委員會於倫敦設立，受董事會之委託，在英國採購鐵路及其他生產事業之材料。

針對英國庚款的運用，1931年9月，董事會依據國府的指示制定《借用英庚款辦法》，建立了計息付息、指定償還本息的來源及借用與主管機關的權限等規則。後來，中國的鐵路事業，成為最大的受惠者。

1934年英金庚款公債五十鎊券。鐵道部借用英國庚款基金，作為粵漢鐵路的建造經費而發行。鐵道部長顧夢餘與財政部長孔祥熙簽字用印，並有中央銀行國庫署主管代表副署。

1934年，粵漢鐵路株州至韶關段新建工程，與湘鄂段及廣州韶關段橋梁、鐵軌、火車頭與機器設備的汰換工程，因經費無著，國民政府鐵道部先後向英國庚款董事會借得多筆款項，粵漢鐵路是最重要的受益者之一。鐵道部為了繼續完成粵漢鐵路的工程，以中英庚款董事會借款作為償債基金，對外發行公債，取得借款作為建造經費。

公債總額，一百五十萬英鎊，年息六釐，每半年抽籤還本一次，訂於1947年償清。由財政、鐵道部與中央、中國、交通、匯豐四銀行於上海共同承銷，後來以私募（Private Placement）方式發行，以九六折出售。

共有五十英鎊券兩千張、一百英鎊券四千張、一千英鎊券一千張，由鐵道部長顧夢餘與財政部長孔祥熙代表簽字用印，並有中央銀行國庫署主管代表副署。

公債本息均支付至1939年7月，即因抗戰關係而停止。未清償債券，計有五十英鎊券一千兩百九十八張、一百英鎊券兩千五百八十一張與一千英鎊券六百四十九張，另欠息五十九萬五千三百八十英鎊。

【關於德奧庚款改還內國公債】

1917年3月，北洋政府宣布與德、奧斷交，並停付庚款。1919年巴黎和會中，德奧庚款正式廢止。中國原本應付的德奧庚款，奧匈部分因奧幣嚴重貶值，金額甚小，因此略而不計。按當時德國馬克與中國銀元的匯率，換算出每年約兩百八十八萬元，北洋政府將其與停付的俄國庚款一併用於償付民國三、四年內國公債，並在1925年這兩項公債償清後，繼續用於償還民國五年內國公債。

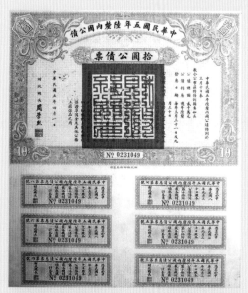

德奧庚款後來轉作償付民國五年內國公債。

三、隴海鐵路庫券系列（1919-1925）

1913年隴海鐵路借款公債，僅發行第一批總面額四百萬英鎊，因第二批債券無法發行，以致鐵路工程在徐州至開封段於1915年完工後，後續的工程均因經費不足被迫停擺，後來又陸續籌借，有部分借款對外發行庫券。

1、比國合股公司借款庫券（1919）

到了1919年，北洋政府與比國合股公司達成協議，以隴海鐵路作為擔保，再借兩千萬法郎，並以借款在法國發行六年期庫券。此庫券到期後，因無法償還，改以發行1925年比國合股公司償債庫券贖回，以致此庫券至今幾近消失。

另一方面，在鐵路督辦施肇曾多方奔走下，1920年荷蘭銀公司（The Dutch Syndicate for China）與比國合股公司承諾共同提供貸款，並於同年5月1日訂立借款合同，同意各分三次代理中國政府對外發行庫券借款。

1919年比國合股公司庫券五百法郎。在法國發行，駐法公使胡惟德簽章。

2、比國合股公司借款庫券
（1920、1921、1923）

根據合同，比國合股公司與荷蘭銀公司，分別提供中國政府一億五千萬比利時法郎與五千萬荷蘭弗林的借款，作為西段由觀音堂至黃河與東段自徐州至海港工程經費，同時償還1913年隴海鐵路公債本息。

中國政府授權兩公司，分三次發行年息八釐的十年期庫券，但僅代銷並不包銷。前五年僅付息，自發行第六年起，分五年抽籤還本，並以隴海鐵路路產為擔保。

比國合股公司於1920、1921、1923年各發行五千萬比利時法郎的公債，均僅五百比利時法郎面額一種，各十萬張。

自左而右：1920、1921年比版五百法郎券，由督辦施肇曾與駐比公使魏宸組簽章；1923年五百法郎券，由新任督辦張祖廉與駐比公使王景岐簽章。

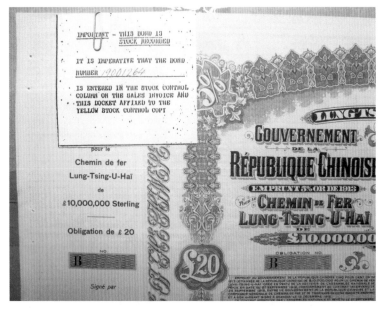

當時以1913年隴海鐵路空白債票，加印編號後償還比國
合股公司墊付，並償還國內公債。

1920、1921年券，均由隴海鐵路督辦施肇曾與駐比公使魏宸組簽名用印；1923年券，則由隴海鐵路督辦張祖廉與駐比公使王景岐簽名用印。

由於1923年庫券，僅募得三千七百七十四萬三千比法郎，三次實際售出一億三千七百七十四萬三千比法郎。三次庫券僅在比方的墊付下，支付過幾次利息，但本金則從未償付，尤其抗戰爆發後，1939年7月後本息即完全停付。

為償還比利時庫券本息，鐵道部曾於1924年同意，在國內發行十年期、年息八釐的隴海鐵路國內公債一千萬銀元，並交由比國合股公司包銷，後來債券多為華比銀行持有，但中國政府長期拖欠本息。因此，再印的1913年債券，除償還比國合股公司墊款二十八萬八千兩百英鎊之外，其餘二十九萬兩千一百八十鎊，則供轉換1924年隴海鐵路國內公債之用。

3、荷蘭銀公司借款庫券

（1920、1923）

荷蘭銀公司將借款五千萬弗林，委託荷蘭港口貿易協會（Nederlandsche Handels Maatschappij voor Havenwerken）募債，原先計畫分三次發行庫券，但過程並不順利，僅1920、1923年兩年完成募集。

1920年庫券，總金額一千六百六十六萬七千弗林，面額一千弗林，共一萬六千六百六十七張。1923年庫券，實際發行金額一千四百零八萬四千弗林，面額一千弗林，一萬四千零八十四張。兩次共售出庫券面額三千零七十五萬荷蘭弗林。荷蘭1920年與1923年庫券，分別由隴海鐵路督辦施肇曾與駐荷公使唐在俊，以及隴海鐵路督辦張祖廉與駐荷公使王廣圻簽名用印。

往後的庫券利息，先是由借款中支出，後來改由兩家公司墊付。因墊款過多，1926年兩家公司先後拒絕再墊。此後，引起荷蘭債權人的不滿，組成團體聲討。1928年荷蘭債權團體曾針對兩次庫券發行債權憑證，憑證上附有息票聯，這意謂著當時已存在著還本付息的新時程，很可能已與中國政府或承銷商達成某種協議，但並未見任何官方資料有此記載。從憑證上的息票聯多已被剪除兩格的情況看來，荷蘭債權團體曾至少獲得兩期的利息支付，但不知基金來源，很可能仍是荷蘭銀公司所墊付，但過後就沒再處理了。

直至1936年8月25日，1920到1923年間隴海鐵路比利時法郎與荷蘭弗林庫券，才與1913年隴海鐵路公債一併整理。

荷蘭銀公司墊款本息折合四萬九千英鎊，後來以1923年

荷蘭1920年庫券一千弗林券。隴海鐵路督辦施肇曾與駐荷公使唐在俊簽章。

荷蘭1923年庫券一千弗林券。隴海鐵路督辦張祖廉與駐荷公使王廣圻簽章。

未發行的庫券抵償。比國合股公司墊款的償還，則於1937年由鐵道部與該公司達成協議，再印1913年隴海鐵路借款公債券抵償，共兩萬九千零一十九張，面額五十八萬零三百八十鎊。

1936年8月比荷兩公司所有庫券進入減息、緩付的整理案，並因此更換新息票聯。隨後，因受抗戰之影響，1939年起全面停付本息，因未曾還本，至今所有庫券仍全數流落在外。

荷蘭銀公司停止墊息後，1928年荷蘭庫券債權人發行債權憑證，曾獲支付兩期利息。

4、比國合股公司償債庫券

（1925）

1919年，北洋政府曾向比國合股公司借款兩千萬法郎，年息七釐，並授權該公司在法國代理發行六年期庫券，五百法郎券四萬張，由駐法公使胡惟德代表簽章。有關這筆借款的資料不多，形式上，隴海鐵路督辦並未出面，與一般的鐵路借款很不相同，但為了取得隴海鐵路借款的相關擔保，雙方約定這筆借款適用1912年9月24日簽訂的隴海鐵路借款合同中之相關規定，特別是可用鐵路路產作為擔保。

由於庫券即將到期，中國政府無力償還，便循著1919年借款程序，與比國合股公司於1925年1月16日及2月18日，分別在北京和巴黎兩地達成協議，同時照會駐京比、法兩國使節及當地的中國公使，由北洋政府授權比國合股公司代理發行新庫券，以贖回1919年舊庫券。

新庫券兩千三百萬法郎，年息八釐，十年期，發行五百法郎券四萬三千五百張，與十六分之一畸零券四萬張。新舊庫券兌換比率為，1+1／16：1；具體方法是一張1919年舊庫券調換一張1925年庫券加上一張十六分之一張畸零券。新舊兩種庫券的外觀近似，僅有標題、顏色與簽字的差別。全數調換後，1925年庫券尚餘三千五百張，面額一百七十五萬法郎，用途不詳。

調換之後，1919年庫券幾乎全數為新庫券所取代，至今僅零星幾張出現過。

1925年比國合股公司償債庫券五百法郎。駐法公使陳篆簽字用印。

民國時期，蘭州鐵橋上的隴海鐵路。

通車。1945年到天水。1950年4月天水至蘭州段開始修建，1953年7月全線通車。

十六分之一畸零庫券。

新庫券仍在法國巴黎發行，由比國合股公司承辦，伯納菲利公司（Benard Freres & Cie.）則是其巴黎代理人。中國政府則委由法國有價證券持有人協會（Association Nationale des Porteurs Francais de Valeur mobilires）調換庫券，並由駐法公使陳籙簽字用印。

新庫券發行後始終未曾付息還本，1936年8月與其他隴海鐵路借款同時進行整理，減息緩付，更換新息票聯。1939年間，因抗戰而全面停付。

經過數十年的歲月，多次借款，戰亂的紛擾及斷續進行的工程，隴海鐵路從最早的汴洛鐵路，往逐漸往東西兩方推展。往東，1925年到海州，1934年通連雲港；往西，1930年借用比國退還庚款建成靈潼段。1932年8月潼關到西安段開工，1934年12月完工。1936年12月寶雞

四、抗戰之際的對外公債（1936-1938）

對日抗戰前夕及其期間，中國處於長期財政困境，舉債維艱。不久，二次世界大戰爆發，全球經濟為之蕭條，西方各國也無暇他顧，中國很難再到國際債市募得資金。

筆者只找到這段期間的三種對外債券。其中，僅有抗戰前已簽訂合同的1925年滬杭甬鐵路借款一種，真正在海外公開發行公債募得資金。其他兩種，1937年美國太平洋展業公司借款公債，是為了調換1919年庫券而發行的，1938年發行湘桂鐵路南鎮段借款庫券，則是為了支付車輛費用。都是作為償債之用，故並未對外公開發型。

1、滬杭甬鐵路借款公債（1936）

清政府曾於1908年與中英銀公司簽訂借款合同，授予興辦滬杭甬鐵路的權利，但在民間反對及紳商積極爭取下，宣布自辦。到了民國初年，政府收歸國有。

滬杭甬鐵路公債五十鎊。鐵道部長張嘉璈、財政部長孔祥熙與中國建設銀公司協理劉景山共同簽字。

　　鐵路由蘇、浙分段興建。滬杭段於1909年完工通車，杭甬段，因錢塘江與曹娥江而分隔為三段，其中寧波至百官段於1914年完成，但處在兩江間的閘口到百官段及兩條橫渡大橋，直至1936年仍未完成。

　　為了完成剩餘的工程，1936年5月，國民政府指派官辦的中國建設銀公司再度與中英銀公司接洽，後來簽訂滬杭甬鐵路借款合同。借款一百一十萬英鎊，年息六釐，二十五年期。對外發行公債，每半年付息一次，第六年起，分二十年每年抽籤還本，訂於1961年償清。

　　由中國銀行與匯豐銀行共同代理發行，按面額九四折出售，國民政府實收八八折，銀行抽佣6%。共發行五十英鎊券六千張、一百鎊券八千張。債券由鐵道部長張嘉璈、財政部長孔祥熙與中國建設銀公司協理劉景山共同代表中國政府簽字用印。

　　公債所得主要用於鐵路工程，包括最具關鍵性的錢塘江大橋與南星橋兩條跨江大橋，另則償還墊、欠款等。借款以滬杭甬鐵路營收全部與錢塘江大橋營收70%作為擔保，如有不足，則由政府撥款補充，並設置基金保管委員會進行監督。

　　鐵路即將完工之際，對日抗戰爆發，1937年9月26日，指標性工程錢塘江大橋搶先通車，大橋通車不到三個月，12月23日因日軍已兵臨橋下，國民政府下令炸橋。多年心血，頓時灰飛煙滅。原本依賴鐵路與大橋營收償還本息的公債，受此影響，1937年6月後即未再付息，本金則全部未償還。

滬杭甬鐵路完工不到三個月、即因對日抗戰而炸毀的錢塘江大橋。

2、太平洋展業公司償債公債
（1937）

1919年美國太平洋展業公司（亦有譯為「太平洋拓業公司」）借款五百五十萬美元六釐庫券到期後，拖延多年未清償。1937年，國民政府財政部長孔祥熙與債權銀行在美國達成協議，由中國政府償還原借款人太平洋展業公司在破產前持庫券質押借款四百九十萬元後，即可取得原有的債務整理案，並免除所有債務。為此，中國政府於同年7月1日發行新公債，調換1919年國庫券，以新償舊。

新公債，總金額四百九十萬元，半年付息一次，年息從第一年2%、第二年2.5%、第三年3%、第四年3.5%，遞增至第五年的4%，往後各年均維持4%不變。第五年起開始按券上所列比例抽籤還本，訂於1954年償清。借款對於1937年5月4日後之中國鹽稅享有優先擔保的權利，由駐美大使王正廷代表中國政府簽字用印。公債由摩根銀行（J.P.Morgan.N.Y.）代理於紐約發行，專供調換1919年舊債之用，不對外發行。

由於1919年國庫券發行五百五十萬美元，經債權人放棄部分債權，減為四百九十萬元，新舊債的比例為0.891：1，以此比例進行調換債券時，將無法整數分配。所以目前仍無法確定當時調換的具體方法及債券面額的種類。至今所見，僅一千美元券一種。

公債發行後，中國隨即進入對日抗戰，利息僅支付過三次，本金則全未償還。1937年美國太平洋展業公司償債公債一千美元券。未簽字券。

1937年美國太平洋展業公司償還公債一千美元券。未簽字券。

3、湘桂鐵路南鎮段借款庫券

（1938）

粵漢鐵路，在借用英庚款之後，於1936年全線通車。國民政府隨即著手興建湘桂鐵路，將交通不便的廣西納入全國鐵路幹線網路之中。全線以衡陽為起點，經冷水灘、東安進入廣西，在經全州、興安、靈川到達桂林，長三百六十多公里，於1938年9月完工。

抗戰爆發後，國民政府為了打通西南後方的國際通道，決定延伸湘桂鐵路，從桂林經柳州、南寧到達邊境的鎮南關，以便進一步與法屬印度支那境內的滇越鐵路銜接，於是啟動了中法雙方的談判。

經雙方政府授權，中國建設銀公司與原承建成渝鐵路的法國銀行團（由巴黎和蘭銀行、東方匯理銀行、拉柴斯兄弟公司與中法銀行合組）進行談判[1]。1938年4月22日雙方達成合作與借款協議，在中國境內部分，國民政府交通部、財政部、中國建設銀公司與法國銀行團簽訂合同，由法國銀行團提供中國政府一萬兩千萬法郎的建築設備與三千萬法郎現金，並與中國建設銀公司合組中法建築公司，資本額兩萬

---

1 鄭會欣，《從投資公司到「官辦商行」——中國建設銀公司的創立及其經營活動》，香港中文大學中國文化研究所當代中國文化研究中心專刊（七），2001年。

湘桂鐵路南鎮段借款庫券十英鎊。交通部長張嘉璈、財政部長孔祥熙簽章。

四千英鎊[2]，中方占51%，法方49%，法方另再墊借中方十二萬英鎊。

1939年3月31日，因訂購機車車輛之需，簽訂附約，增加借款數額至一萬八千萬法郎與十四·四萬英鎊。償還辦法，法郎部分發給期票，英鎊部分發給國庫券。鐵路工程均由中法建築公司承擔。此一國庫券的總額甚小，是歷來所罕見，亦由此可知，抗戰時期中國財政窘迫於一斑。

中國政府發給的國庫券十四萬四千英鎊，年息七釐，每半年付息一次，第四年起每半年還本一次，十五年償清。以鹽餘、南鎮鐵路路產與收入、廣西礦產及其他國稅作為擔保，並由交通部成立基金保管委員會負責監督。1939年依據借款附約發行總額十四萬四千英鎊的國庫券，券上註明的民國二十七年（1938），則是沿用借款主約的年份，國庫券由交通部長張嘉璈、財政部長孔祥熙代表中國政府簽字用印。

國庫券內容全為中文。法國銀行團[3]與中國建設銀公司各承受49%與51%，所以有外債的性質。因作為抵償現金投資之用，並不公開募集[4]。

1939年，南鎮段進入全線鋪軌的最後階段，南寧卻在11月失陷，宣告功虧一簣，相關材料物資只好搶運入越。此後，本息也未曾支付，國庫券實物直至近幾年才有少數流入市面。

2　1937至1938年間，法國由於財政惡化，實施貨幣貶值政策，法郎匯率不斷下跌，1938年4月法國達拉蒂（Daladier）內閣上台，不久即宣布將法郎匯率再大幅貶至一英鎊兌一七五法郎。中法建築公司股本未用法郎而改以英鎊計價，論其原因，應是避免匯率波動之故。（參閱：談譚、葉江，《論二十世紀三〇年代後期國際金融體系轉型》，上海師範大學學報2010年第三期。）

3　本借款後經法國銀行團轉讓與法國華星懋業公司。

4　「法銀團與中國建設銀公司關於南鎮合同期票國庫券償付備忘錄」。參閱：《民國外債檔案史料》第十一冊，頁100–101。

【關於滇越鐵路】

正當英俄兩國在中國東北的競爭白熱化之際，法國則在中國西南另闢蹊徑。1899年，在法國的施壓下，清廷同意法國由其國籍公司修築自越南邊界至雲南省城昆明的鐵路，亦即滇越鐵路。

同年9月，以法國東方匯理銀行為首的幾家法商，共同成立滇越鐵路公司（Compagnie Francais des Chemins de fer L'Indochine et du Yunnan），承建滇越鐵路的建造工作。鐵路全線由越南海防至雲南昆明，全長八百五十四公里，使用一米窄軌。越段，從海防至老街，1901年動工，1903年完工通車。1903年10月，中法再訂《滇越鐵路章程》款，鐵路滇段開工，由河口至昆明，長四百六十八公里，1910年4月1日完工，全線隨後通車。

由於滇越鐵路是法國政府交由法商逕行興建經營，與俄國的中東鐵路一樣，都是通過中國境內的外國鐵路，清廷並未借款築路，故亦未發行公債。

鐵路在中國境內的路段，1941年才由中國政府收回自辦，法方仍保有越南境內的路段，然後是在獨立戰爭（1945-1954）結束後，才由越南接管。

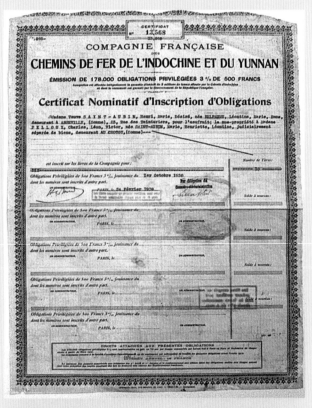

法國滇越鐵路公司於1936年特別股股票。付息紀錄停留在越南獨立戰爭期間的1952年。

第三篇

另類的
對外公債

一、清末由內轉外的地方公債

昭信股票的發行失敗，幾乎讓清廷對於內債的信心盡失、裹足不前。但在地方上，對於自辦公債，則是興致勃勃。庚子事變後，以直隸為首的一些省分，開始推行「新政」，採用西法，推行軍事、教育、實業、司法、警察等改革，需費甚鉅，並非傳統的地方所能負擔，因此也必須積極學習西洋財政制度，並將目光轉向發行公債。

1、直隸公債與歷次接辦的公債
（1905、1911、1920、1925、1926）

光緒三十年十二月（1905年1月），直隸總督袁世凱以北洋軍費不足為由，奏請開辦公債獲准。債款總額四百八十萬兩，債券分為一百兩、十兩兩種面額，由官銀號經理。為取信朝廷與百姓，償債的方法與來源在章程都有詳細規定。省方每年自籌一百二十萬兩作為償債與擔保之用，包括直隸藩庫每年三十萬兩、長蘆運庫鹽利每年三十五萬兩、永平七屬鹽利每年十五萬兩、直隸銀元局餘利每年四十萬兩。

直隸公債，發行雖晚於息借商款與昭信股票，卻是地方政府的第一樁，並且也是官方首度使用「公債」一詞。此外，

直隸公債採用累進利率，分六批發行，以極高的利息吸引認購，利率由第一年的七釐、第二年八釐，遞增至第六年的一分兩釐，形成借期長短與利率高低各有不同的投資組合，這也是中國公債中所首見。

直隸公債於1905年5月5日開辦，六個月後即對外宣告募集成功，募足目標金額四百八十萬兩，是中國國內公債史上的頭一遭。對照七年前中央政府在全國發行的昭信股票，募得金額僅及目標的十分之一，直隸公債的發行，可說空前成功。

但，這消息卻是捏造的。袁世凱早知用正常募集的手法無法達到目的，所以先將轄縣分為大中小三等，分配認購數額。大縣募集兩萬四千兩，中縣一萬八千兩，小縣一萬兩千兩，由各地官吏強行攤派百姓。即使如此，仍僅募到百餘萬兩，所缺的三百多萬兩，到1906年1月才以債票向日本橫濱正金銀行質借。直隸公債，若非轉向對外出售，將以失敗收場。結果，直隸公債就從國內地方公債變身為外債，當時就被梁啟超譏評為「袁式公債」[1]。

1　梁啟超《飲冰室文集》二十一，論直隸湖北安徽之地方公債。

然而，在刻意封鎖消息及美化宣傳下，直隸公債的成功故事近乎傳奇。其他省分、甚至中央機關也掀起模仿風潮。在直隸本省，往後的二十年間又接續發行了五次公債，可謂影響深遠。

在1905年直隸公債後，後來的直隸總督陳夔龍，因籌備立憲，需費甚鉅，也決定循袁世凱模式，於1911年5月接辦債票，發行「直隸二次公債」[2]。陳夔龍在湖北總督的任內，於1909年就已經追隨袁世凱的腳步，以直隸公債為本，發行過湖北公債。這次是重新自直隸出發，發債募銀三百二十萬兩，自宣統四年起按六年分還[3]。由於

直隸四次公債。

不久後辛亥革命爆發，發行被迫中斷，省方只能以公債做抵押，向直隸省銀行墊借八十萬兩，用作政費[4]。

「直隸三次公債」，發行於1917年，直隸災變頻傳，疫病、洪水肆虐，為賑

2　隸二次公債《直隸省銀行廣告》，天津《大公報》1911年5月1日：本銀行遵奉北洋大臣奏准，代辦續募直隸公債，所有兌收銀兩暨一切辦法仍照上次公債成案辦理，除天津一埠由本銀行自行募收並直隸各廳縣檄委託各分設籌款處會同辦理外，其北京、上海、漢口等處募債事宜，應由駐京、駐滬、駐漢各分行經理，如願購公債票者，務於屆期之日內將銀送交各分行兌收，填發票據，倘逾此限，即將銀兩截歸下期，列收發票以歸畫一，而便稽核，現距四月一日發行票期不遠，願購者信務失臂交之，自後六月一日、八月一日兩期均以定期為限，絕不推展，欲閱詳細章程，請向分行索取可也，特此布告。

3　徐建平，〈晚清直隸總督的理財觀〉。河北師範大學學報，頁68。2001年10月，第二十四卷，第四期。

4　申艷廣，《民國時期直隸省銀行研究》，河北師範大學碩士論文，2012年5月24日。

濟災民，直隸省長獲財政部核准發行公債一百二十萬元，委託直隸省銀行為經募機關，分六年還清，自民國七年起，每年六月、十二月兩次還本付息。第一年年息七釐，以後每年遞加一釐，至第六年按一分兩釐計算為止。以直隸省經收之雜款抵押，到期後，公債得以完納本省租稅及代替現款之用。

1920年，直隸政府因戰亂紛擾，社會、經濟破敗不堪，為軍事善後之需等理由，再辦理「直隸四次公債」。債款總額三百萬元，指派直隸省銀行為經募機關，六年

還清，債額三百萬元，以統稅為擔保，實際籌得一百六十萬元。首年利息年息一分，以後每年遞加一釐五毫，至一分七釐五毫；公債本息由直隸省銀行代為償還。

1925年，直隸省因遭水患，財政透支，再發行「直隸五次公債」，藉以彌補財政缺口。原訂債額三百萬元，由於經濟蕭條，實際只籌集到一百五十三萬元。公債以雜款、屠宰稅為擔保，由直隸省銀行與開灤礦務局經理。公債中的一百八十萬由直隸銀行代付，其餘一百二十萬元由開灤礦務局承擔。

直隸五次公債。

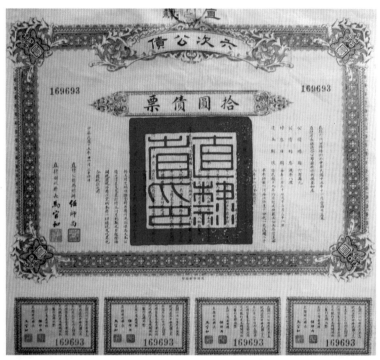

直隸六次公債。

1926年，褚玉樸主冀，大肆發債，同年11月以「直隸六次公債」名義，借債六百萬元，以井陘礦務收入作為擔保與償債來源，自1930年起，分五年，每年兩次抽籤還本。不過，除了名稱外，與前五次的發行模式不同，未指定經募機關，也未採用累進利率，年息固定為八釐，這次的募集作業，實際上是隨應徵地丁數額攤派，公債於褚敗走後無人負責。直隸公債的接續發行，至此中斷[5]。

延續袁世凱以來募集的手法，爾後直隸公債大致上均為攤派與勸募兼施，但因無法完銷，只得洽商各銀行認購或質押借款。從近年有大量債票實物從西方市場流出的情況來看，不排除當年部分公債也因此輾轉流入外國銀行手中。歷來的直隸公債債券，至今被發現者，僅有四次、五次、六次三種。

5　鄭起東，《近代華北的攤派（1840–1937）》。

2、湖北公債（1909）

宣統湖北公債十兩券。

宣統元年，湖廣總督陳夔龍仿直隸例，在湖北募集公債兩百四十萬兩，期限六年，每年還本四十萬兩，從藩庫雜款、鹽庫練兵新餉、官錢局盈餘與江漢關、善後、籤捐局收入等提撥五十三萬兩擔保。

募集結果並不理想，僅售出約半數，不得已尋求外資解套。後來由日本橫濱正金銀行出面認購七十六‧五萬兩、俄國道勝銀行認購二十萬兩。1913年善後大借款時，曾扣還兩銀行到期本金，此後本息償還情形則不詳[6]。

6　1909年10月7日〈湖北省售予正金道勝銀行公債票款〉。《中華民國史檔案資料叢書：民國外債檔案史料03》，頁452。

3、安徽公債（1910）

宣統二年，安徽巡撫朱家寶，以崇陵工款及添練新軍等用途，咨請募集公債，總額一百二十萬兩，條件悉仿直隸例。公債由省府裕皖官錢總局經理，每年提撥藩庫雜款十四萬兩、牙釐局十五萬兩，共二十九萬兩擔保本息。公債分為甲、乙、丙、丁、戊、己六個梯次分散發行，不過，安徽的經濟條件不比直、鄂，公債募集情形也更為慘澹，最後僅售出十萬兩，其餘一百一十萬兩於同年十月由英商怡大洋行（Samuel & Company, Ltd.）購下。

公債發行後，本息一直未償付。經怡大洋行與英國使館多方交涉，1914年起，省方每年撥銀三十萬兩，七成還本，三成付息；未還舊欠則按七釐複利計算。至1926年3月本金還清，但利息與複利遲無法清償，從1926年的八十三萬餘兩，累增至1932年之一百三十三萬餘兩，經國務院移交整理內外債委員會處理[7]。

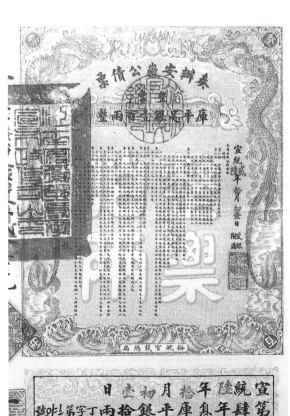

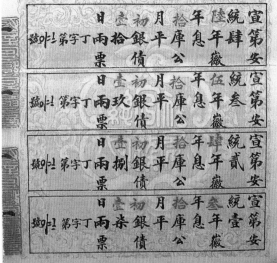

宣統安徽公債一百兩券。

---

7 1933年5月26日〈財政部公債司編制關於安徽省怡大洋行借款概況〉。《中華民國史檔案資料叢書：民國外債檔案史料03》，頁519。

4、湖南公債（1910）

同年，湖南巡撫楊文鼎，發行湖南公債，金額一百二十萬兩，條件亦悉數比照直隸。以官礦處及水口山鉛礦餘利每年共二十六萬五千兩作為擔保。

湖南公債的發行結果與安徽相似，僅售出約十萬兩，其餘債券則分別於翌年1月向日本橫濱正金銀行質押借款五十萬兩洋例銀（約合庫平銀四十六‧九四萬兩），與8月向德國禮和洋行（Carlowitz & Co.）質押借款洋例銀七十萬兩（約合庫平銀六十五‧七萬兩）[8]。

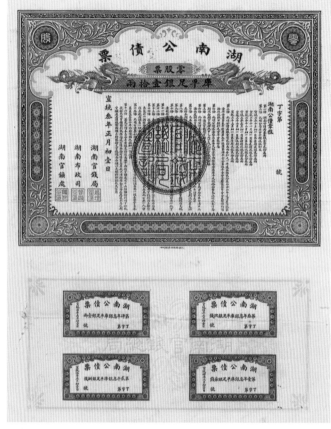

宣統湖南公債十兩券。

湖北、安徽、湖南公債，採直隸模式，如分為一千兩和十兩兩種面額，期限一到六年，由省官錢局經理，年息七釐，逐年遞增至一分兩釐，並均由省方自籌財源作為擔保等。結果也與直隸相同，因國內銷售不佳，債券只好出售外人，最後轉變為外債，進入民國後，均由財政部承認歸還。

目前為止，1905年的直隸公債從未露臉，不見蹤跡。湖北、安徽、湖南公債，尚見有極少數存世。

8　李允俊主編《晚清經濟史事編年》，頁1143–1144，上海古籍出版社。2000年5月。

二、對外質借與償債的內債

進入民國後，政府大力推展國內公債，各銀行是主要的對象。對於銀行而言，雖然政府債信堪慮，但由於國內公債可供作發鈔準備與借款擔保、高額折扣等優惠，更提供轉手套利的機會，銀行仍透過經募包銷與應募認購的方式，消化了大量的國內公債。

陝西省向日本銀行擔保借款的民六陝西地方公債。

但銀行將手中大批公債轉向洋商質押公債借款的情形，開始頻繁出現。不僅如此，中央與地方政府亦不避諱地質押本身發行的公債，作為向洋商借款的擔保品。無力償還時，則是發行其他公債，以債償債，有時也包含外債在內。

1918年6月30日，陝西省政府透過大倉洋行，向日本東亞興業株式會社借款三百萬日圓，作為辦理銅元局及紡紗局之用，被稱為「銅元局借款」，年息八釐，期限七年。這筆借款是以該兩局財產與盈餘，外加民國六年陝西省地方公債票四百萬元作保。不過，借款案於1919年7月遭省議會否決。因省方已先完成簽約並動支借款，騎虎難下，只好報請中央代為解決。

北洋政府由財政部出面，於1920年12月1日與東亞興業會社另訂借款合同，承受三百萬日圓之債務，原質押之地方公債四百萬元退還陝西省，另由財政部質押八年公債票三百萬元及九年國庫券一百萬元作為擔保。後來，北洋政府無力償付本息，質押之債券持續由日方扣留，1926年財政部將積欠本息送交財政整理會匯案整

北洋政府向日商贖回陝西地方公債，改用民九國庫券質押。

理，惟無後續進展[9]。

有時，因借款無法償還洋商，政府必須發行特種債券專供償還之用，成了一種為了清償外債的國內公債。

1920年3月1日，北洋政府財政部因積欠新華儲蓄銀行三百萬元到期，於是委託該銀行代向日商東亞興業株式會社借款四百萬日圓，償付該行到期借款及其他行政經費之用，預扣月息九釐，期限一年。以元年公債八百萬元、七年公債兩百萬元、八年公債三百萬元為抵押品。1921年3月1日借款到期未還，改發日金特種國庫

券十一張，月息一分五釐，換回抵押之公債票。庫券款截至1922年2月，已還本金十萬元與預付利息，其餘歸入九六公債日圓債券項下處理[10]。

善後大借款後不久，第一次世界大戰爆發，歐洲資金撤離遠東，北洋政府對外借債變得更困難，日本即乘機提供許多貸款，躍升為中國的最大金主。同時，北洋政府在國內大肆舉債，除了發行各種長短期公債[11]外，也持公債向各別銀行、銀號借款，或由銀行、銀號為政府墊款，甚至成為公務機關

9　《民國外債史料檔案》（六），頁354–377。

10　同上，（七），頁367–370。

11　至民國十年（1921）為止，北洋政府在國內總共正式發行或接辦了十一種國內公債：愛國公債（1921年整理後，11月完成清償）、元年八釐軍需公債（1921年整理後，1925年完成清償）、元年六釐公債（1921年整理）、三年內國公債（1925年完成清償）、四年內國公債（1924年完成清償）、五年六釐公債（1921年整理，1928年完成清償）、七年短期公債（1922年完成清償）、七年六釐（長期）公債（1936年國民政府整理）、八年七釐公債（1921年整理）、整理金融短期公債（1928年完成清償）與九年賑災公債（部分清償），這還不包含各種為了償還舊公債所發行的整理公債。以上歸納自潘國旗《近代中國國內公債研究》。

之間償還積欠公款等債務型態；日本在華企業的資金也一再捲入。

北洋政府的各種內外短期債務，大量以鹽餘作為擔保，到了1922年初，這些鹽餘借款，內債已達七千多萬元，來自日本為主的外債則約為兩千六百餘萬元，每月應付本息七百餘萬元，超過鹽餘的可用餘額。債權銀行揚言放款不再接受鹽餘作為擔保，迫使北洋政府出面整理舊債。

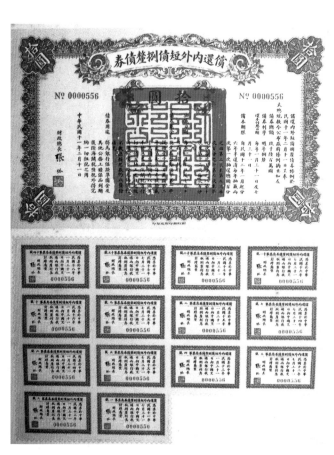

1922年償還內外債之用的九六公債。

2月，北洋政府財政部公布條例，發行總金額九千六百萬元的償還短期內外債借款公債（簡稱九六公債），以償還用鹽餘擔保的內外短期債款。

公債年息八釐，每半年付息一次，1923年起，分六年半清償，每年抽籤還本兩次，第一次中籤率4%，第二至第五次7%，第六至第九次8%，第十至第十三次9%，至1929年全部還本。在關稅未增稅前，仍以鹽餘撥充償還基金。債券有十、一百、一千元三種面額，債券內容為中英文對照，由財政總長張弧代表簽字用印。

條例另規定，以公債折價償還各債款，折價的比例因對象而異，對中國、交通兩銀行，以公債按九折計價抵還債款；償還外債與其他銀行，則以八四折抵付。

所有內債，金額經審定後，其中63%配發債券；外債部分，主要是與日本興業銀行、中日實業株式會社、中華匯業銀行、合名會社大倉組、東亞興業株式會社、朝鮮銀行、興亞公司等日本債權團有關，相關事項另以協議決定。

1922年3月5日北洋政府

財政部與日本債權團訂立契約書，至同年3月1日止，應付鹽餘借款本息共三千兩百七十四萬四千一百七十二‧五八日圓，日圓與中國銀元比率按1：1計算，債券以八四折抵付，實付債券三千八百九十八萬零六百元，抵欠三千兩百七十四萬三千七百零四元，剩餘四百六十八‧五八元以現金支付。債券加蓋「日金」戳記，還本付息，均以日圓支付。並且自1922年3月份起，由正金銀行從每月發還的鹽餘項下扣款，作為清償基金。

這種北洋政府處理債務的差別待遇，引起國內各界反對。1923年，鹽餘借款國內公債行市始終在三折以下，卻以八四折作價，債權人的實質損失過半。另外，以鹽餘撥充償還基金，僅日債才真正實施，內債部分，並未曾落實[12]。

公債發行後，因各省鹽餘多被截留，解款嚴重短少，1926年後悉數停付本息。日債部分，果因有償債基金的加持，獲付較多次本息；共付過九次利息、三次本金。內債部分，則僅有一次付息紀錄，本金則從未償還。

九六公債背面。

12　繆明楊，《中國近現代政府舉債的信用激勵、約束機制》。2013年3月1日，崧博出版社。頁367。

三、抗戰時期境外流通的公債

據統計，抗戰時期旅居各地的華僑總數約八百七十萬人，大多數在亞洲，約八百三十六萬人。亞洲以外地區，又以美國為最多，約有八萬人。抗戰初期自1937年7月至1939年2月，海外華僑捐款已超過一億元，其中仍以南洋華僑占多數，特別是海峽殖民地與荷屬東印度兩地。認購公債，是華僑回饋祖國的主要方式之一。據統計，國民政府於抗戰時期發行的各種公債銷售金額，華僑貢獻超過三分之一[13]，成為戰時公債最重要的應募群體，大量國內債券因此轉往海外各僑居地。

抗戰爆發後不久，國民政府於1937年9月1日發行救國公債募款。法幣五億元，按票面發行。年息四釐，分為一萬元、一千元、一百元、五十元、十元、五元等六種面額。預定自1941年起，每年抽籤還本一次，分三十年還清。

除供百姓自由認購外，為達到募款目標，國民政府還在各省與公務機關硬性攤派數額。總計1937年度救國公債共發行了兩億兩千萬元，貢獻當年歲入的27%[14]，雖然未達五億元的募款目標，但已對於戰時財政提供了龐大的助益。

為了爭取僑胞的認購，不少中國戰時公債漂洋過海到僑居地銷售。但對於許多僑居地政府而言，這些公債是一種在本地交易的外國有價證券，必須遵守法律，並且繳納交易稅，甚至也測試著當地的政治態度。

---

13 魏宏運，〈抗戰時期的華僑捐輸與救亡運動〉頁158–159，《近代史研究》，1999年，第六期。李曉波　黃小堅，〈華僑對抗日戰爭的傑出貢獻〉，中國國務院僑務辦公室《僑務工作研究》，2005。

14 「救國公債相關史料」，財政部財政史料陳列室。

張貼海峽殖民地印花稅票。

通常，一國發行的公債如欲在他國市場公開發行，必須先經他國主管機關核准；即使是私下買賣，也仍須繳納證券交易稅。當時不少國家是於完稅後貼上印花，又稱為印花稅（Stamp Duty）。當時華僑在僑居地認購救國公債時，就常碰到這些狀況，並在債券上留下蛛絲螞跡。有三張1937年的救國公債，因貼上當地印花或加蓋印記，而透露出曾分別為吉隆坡、海峽殖民地與南圻華僑所認購的身世。

其中兩張分別貼有吉隆坡、海峽殖民地1938年間的印花票，這兩地當時均為歸於英屬馬來亞，獲認購後已依規定完納交易稅。

英屬馬來亞，抗戰時期華僑總數約兩百三十五萬多人，僅次於泰國華僑的兩百五十萬人。英國殖民當局原本嚴禁僑界成立組織推銷中國公債，後來在國民政府的

加蓋越南南圻穀商公會印記。

交涉下，於1937年10月17日專案同意，中國公債在特定條件下辦理私募[15]。從

張貼馬來西亞吉隆坡印花稅票。

15　事實上，國府在英殖民地推銷戰時公債，也很為英殖民當局所不滿。所以，新加坡僑界原擬於1937年9月12日成立的籌購公債委員會，即因英當局的反對而流產；此後因國府在外交上給予英國壓力，英馬來總督湯瑪斯（Sir Shenton Thomas）才答應向倫敦殖民部專案請求；所以，至10月17日方正式答允新、馬華僑認購中國公債，但英政府也堅持華人所購公債應在各地的籌賑會內附帶進行，不得專設機構辦理；而公債委員會的主持人選，也須由英人指定由陳嘉庚、胡文虎、林文田（粵）、陳振賢、陳延謙（閩）等擔任，排除了國府原先屬意的一些從中國派來的人選。（參閱：李思涵，《東南亞華人史》，第十五章〈日本侵華與東南亞華人的援助祖國抗日救亡運動〉。五南圖書出版，2003。）

此，中國公債得以合法在當地銷售並繳納交易稅，所以才出現這些加貼殖民地政府印花的實物。

不過，當時並非所有僑居地國家都採取開放的態度。華僑人數最多的泰國，因親日的關係，華僑認購公債受到限制，只有走入地下化。

法屬印度支那殖民政府的立場也是傾向禁止，當地華僑約四十餘萬人，主要集中在南圻。南圻，與北圻、中圻同為法屬印度支那的一部，位於今越南南部與柬埔寨東南部，以西貢（即今胡志明市）為首府，約有華僑三十萬人，當地極具經濟優勢，各行業組織均有嚴密的公會組織。第三張債券，未貼印花，但加蓋有「南圻華僑穀商公會」印，就是以米穀業公會的名義認購。當地中國公債的募集，被迫局限於華商團體組織之中私下進行，個人無法公開交易。

戰時公債中，有幾種以美元為面值的類型，例如「民國二十七年美金公債」、「民國二十九年建設美金公債」、「航空救國券」（民國三十年）等。除了因應法幣貶值的問題之外，也是以美元區的華僑為主要訴求對象，發行時還設定特定銷售配額，部分「民國二十七年美金公債」被發現加蓋有「華僑」印記，可供區別。

民國二十八年（1939）底，國民政府

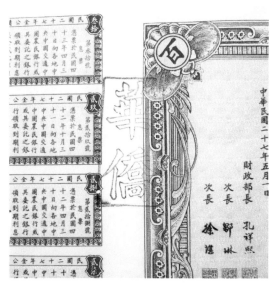

二十七年美金公債加蓋「華僑」字樣。

授權中國、交通、農民三家銀行、中央信託局及郵政匯業局聯合發行「節約建國儲蓄券」，性質上可視為一種廣義的公債。儲蓄券分為甲、乙兩種，甲種，係按面額存款，利息外計，按期領取本息；乙種，存款同時預定利息，期滿領取已含本息的面額；各有記名與不記名式兩種選擇。幣值分為國幣與美金兩種，同時吸引法幣與外匯存款。隨著戰時通貨膨脹加劇，儲蓄券的面額不斷加大，利率亦隨之提高。

節約建國儲蓄券不僅在國內發行，同時也透過發行銀行的駐外或代理機構向華僑推廣。當時簽發過程的一些印章與印花稅票，讓部分海外華僑認購的儲蓄券曝光，下列四張分別出現香港、澳門、澳洲

上海商業儲蓄銀行香港分行售出。

澳門民信銀局代銷。

雪梨與英國利物浦等地名。

香港簽發的，是一張民國三十年六月三十日，郵匯局的五十元甲種券，不記名式。券上蓋印，指定由上海商業儲蓄銀行香港分行或者國內郵局兌付。背面加蓋有香港印花。

澳門簽發的，是民國三十年五月三十日，郵匯局的到期實付本息十元的乙種券，不記名式，加蓋當地代理單位「澳門民信銀號」印記。

英國利物浦簽發的，時間為民國三十四年（1945）五月七日，由中信局、中國銀行與交通銀行聯合發行，面額一萬元，是儲券中最高者。甲種券，記名式，應是以英鎊折算法幣後認購。券上加蓋「中國銀行利物浦分經理處」、「此張儲券已加給百分之百補助金，到期本息只付國幣充作國內贍家費用」、「此券洽定三年到期，期滿續存，照計利息，無須換券」等印記。

澳洲雪梨簽發的，註明「Dec. 1945」，即民國三十四年十二月，是在抗戰勝利後，亦由中信局、中國銀行與交通銀行聯合發行，面額五千元。甲種券，不記名式，應是以澳幣折算法幣後認購。券上加蓋「中國銀行雪梨經理處騎縫圖章」、「此張儲券已加給補助金，到期本息只付國幣充作國內贍家費用」、「For Bank of China, Sydney Agency」及經手人英文簽字等。

節約建國儲蓄券發行後，面臨法幣急速貶值的問題，只能不斷提高利率或提供

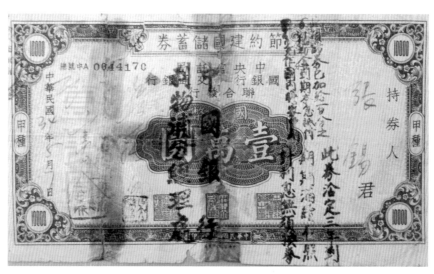

中國銀行利物浦分經理處售出。

補助金的名義予以彌補，這便是利物浦券出現「此張儲券已加給百分之百補助金」印記的原因。不過，到了抗戰結束，這項補助金的比率可能有變，雪梨券已將「百分之百」字樣予以刪除。雖然如此，儲券發行後，仍是國民政府吸引僑匯的重要渠道；所謂「僑匯」，就是指華僑匯回家鄉贍家之用的外匯。不少海外華僑以英鎊、美元等外幣認購建國儲蓄券，目的是匯款回鄉作為親人生活費，同時也充實祖國外匯，這正是「到期本息祇付國幣充作國內贍家費用」印記所表達的意思。不過，收僑匯付國幣的作法，先後因抗戰與國共戰爭期間國幣的惡性貶值，購券僑胞無不損失慘重。

但，即使如此，當時海外僑胞所應募的，是國家面臨危難，一般人避之不及的戰時公債與存款，出發點多是為了共赴國難，而超越現實利益的考量，這種情操格外令人尊敬。

中國銀行雪梨分經理處售出。

196

四、最後也是最早的愛國公債（1949）

1949年愛國公債，一百銀元券。

隨著國共戰事的潰敗，法幣、金圓券政策亦相繼瓦解，1949年7月23日，在改用銀元券後不久，國民政府為了籌措財源，緊急發布發行愛國公債之命令，募集三億銀元。

由於發行區域隨著國統地區的不斷縮減，在積累多次發行戰時公債的經驗後，國民政府對於愛國公債的募集，除了國內民眾外，同時也寄望於海外僑胞的慷慨解囊，訂下國內外各籌半數的目標。這筆公債，在重慶發行後不到幾天，就被送到了台灣。

當時國內是採派募方式，也就是強制攤派，國外則採勸募方式。由於時間倉促，發行之際，大陸即已棄守，認購者寥寥無幾。1950年4月25日經立法院追認後，台灣成為愛國公債主要的發行地區。

愛國公債是以銀元券發行的唯一一種公債。依據發行條例規定，面額有五十、一百、五百、一千、五千、一萬元六種，息四釐，債期十七年，每六個月付息，並抽籤還本。

此一公債，可謂國民政府政權在大陸的絕響，卻成了到台灣首發的公債。

關於在海外勸募的情形，並無詳細紀錄，不過，1950年1月20日，國民政府披露了委內瑞拉僑界籌募六十萬銀元，並承諾按月捐獻的消息[16]。因此，愛國公債主要仍是以台灣為募集地，並以三億銀元折合新台幣九億元，改以新台幣折合銀元供認購。惟，由於利息低，加上社會經濟條件所限，即使是強制派募，成績亦不理想，至1958年止，僅募得四‧七億新台幣[17]。

結語

中國對外發行公債，已約有一百四十年之久，但並未受到普遍注意。直到部分債券因長期未還本付息，落得一文不值，被逐出交易市場後，約從一九七〇年代末開始，這些陳年爛債流入了文物市場，成為歷史票券（Scripophily）收藏中的新寵，才意外贏得較多關注，西方對於中國對外舊債券的研究，主要也是從這一時期開始。

從收藏的角度，早期中國對外債券，相對於其他國家流落在外的舊債券，具有的品種與數量均少，外觀設計也是各國舊公債之中最具特色者，頗受收藏者青睞。

但，在歐美不少人對於早期中國對外債券的興趣，帶有濃厚的投機色彩，以遠低於債券面值的價格買進，寄望不久的將來，中國政府恢復發放本息外，也聽信捐客之言，可以向中國提出訴訟，要求一筆高額的懲罰性賠償。即使官司勝訴的機會微乎其微，仍不斷有人利用求償的題材炒作舊債券的價格，藉機牟利。

自1970年末，就有人開始號召債券持有人加入索討債務的行列，一方面遊說本國政府向中國施壓，要求出面解決，同時也集體提出訴訟。

16 國史館，「中華民國重要史事資料庫」，民三十九年一月二十日條。

17 「中央政府在台發行公債史料」，財政部財政史料陳列室網站。

1979年傑克森案就是最明顯的例子，從提出告訴，到阿拉巴馬州地方法院一度做出有利於原告的判決時，中國舊公債的交易價格在一年內普遍上漲十倍。此案最後雖以敗訴收場，但對於做著中國舊債券發財夢的人而言，仍不失為一大鼓舞。官司的過程中有人利用訴訟題材，高價出貨，即便最後敗訴收場，這些人早就賺了大錢。這種官司帶來的影響是，炒作中國政府可能清償舊公債的消息，是市場永遠不退流行的梗，無論成功的機率有多大，只要消息維持不墜，就可吸引投資者跟進，低買高賣，賺取暴利後揚長而去。由於這種情形層出不窮，迫使美國證管會（SEC）亡羊補牢，一再出面聲明，這些舊債券僅有骨董價值，已非證券投資的標的。

這些訴訟，無法獲得勝訴的一個重要的原因是，一個國家發行公債，是其主權行為，其他國家並不應擁有司法管轄權，這也是投資任何主權國家公債所必須面對的風險。對於這些境外訴訟，中國政府一貫的態度，也是置之不理。

除了司法管轄權的問題外，中國政府也曾多次表達，不承受舊政權所欠外債的立場。大致認為這些借款不符公義，是被用於鎮壓人民或違反人民利益的用途，屬於一種「惡債」。中國基於「惡債不償」的原則，無須負責。

由於政治情勢的不同，為了爭取外國的支持與承認，辛亥革命時期的湖北軍政府、南京臨時政府及袁世凱擔任中華民國總統時均曾發布對外宣言，刻意強調承擔清政府對外締結的條約、借款與外債。現在的中國，可謂是今非昔比。

中華民國政府對於舊債，也是有選擇性的，並非照單全收。1936年前幾次整理違約外債，即將「1911年湖廣鐵路借款債券」與「1913年善後大借款債券」兩種，排除在外。

所持理由也是「惡債不償」。前者以湖廣鐵路係修築作為鎮壓南方革命軍之用，在起建時即引起革命勢力很大的反彈；後者則是袁氏政府濫權起債，以鞏固軍事力量鎮壓反對陣營，進而引起多年的軍閥混戰。所以，國民政府於1924年即將此立場列入政綱。

然而，以「惡債不償」為理由，拒絕承受債務的界限或條件為何？新政權是否可以用這個理由拒絕繼承舊政權所遺留下的債務？

惡債不償的概念，在國際法學上仍存在許多思辨與反省的空間。主要是「惡債」的定義存在不同的立論，至今尚無明確與客觀的構成要件。例如有的理論，是將惡債定義在敵國債務與戰爭債務上，有的則是著眼於違背國家與人民利益的債

務。國際社會所出現的案例，各有不同的背景，除了法學理論的主張外，很大的層面是涉及道德信念、國際秩序與本國政治上的考量。

惡債不償，是新政府以舊政府將借款用於違反公義與人民利益的用途上，對於債務效力的抗辯。這種作法，例子並不少見，如美國就拒償內戰時期南方聯盟發行的公債、蘇聯也不認還帝俄時期的公債、德國希特勒上台後更立即撕毀威瑪政府時期所發行的巨額外債等等。只不過，惡債的構成要件至今還未臻明確，但各國早就搶先使用，與其說這是國際法的規範，倒不如認清這個問題充滿政治現實與國家利益的導向，不容易有普世標準。

換個角度，倘若惡債不償，經常成為國家政權替換之際，新政府不還債的理由，那麼勢必嚴重損害國際金融秩序，因此少有國家能置身事外。伊拉克海珊政權垮台後，新政權相繼宣布不承認舊政府所遺留下龐大外債，對岸中國因承包工程與貿易等，受到影響的資產約計五百億元人民幣。類似的情形，還可能繼續發生，例如利比亞在格達費政權被推翻後，新政權是否也會拒絕承認過去龐大外債？敘利亞阿賽德政權正處於風雨飄搖之中，未來是否會走向相同的道路？中國正好也是這些國家的重要貿易伙伴，擁有大量投資與貿易。如要保障國際投資、避免惡債問題無

限上綱，至關重要。

債權人是否知情？借款是否循正常程序進行？這是獲得普遍支持用以檢視惡債的兩項標準。舊政權舉借惡債，也不代表所有的債務必然是惡債。債權人是否知情？是指債權人在簽訂合同時是否充分了解借款將被用於違背債務國及其人民利益的用途上？借款的正常程序，指的是借款經過必要的核准程序，也未有威脅、賄賂等不法情事。這兩項檢視標準，可以大幅避免正常借款與其他資金活動，因一國的政權變動無端捲入惡債的漩渦中。

回到處理中國舊債的議題上，用相同標準檢驗，本書所探討的是以債券形式存在的對外公債，借款合同上的借款人是洋商，但背後多受其本國政府授意。中國簽訂的借款合同，挾帶有損國權的條件，指摘這些借款為惡債，並無不可。但，當這些借款已被帶往海外證券市場對外發行，以債券為單位分散到投資人手中，情況可就不同了。因為必須被苛責的洋商及其政府已置身借貸關係之外。

前面提到德國希特勒撕毀威瑪政府的外債，主要是對於一次大戰戰勝國的賠償，1923到1930年間，共發行了三十多種外幣公債，這些債務帶有濃厚的報復性與懲罰性，所以金額都很大。二戰結束後，當時西德政府面對追償時，均堅拒承認，

唯獨選擇了其中一種美元公債做賠償。原因即在於，各種公債中，僅有該美元公債在華爾街這種公開市場交易過，國際投資人必須被保護。

將過去的對外公債視為惡債，拒絕清償，無異是一種報復仇敵的手段。但現在的世界情勢及中國的國際地位，早已不可同日而語，避免引起負面效應，目的與手段間的平衡值得斟酌。

時至今日，雖然對於早期中國債券求償的訴求，在歐美國家依然存在。不過，隨著債券收藏人口的增加，近年來早期中國債券的價格在收藏市場普遍大漲，不僅多數種類的交易價格已超過其債券面值，有的甚至超出甚多。也有許多債券已償還完畢，經過註銷仍流入市面。這種註銷券已無償付的誘因，僅剩單純的收藏價值，但因存世量少，仍獲得市場青睞，充分體現了一種無關債權債務的骨董價值。也許，早期對外債券收藏價格不斷提升的情況下，有朝一日，求償問題也可迎刃而解，獲得滿足。

附 錄

公債用語釋義

1、公債與債券

公債（Public debt 或 Public loans），或稱公共債務，是政府，無論中央或地方，為了因應各種財政需要，以信用或抵押品作為擔保，承諾還款期限與支付利息的利率，招攬投資人應募出借資金所形成的債務。

這種債務，如是有固定內容的書面形式，按金額等級分為不同單位募債，這種書面形式，就是債券。債券，是債權債務的憑證，也是一種有價證券，可以流通轉讓。

2、息票與息票根

公債，需按期付息。所以，債券附有息票所組成的息摺或息票聯，與債券印於

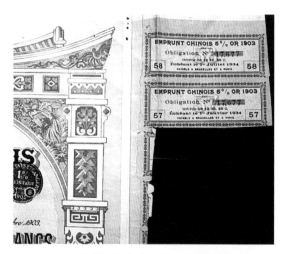

1905年汴洛鐵路債券遺留的兩張息票。

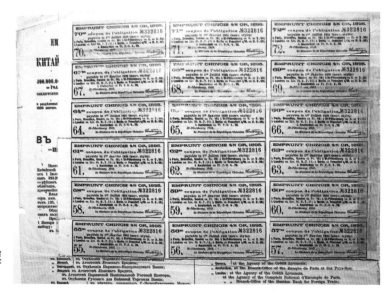

1895年俄法借款債券息票聯。

一張，或獨立附於債券之後。

息票（Interest Coupon），記載有領息的時間、金額與期數，是作為投資人到期領息之用，並於領息後，剪除或打洞註銷。

息票根（Talon），是領取息票的憑據。長期公債，因需支付利息的期數甚多，息票聯很長，有時債券只附上公債期間的部分而非所有息票。息票票根的用途，即在於作為日後領取其他息票的根據。

「Talon」一詞，原指「鷹爪」之意，是猛禽擒拿獵物的利器，西方國家以此命名息票票根，取其意，作為取得債券上更多且必要的息票工具。但有許多公債是以債券本身取代息票根作為領取息票的憑據，息票根的設計便顯得多餘。

在早期中國的對外公債，息票根往往是在公債逾期未清償，進入整理案後，改貼新息票聯時才出現。這是預慮整理期間結束，中國仍未能按照新約定償還本息，債務繼續拖延下去，延長期間仍需計息，因此息票根就是為了可能出現的新息票聯而設。例如1908和1910年津浦鐵路公債、1907年廣九鐵路公債、1913年隴海鐵路公債於一九三〇年代進入整理按時改貼新息票聯，均出現了息票根。內容為：前述債券持有人，在所有附券息票均獲支付後，憑本息票根可領取新息票聯。

1908年津浦鐵路英版債券，1936年依據整理案內容改貼新息票聯，出現的息票根。

1920年隴海鐵路借款荷蘭庫券上的息票根。

3、債券編號

　　公債，分成各種面額的債券發行。每一債券上均有編號，除了保留券是空白。依照習慣，有兩種以上面額的債券，以英文字軌區分面額大小，如1896和1898年英德兩次借款公債，都分別以A、B、C、D代表二十五鎊、五十鎊、一百鎊、五百鎊券。接著是號碼，是在各面額債券的數量範圍內依序編列。

　　息票，是債券的附屬品，不單獨交易或領息，因此每張息票都印有與所屬債券相同編號。

1898年英德續借款債票上的字軌。

4、發行地

早期中國的借款被洋商安排在外國發行公債，發行地是公債債券首次提供認購之地，地點通常是公債的第一級市場與證券交易的國際中心。

發行地的選擇權，根據當時的借款合同，通常在主辦銀行，發行地也不限於一地。多國聯貸的大型借款，由各國共同發行，但各國印製專屬的債券版別，由代表本國的銀行選定自己的市場進行。例如1896年英德借款公債，是由英國匯豐銀行與德國德華銀行共同代理，並各自於倫敦與柏林發行。1911湖廣鐵路借款六百萬英鎊五釐公債，則是由英國匯豐、法國東方匯理、德國德華及美國紐約銀行團所共同代理，並分別於倫敦與上海（英國匯豐）、巴黎（法國東方匯理）、柏林（德國德華）與紐約（美國銀行團）發行。

5、臨時憑證

政府以發行公債取代增稅，彌補財源，好處是不引起注意，避免民眾反彈。另外，選擇增稅，從修法直到稅金入庫，歷時數載，緩不濟急，發行公債則效率甚高。

因此，發行公債十分講究效率，臨時憑證便是適應此一要求所產生。目的在於讓債券印製完成之前，公債就可以對外招募投資人認購。

臨時憑證的用途有二：一、作為正式債券印製完成之前的暫時替代品，可供流通或日後換取正式債券。二、繳款後

1914年實業借款公債臨時憑證（未行用）。

與正式債券印製完成前，作為領取利息的憑證。

以中國政府1914年實業借款公債為例，借款合同雙方於1913年10月9日簽訂，同月28日生效。1914年4月7日，中國財政總長周自齊與駐法公使胡惟德於債券完稿簽字蓋章，債券開始印製，但公債的發行、募集、認購已在稍早前展開。同一年的民國元年軍需公債特別系列債券，承辦的雷波銀行甚至搶先在合同簽訂之日，就已完成預售。

為早日取得借款，公債在債券未完成印製前，已可供認購，這些公債都並發給認購人「臨時憑證」（Provisional Certificate）。

6、私募與公開發行

公債的發行，可分為私募（Private Placement）與公開發行（Public Offering）兩種方式，前者是針對事先議定的少數特定投資人或債權人進行議價交易；後者則是對於市場所有的投資人，透過承銷的代理銀行，公開銷售。

私募公債，無需通過公開發行所需證券管理機構的審核，程序簡便，成本較低，但私募完成後，公債並不能公開上市，流通性受限，認購時必須做資本投資的打算，相對需要提供的利率也比較高。

中國早期對外公債，普遍依賴外國銀行的代理與承銷，公開發行，但也有一些私募發行的例子，大多是以新債還舊債的情形。如1919美國太平洋展業公司庫券、1925史可達第二次公債、1925年隴海鐵路庫券、1937年美國太平洋展業公司庫券、1938年湘桂鐵路南鎮段庫券等。特定人投資認購的情形，相當少見，目前僅知有1934年英國庚款公債。

7、承銷

承銷（Underwriting），受託於發行人向市場募集公債的行為。承銷，又可分為包銷與代銷兩大類型，前者是承銷商必須承擔完銷之責，如果公債未能在市場全數出售，承銷商就必須自行購下餘額。早期中國對外發行公債，無不出於狀況緊急，需要限期定額入帳，故多採包銷。但，具體辦法大多是由承銷商按照議定較低的價格承購，再以較高的價格售予投資人，其間的價差就成為承銷商的報酬或佣金。代銷，則是由承銷商按照議定價格將債券對外銷售，但不保證可全數賣出，發行者必須自行承擔風險。

8、實收債款

在借款合同所記載的實收債款，通常是指公債發行結束後，借款人真正收到的金額，與公債名目上的數額往往會出現不小落差。其中，必須扣除的部分，主要是承銷商的報酬。依據承銷的方式，可能是低買高賣的價差或固定比例的佣金，一般多在7%上下，也有超過10%的例子，如1914年實業借款公債為10%、1922年包寧鐵路購料借款公債甚至高達12%。另外，還有經理銀行經手還本付息、債券設計印製、交通、郵票印花等各項費用，也要從收到的債款之中扣除，交到中國政府手中的，通常剩名目上借款金額的八成多。

9、印花

　　舊債券上常貼有印花，這是繳納證券交易稅的證明。自十七世紀起，歐洲各國逐漸對於本於各式契據與權利憑證的交易行為課稅，債券的交易也包含在內。一般是按交易價格對於賣方按稅率課徵。完稅後，各國政府會在債券上蓋上印花，作為交易合法化或權利合法轉移的證明，因此被稱為印花稅。直至二十世紀初，仍有不少國家課徵印花稅。

　　早期中國的債券上出現過英、德、俄、法、荷、比、盧等國的印花，是公債發行時及後來輾轉買賣易手，在經過的國家加蓋的完稅證明。這些印花，同時也記述著每張公債流傳軌跡。

英國十先令印花，加蓋於1907年廣九鐵路債券。

法國巴黎印花，1% PLEIN TARIF（全額稅1%）FONDS D'ETRATS ETRANGERS（外國有價證券），加蓋於1905年汴洛鐵路債券。

荷蘭印花 ZEGELRECHT MET OPCENTEN AMST.（印花附加稅，阿姆斯特丹），加蓋於1923年隴秦豫海鐵路荷蘭借款公債。

德國印花 REICHS-STEMPEL-ABGABE
（法定印花稅）SECHS VOM TAUSEND
（千分之六），加蓋於1913年善後大借款
公債。

中國印花，加蓋於1925年史可達第二次
公債（SKODA LOAN II）。

俄國印花，ГЕРБОВЫЙ СБОР УПЛАЧЕН
（印花稅付訖），加蓋於1913年善後大
借款公債。

比利時、盧森堡證券中心印花 A TIMBRER
/ TE ZEGELEN（銷印訖），加蓋於1913
年北直隸借款公債。

10、公債的文字與貨幣

早期中國對外發行的債券上，除了官員簽名與朱紅色印章，幾乎找不到中文，這是因為債券不在中國銷售，必須因地制宜，使用發行地國家文字的關係。基於同樣理由，這些債券使用外國貨幣，也不使用中國貨幣。選擇使用外幣，還有更重要的考量，即匯兌風險的問題。由於中國一直堅持使用白銀，而其他國家多已改採金本位貨幣，使得中國銀錠、銀元呈現貶值走勢，與其他外匯進行轉換存在著虧損的風險，並且隨時間的拉長而加大，因此不受承辦銀行所喜愛。

11、公債的設計與印製

中國政府大多將債券的設計、印製工作一併委由代理銀行處理。作為國家債券，樣式必須慎重而體面，工藝水準高超。

早期中國對外債券的設計，採用雕版畫，常在債券上刻意添加一些中國元素，例如龍、城門、牌坊等，由於是出自歐洲的設計，同時也融合了許多西方慣用的插圖（vignette），如藤蔓、枝葉、花紋與花邊等裝飾藝術，但與世界各國所發行的公債做比較，中國對外債券仍可說是相當特出。

由於債券的流通期間，動輒三、五十年，用紙質料必須講究，因此多採用西方國家鈔票等級的用紙。此外，債券面額，少則折合數十鎊，多則上千鎊，是極昂貴的有價證券，無不添加當時先進的防偽設計。

因此，僅極少數廠商具備這些資格。設計與印製過中國對外公債的廠商，例如英國的 Waterlow and Sons（滑鐵盧父子公司）、德國的 Reichsdruckerei（帝國印刷廠）、Giesecke & Devrient（捷德公司）、比利時的 J. Verschueren（J·維索爾倫）和法國的 l'imprimerie Chaix（賽伊印刷廠）等，均為當時世界製版印刷界的一

時之選。

Waterlow and Sons，創立於 1810 年，是一家全球知名的英國雕版與印刷公司，承接英國官方及其殖民地許多委託案，作品涵蓋錢幣、郵票、股票、債券等。1921年英格蘭銀行獨家印製英鈔前，英國所流通的國庫券，就是由該公司承製。

Reichsdruckerei，1879 年設立於柏林，是德意志帝國的中央印刷廠，前身為普魯士皇家專屬印刷廠。印刷任務多由帝，國或各邦指派，但亦接受地方政府、公司甚至個人委託。主要業務為印製帝國國庫券、銀行券、債券、郵票、交易印花，亦印製政府公報，但最為膾炙人口的是，經典歷史檔案圖書字畫等的複製品。二次戰後改組為聯邦印刷所。

慕尼黑的 Giesecke & Devrient（簡稱 G&D），也是享譽國際的印刷廠，一九二〇年代威瑪政府時期的大量紙鈔，大多是由該公司印製。

法國的 l'imprimerie Chaix，1845 年成立於巴黎，專精印製各式手冊、期刊、書籍、鐵路地圖與藝術海報，係二十世紀前期為止歐洲最著名的印刷廠之一。其早期印刷品，尤其是海報，至今已成收藏界競逐的焦點。1902 年正太鐵路借款公債債券是其作品。

安德沃普的 J. Verschueren，是比利時史上最重要的印刷公司之一，接受各國政府委託設計、印製郵票、鈔票與債券等，清末民初比利時代理中國發行的公債，多為該公司所設計。

12、註銷票

公債本息獲得償還時，債券與有關的息票，必須繳回銀行或中國駐外使館註銷（Cancel），以確保不發生重複求償的情形。註銷方式主要有兩種，一是銷毀，一是在票面上打洞。打過洞的公債與息票，代表已償付完畢，即使流出，亦僅具有收藏價值，不得再還本與付息。

有許多清末至民國期間發行的對外公債，未被中國政府回收，最終流入收藏市場。這種情形，很容易產生一種假象，使人誤以為中國從前對外發行公債無一清償完畢。事實上，這些流落在外的公債，有部分已被打洞，是償付完畢的註銷票。另外，中國早期特別是1896年前的對外公債，因有關稅擔保，大多也已償還完畢，回收的公債大致已被銷毀，因此未再流出。違約未償付的公債，是指未經註銷，且已屆付息還本期限的公債而言。

1896年英國德正借款公債，德版五十鎊註銷票。

13、保留票

公債之發行，因債款總額，與各種不同面額，產生固定數量的債券，並且賦予每一張債券編號。為了因應流通過程中，債券持有人可能遭逢天災人禍導致債券毀損滅失的狀況，公債發行辦法有相關規定允許申請補發，因此每一種公債於印製債券時，均準備有少數空白券備用，即保留票（Reserve Stock）。需要時，再補印上原債券編號，並簽字蓋印後交付申請人。

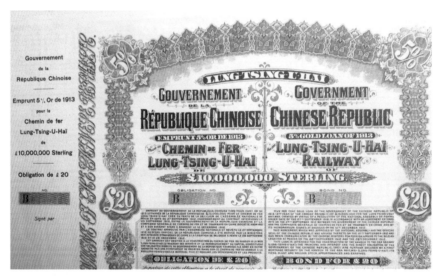

1913年隴海鐵路公債保留票。

14、 餘利分配

起於1897年中國政府與比利時鐵路勘查公司簽訂蘆漢鐵路借款合同，比方於合同簽訂翌年代理中方對外發行公債。根據該合同規定，比方有權分得鐵路淨利的兩成。照理來說，中國對外發行公債，除負擔銀行佣金與發行的相關費用外，即為按時支付的利息，理應無其他成本。分配盈餘，是股東的權利，而比方並非股東，應無盈餘分配權。此例既開，隨後為各國援引，比照辦理，如1900年美國合興公司於粵漢鐵路借款、1902年俄國道勝銀行於正太鐵路借款、1904年中英銀公司於滬寧鐵路借款等；而中英銀公司則是首家將餘利分配權進一步證券化，隨公債進入市場交易。

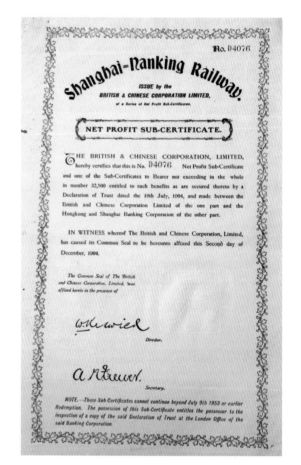

1904年中英銀公司發行的滬寧鐵路餘利分配憑證。

15、公債整理

公債整理，是政府以變更原發行條件的方式，如減少本息、緩付、改變基金來源等，解決公債債務問題。民國建立後，由於財政窘迫，國內公債少有按時付息還本者，甚至在1921、1932、1936、1948、1949年，均曾宣布公債整理辦法，投資人無不損失慘重。但，由於內債是依據國內法律，當政府無力還債時，制定新法令拖延，甚至賴帳時，百姓也莫可奈何。但，外債的情形就有所不同。

早期中國的部分對外公債，也出現拖欠本息的問題，但因公債在國外發行，不受國內法律管轄，中國政府無法拖延太久，否則會引起相關國家政府的關切，甚至引發國際糾紛。

針對這些違約的對外公債，中國政府無法單方決定處理方法，必須謹慎處理，避免釀成國際間的爭議與糾紛。這是外債與內債間很大的差異。通常中國政府會出面與債券持有人所組成的團體進行協商，試圖達成共識，並公告周知。

北洋政府時期，曾零星整理部分違約對外公債，結論不脫借新還舊或以新換舊。到了國民政府時期，大規模公債整理是集中在1936至1938年期間，國民政府頻與各債權人團體協商，整理各公債積欠本息，分別達成償債方案，方向大致相同，均為減息緩付。

相關辦法同時加蓋於原公債的票面上，息票聯換新或收回改發基金分配權利憑證。但，經整理的公債，隨後卻因對日抗戰的關係，實施攤存緩付，償債方案被迫停止。

16、攤存緩付

對日抗戰期間，中國最重要的關、鹽兩稅隨著淪陷區的不斷擴大而銳減，迫使國民政府於1939年1月15日針對以關稅擔保償賠各款宣布攤存辦法，國民政府統治區內海關收入暫緩償還外債，由總稅務司帳目改提存中央銀行專戶保管，以鹽稅擔保之公債亦有適用。此一辦法對於對外公債的影響是全面性的，只要是清償期限晚於1939年1月15日，即因而遭受停付本息的命運，許多公債至今仍未清償回收。

17、敵國債務

抗戰勝利後，國民政府又得重新面對積欠數年的對外公債。然而，在亞洲，包括中國、香港、新加坡、馬來亞、菲律賓等地，曾因戰爭淪陷，致使多數當地持有之中國公債落入敵手；在歐洲的法、荷、比等持有大量中國對外公債的國家，均為德國所占領，公債亦為德人侵奪。國民政府於是依據1919年《凡爾賽條約》有關「所有交戰國之債務，無論其屬於政府或私人團體者，一概取消」之規定，主張「凡敵國債務，不論係債務，或係借墊款；屬於政府，或屬於人民，應一律沒收，抵償戰事之損失」。

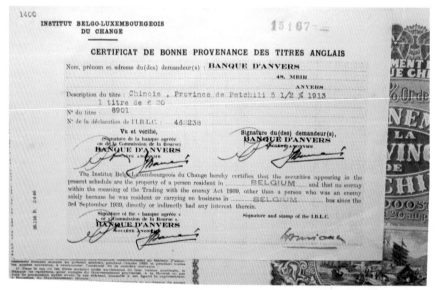

1939年比利時德沃普銀行申報1913年北直隸借款公債交易。

在二戰期間，歐美國家也曾有類似作法，並且針對與敵國有關的特定公債，於交易時，實施一套申報與驗證的程序，排除公債與敵國的關聯性後，即可放行。奧國因二戰之前已被德國併吞，過去奧國所發行的公債，因此受到同盟國的檢查。比利時的安德沃普銀行（Banque D'Anvers）依據歐洲盟國於1939年通過的「敵人條例」（"The Enemy Act"），向比利時一盧森堡聯合證券中心申報所持有的1913年北直隸借款公債，聲明該債券資產與敵人無關，並經中心簽字認證（左圖）。

為了凍結敵國財產，美國財政部於1941至1943年期間，針對外國人在美國境內交易證券時，要求完成俗稱為「藍精靈」的TFEL-2表格，並附在券面上，作為證明與追蹤之用（右圖）。

1911年中國政府發行的湖廣鐵路公債，德國也參與發行，政府與民間亦持有相當數量，因此被納入檢查。當債券由外籍人士轉讓美國人時，於1942年1月14日完成TFEL-2表格申報，並隨券附上。此一債券，後來又被交易至英國。在TFEL-2表格後，另貼有英國勞埃銀行的Halifax分行於1953年11月9日向英國主管機關的另一申報，並批註該公債已無敵國關聯的顧慮。

在中國，沒收敵國公債債務究竟有多少？由於國民政府在戰時並未採取任何申報或驗證程序，無法禁止敵國政府及人民買賣其持有的公債，即使戰後宣布沒收，如果未人贓俱獲，一些在歐美國家可能被認定為敵國債務的中國舊公債，在中國反而早已隱遁市場、易手他人，繼續被用來向中國政府索償。

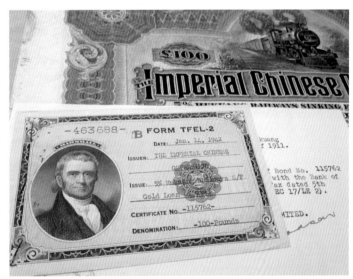

1942年與1953年美國與英國申報1911年湖廣鐵路借款公債。

18、副署

　　早期中國對外公債，按例由中國駐
當地國使節與在國內負責借款的官員一同
簽字蓋印，以示負責。但，依據借款合同
規定，每一債券，仍必須由主辦銀行副署
（Counter-sign），也就銀行主管親自簽
字，才可生效流通。

債券譯文

※1895年俄法四億法郎借款公債

總面額四億法郎＝三億兩千三百二十萬馬克＝一千五百八十二萬英鎊＝一億九千一百二十萬弗林＝一億盧布。

謹遵大清皇帝新曆1895年7月1日諭旨發行，分為一股，五十萬張；五股，五萬五千張；二十五股，一千張。

每股五百法郎＝四百零四馬克＝一百九十一鎊十五先令六便士＝兩百三十九弗林＝一百二十五盧布

一股券

編號——

每股五百法郎

不記名券

本債券，乃遵照大清皇帝1895年7月1日諭旨所發行的金額四億法郎，或三億兩千三百二十馬克，或一千五百八十二萬英鎊，或一億九千一百二十萬弗林，或一億盧布公債的一部分。

本公債，係並由本人於1895年7月6日，代表簽訂合同後發行，以取得存在聖彼得堡國貿銀行的前開金額。本債券持有人，有權領取五百法郎，或四百零四馬克，或一百九十一鎊十五先令六便士，或兩百三十九弗林，或一百二十五盧布之金額，與四釐年息，直至中籤按面額還本為止。

本債券豁免於中國目前或未來之一切稅捐。

本公債利息，半年一付，於每年1月1日與7月1日，提交息票領息。持票人得選擇在：

巴黎

M. M. Hottinguer frères或

巴黎荷蘭銀行（La Banque de Paris et des Pays-Bas）或

里昂信貸銀行（Credit Lyonnais）或

法國商工發展公司（La Sociètè Gènèrale pour Favoriser le develop du Commerce et de l'Industriel en France）或

巴黎國家貼現銀行（Le Comptoir National d'Escompte de Paris）或

工商信貸公司（La Sociètè Gènèrale de Crèdit Industriel èt Commercial）

布魯塞爾

巴黎荷蘭銀行分行

日內瓦

里昂信貸銀行代理處

阿姆斯特丹

巴黎荷蘭銀行分行

倫敦

里昂信貸銀行代理處

巴黎國家貼現銀行代理處

俄國外貿銀行（The Russian Bank for Foreign Trade）分行

柏林、法蘭克福

聖彼得堡國貿銀行 The St.-Petersbourg International Commercial Bank聖彼得堡指定之處所

聖彼得堡國貿銀行

俄國外貿銀行

伏爾加－卡瑪地區商業銀行（The Volga-Kama Commercial Bank）

本公債，從1896年起，分三十六年，按面額還本。

為此，原始發行的債券每年將有1.289638%的中籤率，於付息時按面額還本。

抽籤將在每年三月於聖彼得堡舉行，中籤債券將於抽籤後第一張息票到期時還本。還本地點，與抽籤地點相同。領取時，應提交債券連同所有未到期息票，如有缺少息票，其面額將自領取的本金之中扣除。

1910年1月1日（新曆）前，本公債的清償基金不得增加、轉換用途或提前清償。

本公債，以中國各通商口岸未來的關稅作為第一順位擔保，並由中國海關出具印票為憑。

此外，無論何故，倘本公債本息有逾期未付的情形，俄國政府將根據與大清政府所簽訂的合同，向約定的銀行與金融機構履行承諾，按時墊補所需的本公債本息。

大清欽差全權大臣駐聖彼得堡公使（許景澄）聖彼得堡，1895年

俄國沙皇1895年6月23日（舊曆）頒給財務大臣諭旨

遵照本諭旨，你必須與清國政府及所挑選的俄法銀行、信用機構，對於大清政府發行的1895年四億法郎四釐金公債，進行協商。

為此，茲命令你：

（1）無論何故，償付公債到期的本息的款項，未在各別期限之前存入發放本息的銀行、信用機構所指定的帳戶時，提供前開銀行、信用機構必要的解決之道，並代表俄國政府做出決定。

（2）確認提供中國政府1895年四億法郎四釐金公債，被視作國家合同的保證金或國內稅的擔保的權利。

驗證翻譯無誤

財政部　助理大臣　（簽字）

※ 1896年英德一千六百萬英鎊借款公債

謹遵1896年3月24日諭旨，並由總理各國事務衙門照會英、德兩國駐北京使館，以中國海關關稅收入作為擔保，將優先於未來的借款、費用與抵押。

本債券之持有人，有權向大清政府領取——英鎊的款項，以及1896年4月1日起算的利息，年息5%。

利息於每年4月1日與10月1日支付，本金則於每年4月1日隨後依規定抽籤後還本。

本債券，自可得並備妥還本之時起停止計息，不論是否已提示本債券領取。領取利息時，應提交本債券所附之相關息票；領取本金時，則應提交本債券連同其未到期的息票。債券持有人得選擇匯豐銀行在倫敦的辦公室，逕以英鎊領取本息：或德華銀行在柏林的辦公室，或其在柏林、漢堡、法蘭克福與科隆的營業所，以八天期的倫敦匯票匯兌後，領取本息。

本債券，係以下期日與編號的債券之一，亦即：

A序列，面額二十五英鎊，四萬張

B序列，面額五十鎊，八萬張

C序列，面額一百英鎊，十萬張

D序列，面額五百英鎊，兩千張

總計一千六百萬英鎊

A序列二十五英鎊券，編號1–6,260與25,061–28,800

B序列五十英鎊券，編號1–12,500與50,001–57,500

C序列一百英鎊券，編號1–37,500與62,501–85,000

D序列五百英鎊券，編號1–937與1,248–1,810

以上是由匯豐銀行在倫敦簽署

A序列二十五英鎊券，編號6,261–25,060與28,801–40,000

B序列五十英鎊券，編號12,501–50,000與57,501–80,000

C序列一百英鎊券，編號37,501–62,500與85,001–00,000

D序列五百英鎊券，編號938–1,247與1,811–2,000

以上是由德華銀行在柏林簽署。

本債券將依附表所列時程分批抽籤還本，自1897年起每年2月在倫敦匯豐銀行抽籤。

大清政府特別承諾，不以不合規定之方式清償或轉換借款。

本債券及其息票有關之款項，均免除中國一切稅捐。

總理各國事務衙門代表大清政府，為

一方；匯豐銀行與德華銀行，為另一方：於1896年3月23日在北京簽訂合同發行公債，並於1896年3月24日奉准，合同要旨已刊印於本債券背面。

在見證下，大清特派欽差大臣龔（照瑗，英版）大人閣下，向大不列顛、愛爾蘭女皇、印度女王，（或特派欽差大臣許〔景澄，德版〕大人閣下，向德國皇帝）於1896年4月1日，代表大清國皇帝於此簽字蓋章。

本債券有關之合同摘要

大清政府授權匯豐銀行與德華銀行代理發行大清政府五釐公債，金額一千六百萬英鎊。

借款期限為三十六年。本金之還款將來自於大清政府根據合同規定之金額、合同所附時程表的期日，按月向兩家銀行支付的年度清償基金。在此三十六年內，償還期數將不會增加，借款亦不會被大清政府轉換用途或提前清償。

匯豐銀行與德華銀行依據授權，向公債應募人發行公債募集金額的英鎊債券，並以此債券的形式、文字與金額為依據。這些債券將由中國駐倫敦或柏林公使代表大清政府簽署，以示負責。

本一千六百萬英鎊公債，以中國海關關稅收入為擔保，除了有先前任何未償借款享有相同擔保外，將優先於任何未來的借款、費用與抵押，直至本公債之本息全數清償為止。

任何其他借款、費用與抵押，均不得沿用本公債之例或享有與本公債同等之權利，或採取任何將減損中國海關關稅收入之方法。只要本公債之清償義務尚在，任何未來以中國海關關稅支付的借款、費用與抵押，均應受本公債規定之拘束，並應將相關規定於各該借款、費用與抵押的合同中。當中國海關關稅收入有不足償還本公債本息之情形，大清政府應另提供其他擔保彌補不足。在本公債流通期間，大清政府海關主管官署，應維持目前的設置狀況。

本公債之本息，將進一步以海關印票擔保，金額以英鎊計，由總理各國事務衙門與戶部共同蓋印發行，並由總稅務司副署，海關印票亦加註本合同的優先權條款。這些海關印票將在本公債收入交付大清政府之前，平分交給德國駐北京使館與匯豐銀行保管。

本公債之本息，也將以保管於匯豐銀行與德華銀行中等值的海關印票作為連帶保證。

當作為利息與／或清償基金的款項逾期未交付匯豐銀行與德華銀行上海分行時，這些海關債票將可持往各通商口岸抵付海關關稅。

抽籤表

（略）

※ 1898年英德一千六百萬鎊續借款公債

謹遵1898年3月2日諭旨，並由總理各國事務衙門照會英德兩國駐北京使館，以中國通商口岸海關關稅收入擔保，並以特定地方、關卡釐金收入作為第一順位擔保，效力優先於任何未來的借款、費用與抵押。

本債券之持有人，有權向大清政府領取英鎊的款項及1898年3月1日起算的利息，年息4.5%。

利息將於每年3月1日與9月1日支付，本金則於每年3月1日隨後依規定抽籤後還本。

本債券，自可得並備妥還本之時起停止計息，不論是否已提示本債券領取。領取利息時，應提交本債券所附之相關息票；領取本金時，則應提交本債券連同其未到期的息票。債券持有人得選擇匯豐銀行在倫敦的辦公室，逕以英鎊；或德華銀行在柏林的辦公室，或其在柏林、漢堡、法蘭克福與科隆的營業所，以八天期的倫敦匯票匯兌後，領取本息。

本債券，係以下期日與編號的債券之一，亦即：

A序列，面額二十五鎊，三萬張

B序列，面額五十鎊，六萬張

C序列，面額一百鎊，十一萬張

D序列，面額五百鎊，兩千五百張

總計一千六百萬鎊

A系列二十五鎊，編號1–1,500

B系列五十鎊，編號1–1,500

C系列一百鎊，編號1–66,875

D系列五百鎊，編號1–2,400

以上是由匯豐銀行在倫敦簽署

A系列二十五鎊，編號1,501–30,000

B系列五十鎊，編號1,501–60,000

C系列一百鎊，編號66,876–110,000

D系列五百鎊，編號2,401–2,500

以上是由德華銀行在柏林簽署

本債券將依附表所列時程分批抽籤還本，自1899年起，每年一月在倫敦匯豐銀行抽籤，大清政府特別承諾不以不合規定之方式清償或轉換借款用途。

本債券及其息票有關之款項，均免除中國一切稅捐。

總理各國事務衙門代表大清政府，為一方；匯豐銀行與德華銀行，為另一方；於1898年3月1日在北京簽訂合同發行公債，並於1896年3月2日奉准，合同要旨已刊印於本債券背面。

在見證下，大清特派欽差大臣羅稷臣，豐祿（英版）大人閣下向大不列顛、愛爾蘭女皇、印度女王（或特派欽差使臣呂〔海寰〕大人閣下〔德版〕，向德國皇

帝）於1898年3月1日，代表大清國皇帝在此簽字蓋章。

本債券有關之合同摘要

大清政府授權匯豐銀行與德華銀行代理發行大清政府四釐半公債，金額一千六百萬英鎊。

借款期限四十五年。本金之償還將由大清政府根據合同規定之金額、合同所附時程表的期日，按月向兩家銀行支付年度清償基金。在此四十五年之內，償還期數將不會增加，借款亦不會被大清政府轉換用途或提前清償。

匯豐銀行與德華銀行依據授權，向公債應募人發行英鎊債券，並以此債券的形式、文字與金額作為憑據。這些債券將由中國駐倫敦或柏林公使代表大清政府簽署，以示負責。

本一千六百萬英鎊公債，享有下列擔保：（1）中國海關關稅收入，在此擔保已有優先權的先前借款已獲滿足的情況下；（2）蘇州、松滬、九江與浙東的貨釐，與宜昌、湖北與安徽的鹽釐等享有第一順位優先權，其稅收免於任何負擔，並移交由海關總稅務司管控。

本一千六百萬英鎊公債之本息，均有應優先於任何未來借款、費用與抵押清償，直至全數清償為止。

任何其他借款、費用與抵押，均不得沿用本公債之例或享有與本公債同等之權利，或採取任何將減損中國海關關稅與釐金收入之方法。只要本公債之清償義務尚在，任何未來以中國海關關稅與釐金支付的借款、費用與抵押，均應受本公債規定之拘束，並應將相關規定於各該借款、費用與抵押的合同之中。

在本公債流通期間，大清政府海關主管官署，應維持目前的設置狀況。當提供作為擔保的海關關稅與釐金收入有不足償還本公債本息之情形，無論是白銀貶值、收入減少或其他原因，大清政府均應提供其他適當收入交由海關總稅務司管控，以彌補不足。

在本公債流通期間，如大清政府為減少或廢除釐金著手修改關稅稅率協商，茲同意，此一稅改，將不受本公債以釐金作為擔保之影響。但，作為本公債擔保的釐金，在與銀行另作安排以增加等額的關稅優先擔保取代減少的釐金之前，不得減少或廢除。

本公債的本息，將進一步以海關釐金印票擔保。印票以英鎊計值，由總理各國事務衙門與戶部共同簽署發行，總稅務司副署，其內容亦加註本合同的優先權條款。這些海關釐金印票將在本公債借款交付大清政府之前，平分交給德國駐北京使館與匯豐銀行保管。

本公債的本息，亦以保管在匯豐銀

行與德華銀行的海關釐金印票作為連帶保證。印票票面金額與本公債的本息總額相同，由江海關監督、兩江總督所簽署，並由駐上海的外籍稅務司副署。當作為利息與／或償還基金的款項逾期未交付匯豐銀行與德華銀行之上海分行時，這些海關釐金印票將可持往中國各地抵付到期之關稅與釐金收入，亦可行使印票所規定的其他方法，各省官吏應遵照諭旨辦理。

抽籤表（略）

※ 1899年山海關內外鐵路兩百三十萬英鎊借款公債

大清政府擔保五釐公債

謹遵1898年11月27日諭旨，發行公債兩百三十萬英鎊，債券兩萬三千張，每張一百英鎊，編號自1–23,000，經總理各國事務衙門照會英德駐北京使館，保證大清政府直接擔保本息，並以現有北京到山海關之間目前部分完工或正建造中，或即將建造的山海關到新民廳之間、十三張附近到營子之間與（經由一條支線）牛耳後到南票煤礦之間的鐵路，以及鐵軌、火車和全部資產，包括運費與收入，作為第一順位擔保。

年息五釐，每半年領取一次，各於8月1日與2月1日，憑息票在匯豐銀行的倫敦營業所領取。

本公債平分於四十年抽籤以面額償還。第一次在1905年，額外的抽籤還本得與任何例行性抽籤還本同時進行，但需多支付20%。

本公債所有債券及息票，均免除中國一切稅捐。

一百英鎊債券

本債券持有人得向山海關內外鐵路總督辦（以下簡稱「督辦」）領取一百英鎊，以及自1899年2月1日起算的利息，年息五釐，直至清償為止。利息於每年2月1日與8月1日，半年一付；第一次將在1899年8月1日支付。本公債，自可得並備妥還本之時起停止計息，不論是否已提示債券領取付款。領取利息時，應提出本債券所附相關息票；清償期限屆滿之日或以後，得領取本金，領取時應於提出本債券，連同所有未到期的息票。所有本息，均在匯豐銀行的倫敦營業所，以英鎊支付。

大清政府謹遵1898年11月27日諭旨，宣布無條件為本公債本息擔保負責，為昭公信，特別授權駐倫敦公使在本債券上簽押。

本債券，係上述發行公債之一，茲以現有北京到山海關之間目前部分完工或正建造中，或即將建造的山海關到新民廳之間、十三張附近到營子之間與（經由一條

支線）牛耳後到南票煤礦之間的鐵路，以及鐵軌、火車和全部資產，包括的運費與收入，作為第一順位擔保。

本公債，係依據1898年10月10日簽訂之合同所發行，一方為大清政府授權直隸總督與山海關內外鐵路督辦大臣胡燏棻，以匯豐銀行與怡和洋行為共同代理人，另一方為中英銀公司（以下簡稱「公司」），但無權介入或限制業經明文授予之權利或其一部分（與本息償付、公債擔保有關的合同摘要，已刊印於背面）。

根據上述1898年10月10日合同條款規定，英國駐北京公使已收到總理衙門的承諾，表示合同所述及的鐵路各線，將不會被列強「外國化」。1899年1月26日英國政府已針對此一特殊情事訓令匯豐銀行，關注此一承諾，並作為約束大清政府的約定。

本公債，將自1905年起，分為四十年平分抽籤以面額償還。督辦得以提前三個月的通知，增加任何一次抽籤的還本金額，但額外清償的債券每張應償付一百二十英鎊。

抽籤還本將於每年6月（從1905年起），在公證人的見證下，於匯豐銀行的倫敦營業所舉行。中籤的債券將於8月1日還本，隨即停止計息。

抽籤還本的通知於倫敦的日報上刊登廣告，抽籤結束後，中籤債券號碼將記錄於匯豐銀行倫敦營業所，以供債券持有人查閱。

在見證下，大清欽差大臣羅豐祿大人閣下，向大不列顛、愛爾蘭女皇、印度女王，於1899年7月1日，代表大清國在此簽字蓋章。

大清欽差大臣羅豐祿關防與簽字

中英銀公司經理副署

1899年7月1日

有關本公債的1898年10月10日合同摘要

本公債，對於北京到山海關之間及新建路線的鐵路、鐵軌、火車與所有資產，包括運費與收益，享有第一順位擔保。總督辦在本公債存續期間，將負責維護鐵路工事、火車及其附屬設備的良好狀況與條件，並隨時增加火車車輛以應付交通之需。

本公債之本息均由大清政府擔保。當發生逾期未付本息之情形，公司應立即通知大清政府，收到通知後，大清政府將提供必要且足夠的資金在倫敦以英鎊支付相關款項。如收到通知後，大清政府仍無法依據本條款提供必要的資金清償本息，上述鐵路線及其全部財產將移交公司所指派之代表負責管理，直到本公債的本息全數清償為止，管理權始歸還鐵路管理當局。如果所欠本息金額不大，並且公司有意展

延付款期限不超過三個月,公司亦有權自行決定是否先行歸還。

在本公債清償之前,除了經由公司外,無其他公債得以上述的擔保品作為擔保。總理衙門並將代表大清政府書面照會英國駐京公使,本合同所稱的鐵路各線將不會遭外國化或割讓予外國。

所有來自本合同所述鐵路線的收入與獲益,與戶部奏准由山西、陝西、河南、安徽連續十年,每年提撥以供鐵路用途的五萬兩,將一併提存鐵路管理當局於匯豐銀行天津分行的帳戶中。

鐵路線的運作與維護所需經費,將由其收入與獲益中支付,所剩餘款項將連同上述各省的提撥款項作為清償本公債之用。本息的償付,將按月並參照銀行所提供督辦的年度時程中的金額與日期,分期支付。這些款項將由督辦以行平銀支付給匯豐銀行天津分行,再由銀行以到期日的匯率兌換成英鎊支付債券持有人。

本公債的期間為四十五年,如未來如有修改,從其規定。目前,本金之償付,將自第六年起,平分為四十年分期付款。

本公債將按說明書記載每年在倫敦抽籤還本。除此之外,督辦得提前三個月通知銀行,增加任何一次抽籤的還本金額,但額外清償的債券每張應按面額多付二十英鎊,並且必須在說明書記載的抽籤日期同時舉行。

當增加抽籤還本金額時,往後的利息將在每年的年度時程被調整,但本金的償付將維持不變,直至公債全數清償完畢。

大清政府承諾將不以未合於規定的方法清償債務或轉換用途。

公司被授權,對公債應募人以此為公司與中國駐倫敦公使所接納之債券形式與金額,為募集金額而發行英鎊債券。這些債券將由中國駐倫敦公使代表大清政府簽署,以示負責。

所有債券並均帶有下列條款:

「大清政府謹遵1898年11月27日諭旨,宣布並無條件保證為本公債之本息負責。為昭公信,特別授權駐倫敦公使在本債券上加蓋關防」。

本公債之債券與息票及其收授之款項,將永久免除於中國的一切稅捐。

※ 1902年正太鐵四千萬法郎借款公債

金額四千萬法郎,發行八萬張,每張面額五百法郎。

謹遵1902年10月13日諭旨發行。

五百法郎債券

不記名

年息二十五法郎，每年3月1日與9月1日，各付一半。

償還期間二十年，發行十年後，分十年抽籤還本。

第一次抽籤，訂於1913年1月2日，星期二。

本公債之目的，係專門為建造一條連接直隸省正定府與山西省首邑太原府的鐵路。

大清政府提供前述鐵路及其收入，作為優先擔保。

大清政府授權欽差大臣駐巴黎公使代表簽章。

本公債免於繳納中國，現在與未來，課徵之任何稅捐。

本公債本息之支付，將於巴黎進行。

巴黎1903年1月27日

大清鐵路總公司督辦盛宣懷　關防並簽名

欽差全權大臣駐巴黎公使孫寶琦　關防、簽名

華俄銀行代表　簽名

一般義務

大清政府1902年四千萬金法郎借款，係於1902年10月13日經大清皇帝諭准，並根據1902年10月5日大清政府全權代表、大清鐵路總公司督辦盛宣懷與華俄銀行在上海所簽訂之合同。

1902年10月13日中國皇帝諭旨

光緒二十八年九月十二日（1902年10月13日），本部向盛宣懷閣下提議簽訂一份關於建造一條鐵路連接正定府與太原府的合同。本部的提議，於同日，欽此：照准。

第一條

根據1897年7月8日與1898年5月17日諭令，即光緒二十三年六月九日與二十四年三月二十四日，允准山西總督與山西商務總會總理，與華俄銀行簽訂借款合同，建造正定府至太原府的鐵路，路線長約兩百五十公里，成為京漢鐵路的支線。1902年11月25日，即光緒二十四年五月十八日，山西總督上奏，請派鐵路總公司督辦直接統籌辦理，並經允准。鐵路總公司督辦盛宣懷業已於1902年9月7日，亦即光緒二十八年七月六日，收到大清政府指令，以外務部和礦務鐵路總局共同提出之報告，與華俄銀行進行借款合同之談判。本合同簽訂前，盛宣懷有必要先經批准，並已於1902年10月13日，亦即光緒二十八年九月十二日獲得諭准，副本已作為本合同附件。

遵照上諭，盛宣懷決定對外借款四千萬金法郎，年息五釐，名為大清政府1902年五釐公債。

第二條

本公債由八萬張五百金法郎面額的債券所組成。債券文字訂於合同中，大清政府指派欽差全權大臣代表簽字，按華俄銀行原有建議以一到五張為發行單位，費用由該行承擔。公債年息為本金之5%，以金幣償還，自付款之日起息，每年3月1日與9月1日，各支付一次。

第三條

本公債期限二十年，發行十年後開始抽籤還本，每年1月的第二個星期二，在華俄銀行巴黎辦公室，根據附表規定，進行抽籤。第一次抽籤，將在發行滿十年後，中籤債券號碼將刊於四大報紙，相關費用由華俄銀行負擔。

第五條

大清政府承諾，不早於1911年9月1日還本或進行相關協商；之後，大清政府得隨時提前還本，借款一經還清，本合同即告失效。

第七條

本公債本息，由大清政府以國家財政收入擔保，並特別授權並同意，由大清鐵路總公司宣布，正定府至太原府鐵路淨收入，扣除鐵路總公司與華俄銀行約定作為合同一部分的鐵路營運公司之管理與營運成本後，作為優先擔保，此優先擔保係具有專屬，不可撤回之性質，直至本公債終

止為止。以本債券為例，本公債共發行八萬張，面額五百法郎，不記名券，各有三十息票，如背面記載。息票使用完畢時，新息票將免費提供給債券持有人，並免於中國稅捐。

依據上述，以及對於本公債之相關授權，欽差全權大臣與鐵路總公司督辦於此簽字蓋印。

巴黎 1903年1月27日

大清鐵路總公司督辦盛宣懷

欽差全權大臣駐巴黎公使孫寶琦

※ 1903年汴洛鐵路兩千五百萬法郎借款公債

大清政府1903年五釐金公債

金額兩千五百萬法郎，發行五萬張，每張面額五百法郎。

謹遵1903年10月29日諭旨發行。

五百法郎債券

不記名

編號

年息二十五法郎，每年1月1日與7月1日，各付一半。

償還期間二十年，發行十年後，分十

231

年抽籤還本。

第一次抽籤，訂於1915年4月第三個星期三。

本公債之目的，係專門為建造一條連接河南省開封府與河南府的鐵路。

大清政府除了負擔一般義務，對於本公債及依據本合同第二十條規定所發行者，無論其目的是為了完成鐵路建造或營運之需，進一步提供該鐵路、運輸工具、固定材料與營收作為第一順位擔保。

大清政府授權欽差大臣駐布魯塞爾公使代表簽章。

本公債免於繳納中國，現在與未來，課徵之任何稅捐。

本公債本息之支付，將於布魯塞爾與巴黎進行。

布魯塞爾1905年4月12日

大清政府代表

大清鐵路總公司督辦盛宣懷

欽差全權大臣駐布魯塞爾公使楊兆鋆

副署

比利時在華火車電車總公司代表

一般義務

大清政府1903年兩千五百萬金法郎借款，10月29日諭准，如下，並根據1903年11月12日大清政府全權代表、大清鐵路總公司督辦盛宣懷與比利時在華火車電車總公司在上海所簽訂之合同。

大清皇帝諭旨。光緒二十五年十月三十日；1899年12月2日。

大清鐵路總公司督辦盛宣懷奏請建造鐵路連接開封府與河南府，並簽訂借款合同籌措相關款項，光緒二十五年十月三十日，欽此：依議，照准。

大清皇帝諭旨——光緒二十九年九月十日；1903年10月29日。

建造汴洛鐵路之借款合同，光緒二十九年九月十日，欽此：依議，照辦。

債務起源——1903年10月29日上海合同摘要

第一條

大清鐵路總公司督辦盛宣懷奏請在黃河口附近的滎澤銜接蘆漢鐵路，東段至開封府，長約一百七十公里；西段至河南府，長約兩百五十公里，兩段均為蘆漢鐵路支線，經費來自同一借款，由比利時團隊建造。

該建議已於光緒二十五年十月三十日獲得批准。

簽訂合同之前，大清鐵路總公司督辦盛宣懷已奏請聖鑒，並於1903年10月29日，即光緒二十九年九月十日欽奉 諭准。

該諭旨詳如附錄一。

遵照上諭，大清鐵路總公司督辦盛宣

懷代表大清政府簽訂兩千五百萬法郎五釐借款合同，名為大清政府1903年五釐借款。

第二條

本公債由五萬張五百金法郎面額的債券所組成。債券文字附錄於合同之內（附錄二），並由大清政府欽差全權大臣駐布魯賽爾公司代表簽字。

依據比利時在華火車電車總公司建議，債券以一到五張為發行單位，總數不超過五萬張，印製費用由比利時在華火車電車總公司承擔。公債年息為本金之5%，以金幣償還。

自付款之日起息，每年1月1日與7月1日，各支付一次。

第三條

本公債期限二十年，發行滿十年後，每年4月第三個星期三，依據附錄三附表規定，在比利時在華火車電車總公司辦公室抽籤還本。第一次抽籤，將在發行滿十年後進行。

中籤債券號碼將刊於四大報紙，相關費用由比利時在華火車電車總公司負擔。

第五條

大清政府承諾，不早於規定日期之前還本、不增加還本金額、全數清償或進行相關協商。

規定日期之後，大清政府得隨時提前還本，借款一經還清，本合同即告失效。

第七條

本公債本息，由大清政府以國家財政收入擔保。

此外，大清政府特別授權並同意，由大清鐵路總公司宣布，正定府至太原府鐵路淨收入，扣除鐵路總公司與比利時在華火車電車總公司約定、並作為合同一部分的鐵路營運公司之管理與營運成本後，作為優先擔保，此優先擔保係具有專屬，不可撤回之性質，直至本合同終止為止。

為了充分確保本公債，大清鐵路總公司進一步提供該鐵路、運輸工具、固定材料與營收作為優先擔保。

此一特別權利，係由比利時在華火車電車總公司代表債券持有人接受。當大清鐵路總公司有違反本合同之承諾時，比利時在華火車電車總公司依據授權，將有充分權利對於上述資產採取任何行動，相關約定已詳附如合同附件。

第十一條

前條規定，並不排除大清政府對於本公債依據第七條所承擔的責任。

第二十條

如本合同之借款不足以完成本鐵路之建造或營運，比利時在華火車電車總公司有權在不簽訂新合同的情形下，沿用原條款續借新款。

本公債共發行五萬張，面額五百法郎，各有三十張息票。息票使用完畢時，具相同文字記載的新息票將免費提供給債券持有人，並免於中國稅捐。

依據上述及大清政府對於本公債之相關授權，大清欽差全權大臣駐布魯賽爾公使於此簽字蓋印，並將附製於五萬張債券上。

布魯賽爾，1905年4月12日

欽差全權大臣駐布魯賽爾公使　楊兆鋆

※ 1903年汴洛鐵路一千六百萬法郎借款公債

大清政府1903年五釐金公債

發行金額一千六百萬法郎，共五萬張，每張面額五百法郎。

謹遵1903年10月29日欽奉　諭旨發行。

五百法郎債券

不記名

編號

年息二十五法郎，每年1月1日與7月1日，各付一半。

償還期間二十年，發行十年後，分十年抽籤還本。

第一次抽籤，訂於1915年4月第三個星期三。

本公債之目的，係專門為建造一條連接河南省開封府與河南府的鐵路。

大清政府除了負擔一般義務外，對於本公債，包括1905年發行的兩千五百萬法郎在內，以及依據本合同第二十條所規定所發行者，無論其目的是為了完成鐵路建造或營運之需，進一步提供該鐵路、運輸工具、固定材料與營收作為第一順位擔保。

大清政府授權欽差大臣駐布魯塞爾公使代表簽章。

本公債免於繳納中國，現在與未來，課徵之任何稅捐。

本公債本息之支付，將於布魯塞爾與巴黎進行。

布魯塞爾1907年4月25日

大清政府代表

欽差全權大臣駐布魯塞爾公使李盛鐸

副署

比利時在華火車電車總公司代表

大清政府1903年金法郎借款，1903年10月29日諭准，如上所述，並根據1903年11月12日大清政府全權代表、大清鐵路總公司督辦盛宣懷與比利時在華火車電車

總公司在上海所簽訂之合同。

本合同第二十條第三款規定，「如本合同之借款不足以完成本鐵路之建造或營運，比利時在華火車電車總公司有權在不簽訂新合同的情形下，沿用原條款續借新款。」依據此規定，大清政府於1907年4月17日授權該國駐布魯賽爾公使簽署金額為一千六百萬法郎公債，共有三萬兩千張，面額五百法郎的不記名債券——1903年五釐公債。三萬兩千張債券上的文字記載，將與另一種債券相同。

大清皇帝諭旨。光緒二十五年十月三十日；1899年12月2日。

大清鐵路總公司督辦盛宣懷奏請建造鐵路連接開封府與河南府，並簽訂借款合同籌措相關款項，光緒二十五年十月三十日，欽此：依議，照准。

大清皇帝諭旨——光緒二十九年九月十日；1903年10月29日。

建造汴洛鐵路之借款合同，光緒二十九年九月十日，欽此：依議，照辦。

債務起源——1903年10月29日上海合同摘要。

第一條

大清鐵路總公司督辦盛宣懷奏請在黃河口附近的滎澤銜接蘆漢鐵路，東段至開封府，長約一百七十公里；西段至河南府，長約兩百五十公里，兩段均為蘆漢鐵路支線，經費來自同一借款，由比利時團隊建造。

該提案已於光緒二十五年十月三十日獲得批准。

簽訂合同之前，大清鐵路總公司督辦盛宣懷已奏請聖鑑，並於1903年10月29日，即光緒二十九年九月十日欽奉　御准。

該御旨詳如附錄一。

遵照上諭，大清鐵路總公司督辦盛宣懷代表大清政府簽訂兩千五百萬法郎五釐借款合同，名為大清政府1903年五釐借款。

第二條

本公債由五萬張五百金法郎面額的債券所組成。債券文字附錄於合同之內（附錄二），並由大清政府欽差全權大臣駐布魯賽爾公司代表簽字。

依據比利時在華火車電車總公司建議，債券以一到五張為發行單位，總數不超過五萬張，印製費用由比利時在華火車電車總公司承擔。公債年息為本金之5%，以金幣償還。自付款之日起息，每年1月1日與7月1日，各支付一次。

第三條

本公債期限二十年，發行十年後，每年4月第三個星期三，依據附錄三附表規定，在比利時在華火車電車總公司辦公室

抽籤還本。第一次抽籤，將在發行滿十年後進行。

中籤債券號碼將刊於四大報紙，相關費用由比利時在華火車電車總公司負擔。

第五條

大清政府承諾，不早於規定日期之前還本、不增加還本金額、全數清償或進行相關協商。

規定日期之後，大清政府得隨時提前還本，借款一經還清，本合同即告失效。

第七條

本公債本息，由大清政府以國家財政收入擔保。

此外，大清政府特別授權並同意，由大清鐵路總公司宣布，正定府至太原府鐵路淨收入，扣除鐵路總公司與比利時在華火車電車總公司約定、並作為合同一部分的鐵路營運公司之管理與營運成本後，作為優先擔保，此優先擔保係具有專屬，不可撤回之性質，直至本合同終止為止。

為了充分確保本公債，大清鐵路總公司進一步提供該鐵路、運輸工具、固定材料與營收作為優先擔保。

此一特別權利，係由比利時在華火車電車總公司代表債券持有人接受。當大清鐵路總公司有違反本合同之承諾時，比利時在華火車電車總公司依據授權將有充分權利對於上述資產採取任何行動，相關約

定已詳附如合同附件。

第十一條

前條規定，並不排除大清政府對於本公債依據第七條所承擔的責任。

第二十條

如本合同之借款不足以完成本鐵路之建造或營運，比利時在華火車電車總公司有權在不簽訂新合同的情形下，沿用原條款續借新款。

依據第二十條規定，這些債券，編號自50,001–82,000，適用1903年11月12日合同及附件的實施要點，享有大清政府提供之財政收入作為擔保，其順位與先前發行的五萬張債券相同，與以後的汴洛鐵路營運的淨收入的優先擔保。每年本金5%作為利息，以金幣支付。

自支付本金之日起息，每年1月1日與7月1日各付息一次。

這些債券，將在二十年後的1915年，在比利時在華火車電車總公司辦公室按照合同附表抽籤還款。

抽籤將於每年4月第三個星期三舉行。第一次抽籤為1915年4月的第三個星期三。

中籤號碼將於四大報紙刊出，費用由比利時在華火車電車總公司負擔。

大清政府承諾，不早於規定日期之前

還本、不增加還本金額、全數清償或進行相關協商。

規定日期之後,大清政府得隨時提前還本,借款一經還清,本合同即告失效。

本公債共發行三萬兩千張,面額五百法郎,各有三十張息票。息票使用完畢時,具相同文字記載的新息票將免費提供給債券持有人,並免於中國稅捐。

依據上述,以及大清政府對於本公債之相關授權,大清欽差全權大臣駐布魯賽爾公使於此簽字蓋印,並將附製於三萬兩千張債券上。

布魯賽爾,1907年4月25日
欽差全權大臣駐布魯賽爾公使
李盛鐸

※ 1904年滬寧鐵路三百二十五萬英鎊借款公債

大清政府擔保五釐公債

謹遵1903年6月9日諭旨發行,公債三百二十五萬英鎊,分為三萬兩千五百張債券,每張一百英鎊,編號自1-32,500,並經外務部照會英國駐北京公使,由大清政府對本息提供直接保證,並以目前吳淞到上海間和即將建造的上海到南京之間的鐵路,以及其鐵軌、火車與全部資產、運費、收入,作為第一順位擔保。

年息五釐,每半年各於6月1日與12月1日,憑息票在匯豐銀行倫敦營業所支付。

本債券,在以後十二年半至二十五年間,還本需加計2.5%;二十五年後,按面額還本。期滿還本的日期為1953年7月9日。

本公債所有債券和息票,以及本鐵路的收入,均免除中國一切稅捐。

茲保留增加發行二十五萬英鎊、年息六釐的債券之權利,加發的債券與目前發行的本債券均享有同等的保證與擔保,但得提前六個月通知,以面額還本。

一百英鎊債券

本債券持有人在1953年7月9日得向本鐵路的督辦大臣(以下簡稱「督辦」)領取一百英鎊,以及根據所附息票,支付本金償還之前的利息,年息五釐,每年的6月1日與12月1日,半年一付。

本債券得由大清政府於以後十二年半至二十五年間,支付一百零二鎊十先令還本,在此一期間後,則以面額還本。還本應依照合同規定的辦法進行抽籤。本債券,自可得並備妥還本之時起停止計息,無論是否已提示債券領款。領取利息時,應提交本債券所附之相關息票;到期領取本金,應提交本債券連同所有未到期息票。所有本息,均在匯豐銀行倫敦營業

所，以英鎊發放。

謹遵1903年6月9日諭旨，大清政府無條件保證並宣布將為本公債之本息負責，為昭公信，特別授權駐倫敦公使在本債券上簽押。本債券，係上述發行公債之一，茲以目前吳淞到上海之間和即將建造的上海到南京間的鐵軌、火車、全部資產及其運費與收入，作為第一順位擔保。

本公債，係依據1903年7月9日所簽訂之合同而發行，一方為大清政府授權鐵路督辦大臣盛宣懷，以怡和洋行與匯豐銀行為共同代理人；另一方為中英銀公司（以下簡稱「公司」），但無權介入或限制業經明文授予之權利或其一部份（與本息償付、公債擔保有關的合同摘要，已刊印於背面）。

大清政府茲承諾，在本系列債券清償完畢之前，不會將任何作為抵押品的土地或鐵路及其附屬物移轉或給予他人。第一順位抵押權無論如何將不會受損，非經中英銀公司或其繼受人的同意，前述財產將不會再抵押予他人。

本債券將帶有大清鐵路督辦大臣與駐英公使的摹刻關防與簽名，以示大清政府批准並承擔責任。

本債券，非經中英公司或其繼受人副署，不得流通。

日期：1903年7月9日

大清鐵路督辦大臣盛宮保（宣懷）之關防與簽名

在大清欽差全權大臣張德彝公使對大不列顛與愛爾蘭國王的見證下，於1903年7月9日，

在此簽字與蓋印

中英銀公司代表副署

倫敦，1904年12月2日

與本債券有關的1903年7月9日合同，非常冗長，關係於本鐵路建造事宜，與本債券或其擔保有關僅有的重要條款，並不僅限於下列合同摘要。

如任何債券遇有遺失或毀損，得請求補發與遺失或毀損數量相同的債券，但對其遺失或毀損應，申請人應提出合理證據，並以一般申請程序送交公司與大清駐倫敦公使，以供查驗與記錄，申請人並應對公司提出必要的保證。

本公債是以資產淨值作為抵押，並將盡速取得明確的、法律上的第一順位抵押權作為擔保，以保障公司的權益，包括吳淞到上海間已完工的鐵路，以及所有土地、材料、火車、建築、房舍等相關鐵路任何財產，無論是已購置或即將購置，以及相關鐵路建造完成後的各種收入等等之。本條款文有關抵押權各節，意在仿照英國在鐵路債券上的抵押實務，提供信託管理人相關的債權保障。

所有土地的權狀係由公司保管，作為擔保債務的第一順位抵押權之用，但在未經中國管理當局書面同意下，不得任意對基於任何目的出借、出租或出售予任何人。

雙方亦同意土地……將在根據大清法律下具備完整且充分讓渡書的情形下被轉讓，相關書狀將保管於中英銀公司上海營業所，以作為本合同條款有關第一順位抵押擔保之用，直到本債券之本息連同所有債務均已被清償，始歸還大清鐵路管理當局。

雙方同意，如有半年期的利息或本金逾期未付時，所有為債券持有人權益而抵押予中英公司的鐵路及其附屬物，將移交公司依法處置，以確保債券持有人應有權益。

公司得將其權利義務轉讓或指派他人繼受，但因公司，係依英國法律所成立，將不會移轉合同權利或鐵路管理權予其他非英國或中國籍人士。

同理，大清鐵路管理當局將不會移轉其合同權利予其他國籍人士。

雙方進一步同意，非經督辦與中英銀公司之書面同意，不得核准具競爭性的鐵路損及本鐵路的營運。另，在滬寧鐵路支幹各線所及之範圍，亦不開放平行鐵路損及滬寧鐵路的利益。

中英銀公司獲指派為債券持有人的信託管理人，代表出席未來大清鐵路管理當局與公司有關公債事宜的協商，以後，公司應被視為債券持有人之代表。

本債券發行滿十二年半後，如大清鐵路管理當局接獲大清政府指示，註銷任何債券時，督辦將進行提前清償，但須於清償前六個月以上的時間，書面通知公司在上海的代理人有關提前清償與註銷的債券數目。

接獲書面通知後，公司代理人將立即為提前清償安排抽籤，並依清償規模大小，比照倫敦標準的進行必要作業。當大清鐵路管理當局，遵照大清政府指示，按清償價格的正確金額，連同到期利息匯款入帳後，在大清駐英公使的同意下，將在倫敦與其他金融中心在兩家最知名的報紙刊登四星期的廣告。四星期屆滿後，在既定的清償日，公司將按一般程序進行抽籤，向中籤的債券持有人償付相關款項，清償債券同時予以註銷，然後寄送或由大清駐英公使轉交予督辦。

（附）餘利憑證

中英銀公司茲證明本張為編號　餘利憑證，並係發給持有人總數不超過三萬兩千五百張之一，以資分享中英銀公司與匯豐銀行雙方於1904年7月19日共同簽訂的信託書所擔保之利益。

在見證下，中英銀公司於1904年12月2日加蓋公司印信。

中英銀公司印信係在其董事的出面下所加蓋

董事

※ 1907年滬寧鐵路三百二十五萬英鎊借款公債

大清政府擔保五釐公債

謹遵1903年6月9日諭旨發行，公債三百二十五萬英鎊，分為三萬兩千五百張債券，每張一百英鎊，編號自1–32,500，並經外務部照會英國駐北京公使，由大清政府對本息提供直接保證，以目前吳淞到上海間和即將建造的上海到南京間的鐵路、鐵軌、火車和全部資產，以及運費與收入，作為第一順位擔保。

年息五釐，每半年各於6月1日與12月1日，憑息票在匯豐銀行倫敦營業所支付。

本債券，在以後十二年半後至二十五年間，還本需加計2.5%；二十五年後，按面額還本。

期滿還本的日期為1953年7月9日。

本公債所有債券、息票及本鐵路的收入，均免除中國一切稅捐。

茲保留增加發行二十五萬英鎊、年息六釐的債券之權利，加發的債券與目前發

行的本債券均享有同等的保證與擔保，但得提前六個月通知，以面額還本。

一百英鎊債券

本債券持有人在1953年7月9日得向本鐵路的督辦大臣（以下簡稱「督辦」）領取一百英鎊，以及根據所附息票，支付本金償還之前的利息，年息五釐，每年的6月1日與12月1日，半年一付。

本債券得由大清政府於十二年後至二十五年間，支付一百零二鎊十先令還本，在此一期間後，則以面額還本。還本應依照合同規定的辦法進行抽籤。本債券，自可得並備妥還本之時起停止計息，無論是否已提示債券領款。領取利息時，應提交本債券所附之相關息票；到期領取本金，應提交本債券連同所有未到期息票。所有本息，均在匯豐銀行倫敦營業所，以英鎊發放。

謹遵1903年6月9日諭旨，大清政府無條件保證並宣布將為本公債之本息負責，為昭公信，特別授權駐倫敦公使在本債券上簽押。本債券，係上述發行公債之一，茲以目前吳淞到上海間和即將建造的上海到南京間的鐵軌、火車、全部資產及其運費與收入，作為第一順位擔保。

本公債，係依據1903年7月9日所簽訂之合同而發行，一方為大清政府授權鐵路督辦大臣盛宣懷，以怡和洋行與匯豐銀行為共同代理人；另一方為中英銀公司

（以下簡稱「公司」），但無權介入或限制業經明文授予之權利或其一部分（與本息償付、公債擔保有關的合同摘要，已刊印於背面）。

大清政府茲承諾，在本系列債券清償完畢之前，不會將任何作為抵押品的土地或鐵路，以及其附屬物移轉或給予他人。第一順位抵押權無論如何將不會受損，非經中英銀公司或其繼受人的同意，前述財產將不會再抵押予他人。

本債券將帶有大清鐵路督辦大臣與駐英公使摹刻關防與簽名，以示大清政府批准並承擔責任。

本債券，非經中英公司或其繼受人副署，不得流通。

日期：1903年7月9日

大清鐵路督辦大臣盛宮保（宣懷）之摹刻關防與簽名

在大清欽差全權大臣汪大燮公使對大不列顛與愛爾蘭國王的見證下，於此簽字與蓋印

中英銀公司代表副署

倫敦，1907年6月1日

與本債券有關的1903年7月9日合同，非常冗長，關係於本鐵路建造事宜，與本債券或其擔保有關僅有的重要條款，並不僅限於下列合同摘要。

如任何債券遇有遺失或毀損，得請求補發與遺失或毀損數量相同的債券，但對其遺失或毀損應，申請人應提出合理證據，並以一般申請程序送交公司與大清駐倫敦公使，以供查驗與記錄，申請人並應對公司提出必要的保證。

本公債是以資產淨值作為抵押，並將盡速取得明確的，法律上的第一順位抵押權作為擔保，以保障公司的權益，包括吳淞到上海間已完工的鐵路，以及所有土地、材料、火車、建築、房舍等相關鐵路任何財產，無論是已購置或即將購置及相關鐵路建造完成後的各種收入等等之。本條款文有關抵押權各節，意在仿照英國在鐵路債券上的抵押實務，提供信託管理人相關的債權保障。

所有土地的權狀係由公司保管，作為擔保債務的第一順位抵押權之用，但在未經中國管理當局書面同意下，不得任意對基於任何目的出借、出租或出售予任何人。

雙方亦同意土地……將在根據大清法律下具備完整且充分讓渡書的情形下被轉讓，相關書狀將保管於中英銀公司上海營業所，以作為本合同條款有關第一順位抵押擔保之用，直到本債券之本息連同所有債務均已被清償，始歸還大清鐵路管理當局。

雙方同意，如有半年期的利息或本金逾期未付時，所有為債券持有人權益而抵

押予中英公司的鐵路及其附屬物，將移交公司依法處置，以確保債券持有人應有權益。

公司得將其權利義務轉讓或指派他人繼受，但因公司係依英國法律所成立，將不會移轉合同權利或鐵路管理權予其他非英國或中國籍人士。

同理，大清鐵路管理當局將不會移轉其合同權利予其他國籍人士。

雙方進一步同意，非經督辦與中英銀公司之書面同意，不得核准具競爭性的鐵路損及本鐵路的營運。另，在滬寧鐵路支幹各線所及之範圍，亦不開放平行鐵路損及滬寧鐵路的利益。

中英銀公司獲指派為債券持有人的信託管理人，代表出席未來大清鐵路管理當局與公司有關公債事宜的協商，以後，公司應被視為債券持有人之代表。

本債券發行滿十二年半後，如大清鐵路管理當局接獲大清政府指示，註銷任何債券時，督辦將進行提前清償，但須於清償前六個月以上的時間，書面通知公司在上海的代理人有關提前清償與註銷的債券數目。

接獲書面通知後，公司代理人將立即為提前清償安排抽籤，並依清償規模大小，比照倫敦標準的進行必要作業。當大清鐵路管理當局，遵照大清政府指示，按清償價格的正確金額，連同到期利息匯款

入帳後，在大清駐英公使的同意下，將在倫敦與其他金融中心於兩家最知名的報紙刊登四星期的廣告。四星期屆滿後，在既定的清償日，公司將按一般程序進行抽籤，向中籤的債券持有人償付相關款項，清償債券同時予以註銷，然後寄送或由大清駐英公使轉交予督辦。

※ 1905年京漢鐵路一千兩百五十萬法郎小借款公債

（正面）

大清政府1905年五釐金公債

金額一千兩百五十萬法郎，分為兩萬五千張債券，每張面額五百法郎

謹遵大清皇帝1905年8月13日諭旨發行

五百法郎券

不記名

編號

年息二十五法郎，3月1日與9月1日，半年一付。

自1909年起，於二十年內每年抽籤按面額還本。

本公債之用途，係供作完成京漢鐵路的湖北境內路段及其支線。

除了大清政府的保證外，另以京漢鐵路，包含北京至蘆溝橋及其支線的收入，扣除償付1898年五釐公債後，作為特別擔保。

大清欽差全權大臣駐布魯賽爾公使代表加蓋關防與簽名

本公債永久免除中國一切稅捐

大清政府於1907年9月1日前，不得增加或提前還本，或進行相關協商。

本公債之本息，將於布魯賽爾與巴黎支付。

列日，1905年10月2日

大清政府駐布魯賽爾公使楊兆鋆　關防與簽名

在華鐵路勘查公司代表副署

（背面）

一般義務

大清政府1905年一千兩百五十萬法郎五釐公債，係遵照大清皇帝1905年8月12日前開諭旨，以及大清鐵路總公司督辦盛宣懷全權代表大清政府，與在華鐵路勘查公司

同日於北京簽訂之合同所辦理。該合同於1905年8月13日謹奉御准，並由外務部正式照會比利時駐京使館。

發行兩萬五千張不記名債券，每張面額五百法郎，所列文字均相同。

大清皇帝1905年8月13日諭旨

1905年8月13日直隸總督、湖北總督、商部尚書、盛宣懷督辦奏請增訂合同，再借一千兩百五十萬法郎，以供建造京漢鐵路之需。

同日，御批：依議，照准。

公債之辦理

摘自1905年8月13日北京合同

第二條——本公債應遵照1898年6月26日五釐借款合同之所有條款及其後附營運合同，包含利率、期限與還本等。

第三條——本公債，除大清政府的保證之外，另以京漢鐵路，北京延伸至蘆溝橋及其他支線的淨收入，扣除1898年借款還本後，作為特別擔保。

※ 1905年河南（道清）鐵路七十萬英鎊借款公債

本公債七十萬英鎊，分為七千張債券，每張一百英鎊，編號自1–7,000，謹遵1905年4月23日諭旨發行，並由外務部正式照會英國駐北京公使，大清政府保證對於本息承擔直接義務，並以目前河南省道口到清化間的鐵路、鐵軌、火車、全部資產及其運費與收入，作為第一順位擔保。

年息五釐，半年一付，於每年1月1

日與7月1日，在匯豐銀行勞合銀行倫敦營業所領取。

本債券在發行後十年，分為二十年每年抽籤按面額還本。第一次抽籤將於1916年1月的第二個星期二舉行。

本公債所有債券、息票及本鐵路的收入，均免除中國一切稅捐。

除了目前的借款外，借款合同第二條規定，如鐵路在接管之後，收入不足以準時償付利息與本金時，將保留向福公司進一步借款不超過十萬英鎊及增加發行債券之權利，加發的債券將比照目前發行的債券，享有相等的保證與擔保。

（本七十萬英鎊借款，依據保留的權利，借款隨後增至八十萬英鎊，加發一千張債券，每張一百英鎊，編號自7,001–8,000號，後附之還款時程表亦經一併修改。）

一百英鎊債券

本債券持有人有權在1935年7月1日向本鐵路的督辦大臣（以下簡稱「督辦」）領取一百英鎊，並憑所附息票，領取本金償還之前的利息，年息五釐，於每年的1月1日與7月1日，半年一付。

本債券，於發行十年後，依據後附的還本時程表規定，分為二十年每年抽籤按面額還本，自可得並備妥還本之時起停止計息。領息時，應提出本債券所附之相關息票；領取本金時，應於到期時或之後出示本債券及未到期的息票。所有本息，均在匯豐銀行勞埃銀行的倫敦營業所，以英鎊發放。

大清政府謹遵1905年4月23日諭旨，無條件保證並宣布將為本公債之本息負責，為昭公信，特別授權駐倫敦公使在本債券上簽押。本債券，係上述公債發行債券之一，特此宣布以目前河南省道口到清化之間的鐵軌、火車、全部資產及其運費與收入，作為第一順位擔保。

本公債，係依據1905年7月3日所簽訂之合同而發行。一方為大清政府授權鐵路督辦大臣盛宣懷代表，另一方為英國福公司所授權的在華總辦 George Iamieson 代表，與本公債有關的合同摘要，刊印於背面。

本債券帶有大清鐵路督辦大臣與駐英公使的摹刻關防與簽名，以示大清政府核准並承擔責任。

本債券以英國福公司為最初發行地，非經該公司授權董事之一副署，不得流通。

大清鐵路督辦大臣盛宮保（宣懷）之關防與簽名正本

在見證下，大清欽差全權大臣張德彝公使代表，向大不列顛與愛爾蘭國王，在此於1905年10月5日簽字與蓋印

英國福公司

董事代表簽字副署

1905年10月5日於倫敦

與本公債有關的1905年7月3日合同，關係本鐵路建造事宜，非常冗長，與本公債或其擔保有關的重要條款，將不僅限於下列合同摘要。

1、為了充分提供鐵路所需的費用及借款利息，直至完工為止，督辦訂定公債金額為七十萬英鎊，分為七千張債券，每張一百英鎊，年息五釐，並命名為大清政府1905年河南鐵路五釐金公債。

2、……如鐵路在接管之後，收入不足以準時償付利息與本金時，得再向福公司借款。

有關債券，其格式如本合同所附，將由駐英公使代表大清政府簽署。

息票將按面額，每年1月1日與7月1日在倫敦，以金鎊支付。

到期支付的息票，由福公司負責按號碼順序收回後，轉交大清駐倫敦公使。

3、本公債，自發行後十年起，依照後附的還本時程表規定，在福公司倫敦營業所，分二十年每年抽籤還本完畢。

抽籤還本將於每年1月的第二個星期二舉行；第一次抽籤將在1916年。中籤的債券號碼，將由福公司出資，連續四天刊登於日報上。

4、中籤債券將於下次利息到期之時，按面額以金鎊償付。要求還本的債券必須附上所有未到期的息票，如有短缺，該短缺的息票金額將自償付的本金中扣除。債券將自本金得清償之時停止計息，已還本的債券，將由英國福公司負責回收後，轉交大清駐倫敦公使。

5、在1916年以前，大清政府無權要求每年分期還本或一次還本、或轉換債務。在此以後，大清政府則有權隨時清償所有債券，但需候至英國福公司的採礦權到期，到時煤礦運費的訂價不得任意增加，以免損及英國福公司的營運。為此，福公司與管理當局根據其他路線的情形，完成合理運價的協商後，不會藉口降低運費，影響償還本息的收入來源。

6、息票與中籤債券，均由福公司的倫敦營業所以金鎊償付，或由福公司所指派的銀行為之。

7、本公債本息，以大清政府稅收作為擔保。大清政府並進一步同意，大清鐵路管理當局宣布以該鐵路扣除正常營運費用後的淨收入，特別保留供清償本公債本息之用，這並已規定於大清鐵路管理當局與英國福公司之間的營運合同中，該營運合同應視為本合同之一部分，此項保留款僅供上述目的使用，本公債全部清償完畢之前，不得解除。

8、大清鐵路管理當局，在獲知實際收入後，授權英國福公司，以對大清政府與鐵路管理當局最有利的條件，款項轉

換成金鎊，確保債券下一個半年期的付款得以履行。款項應匯往福公司的倫敦營業所，持續至足夠兌換下一個半年期付款所需的金鎊數額為止。為準時付款起見，作業最晚必須在每半年付款期限期滿之前三個月完成。

存款銀行將提供大清鐵路管理當局最優惠的利息，根據合同有關每半年到期的應付款項，銀行將提前二十天記入借方，無論是本金、利息、運費或佣金。

9、為了更完整確保對於本公債的保證，大清鐵路管理當局提供本公債該段鐵路、鐵軌、火車及收入，作為擔保的第一順位抵押權。福公司代表債券持有人的利益，接受此一擔保條款。當大清鐵路管理當局違反合同未履行承諾時，福公司將可對於該鐵路及其財產行使擔保條款所賦予的一切權利。

10、前述規定將不影響大清政府所對本公債依據7應負之責任。當該大清鐵路管理當局支付的該鐵路淨收入，於轉換成金鎊後有不足之情形，大清政府將在下一個半年期付款到期前三個月以上，設法提供足夠的金鎊彌補之。

13、大清政府必須並要求對於現行協定所賦予本公債、利息、息票及其經營之權利予以保障，並免除各種形式的一切稅捐。

14、息票到期後五年內未行使，將為

大清政府的利益而宣告喪失權利。中籤債券可請求付款的期限則為三十年。當債券持有人死亡時，其權利將依據其國籍之法律，移轉予其繼承人、管理人等。本債券之本息之償付，將不分平時或戰時，亦不論持有人屬於敵國或盟國。

15、大清政府，將透過其倫敦代表，採取必要程序並提供必要文件，以使本公債能夠在倫敦交易所掛牌。

公債還款時程表（略）

當大清政府行使本合同第二條之保留權利增加發行債券時，上列時程表將因應情形而修改，每年抽籤依比例增加，以使本公債全數於二十年期間清償完畢。

※ 1905 年河南（道清）鐵路公債整理案相關資料

■ 無息基金分配憑證分券

（正面）

在倫敦匯豐銀行營業所提交本基金分配權利憑證分券，併同其他兩張，面額共九鎊，持有人於繳交印花稅後，得依照中國政府對於前述公債的債券持有人提議的第三段，及中國公使分別在1936年5月5日、1938年9月6日於倫敦時報刊登的有關公告，以前開憑證分券換取的一張十一

鎊十先令的中國政府無息英鎊基金債券。前述提議與公告已完整列於背面。

本憑證分券不計息，但依據前述提議與公告付款時會給予適當的通知，以必要數量的憑證分券換取基金債券後，得於債券到期時領取款項。

1938年8月30日

代理中國政府

匯豐銀行代表

在倫敦的公債付款代理人

（背面）

中國政府提供1905年河南（道清）鐵路借款五釐公債持有人的條件，1936年5月5日刊登於倫敦時報的公告。

中國公使受其政府指示宣布以下有關清償1908年與1910年津浦鐵路借款公債的條件：

（1）1936年到1938年（均含）的利息，以每年2.5%計算，以後每年則為5%。

（2）本金四十九萬五千七百鎊，從1936年7月起，分二十七年償付。

（3）五分之四拖欠的利息，予以取消。應付餘款於完成二十七年還本之後，發給無息基金憑證分券。

以上提議係經過長期討論所得結果。

中國大使1936年5月5日

中國大使1938年9月6日於倫敦時報

上的公告：

1905年河南（道清）鐵路借款五釐公債

針對1936年5月5日刊登有關前開公債至1936年為止部分息票的基金來源，中國大使受其政府指示宣布，中國政府不得不對於其提案進行下列修改：

1、取代原本有關無息基金憑證分券之發行，提交息票而得到無息基金憑證分券的持有人，將無須繳交印花稅即可流通或依規定行使分券權利。當合併其他分券時，按先前公告將可兌換英鎊基金債券。

2、合併無息基金憑證分券兌換面額為九英鎊基金債券時，持有人應支付印花稅。

3、無息基金憑證分券，除換取相當金額的英鎊基金債券外，不具任何權利，中國政府將準備（按持有人之要求）放棄英鎊基金債券的形式，由持有人填寫表格取代提交基金分配權利憑證分券，以現金領取到期款項。

前開提案，由於關係部分息票的基金，於1939年9月6日前開放供債券持有人同意。

——倫敦，中國大使

1938年9月6日

※ 1907年廣九鐵路一百五十萬英鎊借款公債

大清政府擔保五釐公債

本公債一百五十萬英鎊，分為一萬五千張債券，每張一百英鎊，編號自1-15,000，謹遵1907年2月7日諭旨發行，並由外務部照會英國駐北京公使，由大清政府對本息直接承擔義務，以廣州到英國管轄下的九龍租界邊境之間即將建造的鐵路、沿線土地、材料、火車、建築物、財產與收入，作為第一順位擔保。

年息五釐，憑息票每半年於6月1日與12月1日，由匯豐銀行的倫敦營業所支付。

本息，均免除中國一切稅捐。

公債期限三十年。在1919年9月7日後，根據還本表，每年抽籤還本。有權提前抽籤還本，但在1932年3月7日前還本，需加計2.5%。

一百英鎊債券

1、本債券持有人，在1937年3月7日，得向大清政府代表兩廣總督領取一百英鎊，與根據所附息票，還本之前的利息。年息五釐，每年6月1日與12月1日，半年一付。

2、在1919年9月7日後，本債券依據下列規定還本：（A）依據後附的還本表，每年抽籤還本。（B）1919年9月7日後，大清政府得提前清償還本表所列的債券，須於六個月前通知中英銀公司，但1932年3月7日前，均須按面額加上2.5%，該日期之後，則按面額清償。本債券，自可得並備妥還本之時起停止計息，不論是否提示債券領取。領取利息時，應提出本債券所附之相關息票；領取本金時，應於到期時或之後提出本債券，連同其他未到期的息票。所有本息，均在匯豐銀行的倫敦營業所，以英鎊支付。

3、大清政府謹遵1907年2月7日諭旨，無條件擔保並宣布為本公債本息負責，為昭公信，特別授權駐倫敦公使在本債券上加蓋關防，並進一步宣布，本債券、息票及鐵路的收入，全部免除中國的一切稅捐。本債券，係上述發行公債債券之一，以廣州到英國管轄下的九龍租界邊界間即將建造的鐵路及其沿線土地、材料、火車、建築物、資產與建造完成後的一切收入，作為第一順位擔保。

4、本公債，係依據1907年3月7日所簽訂之借款合同而發行，一方為大清政府授權的外務部；另一方為中英銀公司。

5、大清政府承諾，在本公債清償完畢前，不會將任何經抵押的土地或鐵路以及其附屬物移轉或給予他人。第一順位抵押權無論如何將不會受損，非經中英銀公司或其繼受人的同意，前述財產將不會再

抵押予他人，大清政府將悉遵照借款合同之規定。

6、本債券將帶有大清兩廣總督與駐英公使之摹刻關防與簽名，以示大清政府核准並承擔責任。

7、本債券，非經中英公司或其繼受人副署，不得流通。

1907年3月7日

兩廣總督周馥　關防與簽名

在見證下，大清欽差全權大臣駐倫敦公使於此簽押（汪大燮）

大英銀公司董事副署

倫敦。1907年12月2日

部分借款合同摘要，提供如下，以供債券持有人參閱。該合同，非常冗長，關係到本鐵路建造事宜，並與本債券或其擔保有關的重要條款，不僅限於下列合同摘要。借款合同之中所稱的「公司」，乃指中英銀公司之謂。

借款合同

第二條——本公債之收入，將用於本鐵路的建造與設備，以及支付建造期間本公債的利息之上。

在建造期間，本公債之收入，扣除公司所支付必要的利息後，如不足以建成本鐵路，大清政府應再另提供財源，或由公司代理增加公債發行。

當本鐵路完工時，本公債之收入仍有結餘，該結餘將由大清政府處置，得依據合同還本，或存放匯豐銀行以供償還本公債利息之用，或者其他有利於本鐵路之用途。

第三條——本公債以與本合同有關的資產淨值作為抵押，將盡速在土地、材料、火車、建築物、財產等，無論是已購置或將購置，為了建造鐵路或直接使用於鐵路上，以及鐵路建造完成後的各種營收等，取得明確的、法律上的第一順位抵押權作為擔保。

本條款文有關抵押權各節，意在仿照英國在鐵路債券上的抵押實務，以便信託管理人對公債在外國鐵路資產上取得保障。

第六條——與鐵路建造與營運有關的費用與收據等帳目，將由（英方）主計室以中英文同時編製。主計室有編製並監督該帳目之職責，並將消息向公司報告，再由公司的執行董事轉知兩廣總督。所有費用與收據，均須經由主計長確認及執行董事核准，始可認列。

第七條——整條鐵路，在量測範圍之內，以供分岔線、車站、維修站、車道所需的土地，將由兩廣總督依土地的實際成本取得，並自本公債收入之中支出。鐵路所需及其他的土地，其所有權應免於任何負擔與瓜葛，一經取得應立即登記於本鐵

路名下。所有在量測範圍之內，為了鐵路所須購買土地（連同相關的土地權狀）的通知，將在兩廣總督的指示下，由鐵路總辦公室送予公司當地代表，記錄並保存於其香港辦事處，作為取得第一順位抵押權之用。

所有由公司保管的土地權狀，係作為公債擔保的第一順位抵押權之用，在未經兩廣總督書面同意下，不得任意對基於任何目的出借、出租或出售予任何人，只有在大清政府違反償付本息之規定，始得行使抵押權的權利。因此所購置的土地，必須無任何權利上的負擔、責任或糾葛，並應依照大清法律移轉充分且完整的權利，相關權狀應在公司的香港辦事處記錄並保管，作為本合同規定第一順位抵押權的依據，直至本公債之本息及一切債務均清償後，即歸還兩廣總督，除非大清政府違反償付本息規定，因行使抵押權，隨後遭變賣的情形發生。

為妥善保障前述第一順位抵押權，大清政府承諾，在本公債清償之前，不將任何作為抵押品的鐵路上之土地及其附屬物移轉或給予他人，或任遭破壞。非經公司的書面同意，第一順位抵押權，無論如何，將不受損害，並且公司只有在認為債券持有人權益不受影響的情況下始會同意。此外，除非本公債本息及一切債務均已清償，或公司給予書面同意，兩廣總督

不得將前述財產再抵押予他人，無論是本國人或外國人。

第八條——茲同意，如半年期的利息逾期未付，或本公債之本金未按後附之還本時程表償付，所有作為抵押品的本鐵路及其附屬物將移交公司依法處置，以確保債券持有人之權益。如果逾期未付款的原因，超出大清政府的控制，兩廣總督並提出合理期限內暫緩移交的要求，此一議題將由兩廣總督與公司代表友好協商解決。當本公債的本息及一切債務均告清償，本鐵路及其附屬品將依據本合同規定，在堪用的狀態下，回復由大清政府擁有並管理。

第十條——本鐵路建造期間及與鐵路有關的各項業務之運作過程中，不允許來自中方或外國的阻礙與干擾。大清政府將提供本鐵路在建造期間與各項業務運作過程中的保護，有關鐵路的一切財產、中外雇員，將獲得地方官員所提供的最佳保護。

第十一條——所有與鐵路有關之收入，將存入匯豐銀行的帳戶。……所有營運與維護鐵路線的費用將自收入之中支出，如有結餘則計入公債項下。……當鐵路收入並無結餘時，償付本息所須支付的金額，將依下列第十四條規定提供。

第十二條——公司被指派為債券持有人的信託管理人，未來兩廣總督與公司間

關於公債及其有關事務的協商，公司將被視為債券持有人之代表，並以其名義行事。

第十四條——茲同意，在鐵路建造期間，本公債及公司於先前支付墊款的利息，將由本公債收入支出。本公債收入所產生之利息於鐵路建造期間未用完的部分，以及大清政府在完成本鐵路各段後的營收，均將用於彌補前述利息支出，若仍有不足，則由本公債收入支應。在本鐵路全部完工以後，本公債之利息，將由大清政府從本鐵路的各項收益支出，於6月1日與12月1日，每半年支付一次。

茲同意，於償付本息時，與作為匯豐銀行被指派為還款代理人的0.25%佣金，一併應在到期十四日之前，由兩廣總督於完成匯率協商時，選擇在廣州或香港，以在倫敦可兌換成足額英鎊的本地貨幣支付。與匯豐銀行進行匯率協商，兩廣總督有權選擇距本息償還到期日六個月內的任何日期，作為匯兌日期。

大清政府無條件承諾並保證如期清償本公債之本息。……

第十五條——公司得將其權利義務轉讓或指派他人繼受，但因公司係依英國法律所成立，不得移轉合同權利或鐵路管理權予其他非英國或中國籍人士。同理，大清鐵路管理當局亦不得移轉其合同權利予外國人。

雙方理解，大清政府將不會建造與本鐵路競爭的其他鐵路，損及本鐵路之權益。

第十六條——本公債之期限，如第一條所述，為三十年。起債滿十二年半後，將依照後附的還款時程，逐年償付，以十七年半期間全數還本。匯豐銀行以本公債的代理人之身分，依據本合同規定代表公司經手款項。

發行滿十二年半後，如大清政府有意償付還本時程尚未到期的本金或其一部分，兩廣總督應提早六個月以上書面通知公司代表，說明欲額外清償的債券數額，公司代表將立即著手通常清償該數額債券時的必要準備，在大清政府償付本金後，將債券註銷並寄交兩廣總督。

所有在還本時程外的債券，如發行未滿二十五年者，還本時須依面額加計2.5%（亦即面額為一百英鎊，須付一百零二英鎊十先令）。發行滿二十五年後，只需有上述預先書面通知，即可額外清償，並僅以面額償付，無須加計金額。

第十八條——廣州至英國管轄下的九龍租界之間和九龍港口到該租界的兩段鐵路路段的接軌地點，以及隨後接軌的工程問題，將由兩廣總督與香港總督另訂合同決定。

抽籤時程表（略）

※ 1907年廣九鐵路公債整理案相關資料

■ 無息基金分配憑證分券

（正面）

在倫敦匯豐銀行營業所提交本基金分配權利憑證，併同其他兩張，面額共十一鎊，持有人於繳交印花稅後，得依照中國政府對於前述公債的債券持有人提議的第四段及中國公使分別在1936年8月26日、1936年9月6日於倫敦時報刊登的有關公告，以前開憑證分券換取的一張十一鎊的中國政府無息英鎊基金債。前述提議與公告已完整列於背面。

本憑證不計息，但依據前述提議與公告付款時會給予適當的通知，以必要數量的憑證換取基金債券後，得於債券到期時領取款項。

1938年8月30日

代理中國政府

匯豐銀行代表

在倫敦的公債付款代理人

（背面）

中國政府提供1907年廣九鐵路借款五釐公債持有人的條件，1936年8月26日刊登於倫敦時報

中國大使受其政府指示宣布以下有關清償1907年廣九鐵路借款公債的條件：

（1）前二十年，年息以2.5%計，以後改為5%。但前提是鐵路每年淨利超過二十萬元，以超過的部分作為提高年息至5%之用，再有多餘，作為還本之用。

（2）從1936年6月1日起，每年還本五十五萬元，其中三十五萬由交通部提供，其餘二十萬元來自鐵路當局。還本基金將自1941年起，增至每年八十萬元，而增加的二十五萬元將由交通部撥給。

（3）從1937年6月1日起，以還本基金支付利息後還本，本金全數清償的期限不超過五十年。

（4）五分之四拖欠的利息，予以取消。應付餘款於全數還本後，發給無息基金憑證分券。

中國公使進一步獲知，鐵路主管機關正著手改善鐵路的狀況及幹線上的管理局，料將有益於中國政府以及債券持有人。

中國公使1938年9月6日刊登於倫敦時報刊登的公告

針對1936年8月26日刊登有關前開公債至1936年為止部分息票的基金來源，中國大使受其政府指示宣布，中國政府不得不對於其提案進行下列修改：

1、取代原本有關無息基金憑證分券之發行，提交息票而得到無息基金憑證分券的持有人，將無須繳交印花稅即可流通或依規定行使分券權利。當合併其他分券

時，按先前公告將可兌換英鎊基金債券。

2、合併無息基金憑證分券兌換面額為十一英鎊基金債券時，持有人應支付印花稅。

3、無息基金憑證分券，除換取相當金額的英鎊基金債券外，不具任何權利，中國政府將準備（按持有人之要求）放棄英鎊基金債券的形式，由持有人填寫表格取代提交基金分配權利憑證分券，以現金領取到期款項。

前開提案，由於關係部分息票的基金，於1939年9月6日前開放供債券持有人同意。

——倫敦，中國大使

1938年9月6日

※ 1908年津浦鐵路五百萬英鎊借款公債

分別於倫敦與柏林發行

謹遵1908年1月13日諭旨辦理（經外務部照會英國與德國駐北京公使），保證由大清政府對本息承擔直接義務，並有直隸、山東、江蘇等省分特定稅收的第一順位擔保，詳如後述。

本公債供作建造在天津附近與大清京奉鐵路接軌點到在山東南境的嶧縣（北段），及嶧縣到南京於長江對岸的浦口附近（南段）鐵路之用。該鐵路的淨收入將供作本公債之用途，詳如後述。該鐵路不得抵押予他人，相關收入亦不得作為他人之擔保。

（以下，債券中文內容照錄）

一、凡執此債票之人於1938年4月1日，中國國家應給與英金一百鎊，借款清還之前，其利息常年五釐，按照票後黏貼之息票，每年4月1日和10月1日各交付一次。

二、1918年4月1日後，此項債票可照下開辦法清還；（一）此項債票可按附表所載，逐年清還，於每年10月計算，隔年4月1日清還。（二）由訂定借款之日起至第十年後，所有附表所載未到期之數，中國國家均可先期清還，惟須於六個月前，先行知照德華銀行及倫敦華中鐵路有限公司預還之數。若是在1928年4月1日或之前，每票照票上數目加價兩鎊半；若在該日期後，則按照票價清還。

三、此債票即為下開各債票中之一，所有日期、字句均一律相同。（1）二十鎊債票六萬張，編號自1–60,000。（2）一百鎊債票一萬九千五百張，編號自1–19,500，又一萬八千五百張，編號自19,501–38,000。其二十鎊債票，編號自1–60,000，又一百鎊債票，編號自1–19,500，均由柏林德華銀行一律發押。其編號自19,501–38,000之

債票，則由倫敦華中鐵路有限公司一律簽押或倩人簽押。

四、此票後附之息票若一律交出，其應得之利銀即可照付。借票到期之時或到期以後，將該票交出並附有未經到期之各息票者，則本銀即可清還。如有須付之加價，亦可照付。

本銀清還到期，並已備有款項，則無論債票呈驗請領息銀與否，所有應付之息銀即算至到期日止。所有本利兩項，均在倫敦匯豐銀行以英金算付，或在德國德華銀行按當日匯價以馬克算付。

五、中國國家謹遵光緒三十三年十二月十日欽奉　諭旨，擔認此項借款所保之本利將必如數清還，並聲明此借款之債票息票及收付各款在借款期內，不納中國各樣釐稅。

六、中國國家謹遵上開之欽奉　諭旨，聲明此項借款債票所有應付之本利，以下列各省稅款盡先作保。查該各款並未有作抵他項借款之用。

（1）直隸省釐稅每年關平銀一百二十萬兩。

（2）山東省釐稅每年關平銀一百六十萬兩。

（3）江甯釐金局釐稅每年關平銀九十萬兩，又淮安關釐稅每年關平銀十萬兩。該兩處均在江蘇省內。

中國國家又聲明，若到期欠付，即按下文所開之鐵路合同將上開述項交與海關辦理。又聲明，此借款未還清之先，總以該各處釐稅盡先償還此項借款，若後有以該三省釐稅借抵他款，用付本利，其一切事宜不得先於此項借款，亦不得與之並行辦理，致與抵還之質保有所窒礙。

七、此項發售債票，均按光緒三十三年十二月十日所訂天津浦口鐵路合同辦理。其訂立合同之人，一係署外務部右侍郎梁敦彥奉　旨允准訂立合同，一係上海德華銀行／倫敦華中鐵路有限公司。

八、中國國家謹遵上開之欽奉　諭旨擔任歷年，除付借款本利外，所有鐵路淨進款盈餘，即按合同所載，用以付借款之利息。此借款未還清前，不得將此鐵路及其收款抵押他款。中國國家允照合同辦理，遵守一切責任。

九、按照合同所載，督辦津浦鐵路大臣之簽押及其關防，應摹刻於此債票之上，中國駐英大臣又須逐張蓋印，其簽押亦一律摹刻，以示中國國家允准並承認發售此項債票。

十、此債票非經華中鐵路公司一律簽押，該票不得行用。

光緒三十四年三月一日由中國駐英大臣蓋印關防，並將簽押飭令摹刻於其上，以昭信實。

右係督辦津浦鐵路大臣之印押

（呂海寰關防、簽名）

大清駐倫敦公使（英版）

（李經方關防與簽字）

大清駐柏林（德版）

（孫寶琦關防與簽名）

華中鐵路公司董事（英版）副署

倫敦，1908年9月1日

德華銀行代表（德版）副署

柏林，1908年9月1日

本公債所提及鐵路借款合同有關內容的部分摘要，提供如下，以供債券持有人參閱。該合同，非常冗長，摘要不應視為其中有關本公債或擔保有關的僅有重要條款。

第三條──本公債收入，僅供建造本鐵路之用，包括購置土地、運輸工具和其他設備，以及鐵路的營運，並支付本公債於鐵路建造期間的利息。

第八條──大清政府將承擔償還本公債所有本息之責任。如鐵路營收或本公債收入不足以償還到期之本息時，督辦應提醒　皇上及大清政府另闢財源，並在各該本息到期之日轉交銀行，以彌補不足。

第九條──上開各省稅款（亦即，特別擔保之稅收），不得作為擔保、借抵他款之用。

只要本公債之本息正常償付，上開各省稅款將不受干涉。惟本息如有違約逾期未付之情形，在合理的寬限期後，三省之釐金及合適的內地稅，在足以彌補上述未付金額之範圍內，為債券持有人之權益，將由大清海關接管。

雙方了解並同意，在本公債清償完畢前，本鐵路及其收入，無論如何，均不得作為他人之擔保。

當大清政府，在本公債流通期間，為修改關稅稅率而著手減少或廢除釐金的具體安排，雙方同意此一修改，將不受本公債以釐金與省稅作為擔保事實之影響，但，修改前，作為本公債擔保的釐金，必須與聯貸銀行團另作安排，以相同金額的新增關稅取代作為第一順位擔保之前。

第十條──當本公債所發行之債券有遺失、遭竊或毀損之情形，聯貸銀行團將立即通知督辦及大清駐倫敦與駐柏林公使，如有必要則取得授權，在報紙刊登廣告相關款項業經止付，並依照有關國家之法律或習慣執行必要之程序。如該債券未在聯貸銀行團所規定的期限內找回，督辦及大清駐倫敦與駐柏林公使，將簽印相同數目的複券後執交聯貸銀行團，所需費用由聯貸銀行團支付。

第十四條──本鐵路的帳目，將同時以中英文依照可接受的現代會計方法製作，並提供單據以作認列之用。

鐵路管理當局，每年在會計年度結束前，提出中英文報告，顯示本鐵路之營運帳目與交通運輸的收入，此一報告可供大眾申請取用。

本息償還表（略）

※ 1910年津浦鐵路四百八十萬英鎊續借款公債

分別於倫敦與柏林發行

謹遵1910年9月22日諭旨發行（由外務部照會英國與德國駐北京公使），保證由大清政府對本息承擔直接義務，並有直隸、山東、江蘇等省分特定稅收的第二順位擔保，以及直隸、山東、江蘇與安徽等省分其他特定稅收入的第一順位擔保，詳如後述。

本公債用於，依據1908年1月13日五百萬英鎊借款合同所規定，建造在天津附近與大清京奉鐵路接軌點到在山東南境的嶧縣（北段），與嶧縣到南京於長江對岸的浦口附近（南段）鐵路之用。該鐵路的淨收入將供作本公債之用途，詳如後述。該鐵路的淨收入將專供清償借款之用，並不得抵押予他人，相關收入亦不得作為他人之擔保。

（以下，債券中文內容照錄）

「中國國家天津浦口鐵路五釐利息續借款，即英金四百八十萬鎊。

一、凡收執此債票之人於1940年11月3日，中國國家應給予英金一百鎊，借款還清之前，其利息常年五釐，按照此債票黏付之息票，每年5月1日及11月1日各交付一次。

二、1920年11月1日後，此項債票可照下開辦法清還：（1）此項債票可按附表所載，逐年清還，於每年10月計算，隔年4月1日清還。於每年5月拈鬮，11月1日清還。（2）由訂定借款之日起至第十年後，所有合同附表所載未到期之數，中國國家均可先期清還，惟須於六個月前，先行知照德華銀行及倫敦華中鐵路有限公司如此預還之數。在1930年11月1日或是日前，每票照票上數目加價兩鎊半；若在該日期後，則按照票價清還。

三、此債票即為下開各債票中之一，所有日期、字句均一律相同。（1）二十鎊債票六萬張，編號自1-60,000。（2）一百鎊債票一萬八千兩百四十張，編號自1-18,240，又一萬七千七百六十張，編號自18,241-36,000。以上共合英金四百八十萬鎊之債券。其二十鎊之債票，編號自1-60,000；一百鎊之債票，編號自1-18,240，均由德華銀行出售，由該銀行駐倫敦代表人一律簽押。其餘在英國出售之債票，則由倫敦華中鐵路有限公司一律簽押或由經

理人代簽。

四、凡清還本銀時，應將債票及所有未到期之息票一律繳還，即每次付息銀時，亦應將此票後附屆期之息票裁下交出。所有本利兩項，均在倫敦匯豐銀行以英金算付。

五、此票後附之息票若一律交出，其應得之利銀即可照付。借票到期之時或到期以後，若將該票交出並附有未經到期之各息票者，則本銀即可清還。如有須付之加價，亦可照付。

本銀清還到期，並已備有款項，則無論債票呈驗請領息銀與否，所有應付之息銀即算至期到日止。所有本利兩項，均在倫敦匯豐銀行以英金算付，或在德國德華銀行按當日匯價以馬克算付，或在德國由德華銀行或該銀行指定之處，按當時匯價以馬克算付。將來清還本銀到期之時，無論債票交還與否，其應得之利銀，即算至屆期之日為止，其未到期之息票，概不付利。

六、謹遵宣統二年八月十九日欽奉諭旨，中國國家擔保此項債票本利到期如數清還，並聲明所有此借款之債票息票及收付各款，在借款期內不納中國各項釐稅。

七、謹遵上開之欽奉　諭旨，中國國家聲明此項借款之債票，所有應付之本利，以下列之各省之釐稅作保。（1）除

按津浦鐵路原借款合同第九款所開各節照辦外，以該款內所開三省每年關平銀三百八十萬兩之釐稅所有餘款，作為二次抵押。（2）按照續借款應還本利最多之年數目計算，另備抵押開列於後：

直隸省釐稅每年關平銀一百萬兩

山東省釐稅每年關平銀一百二十萬兩

江寧釐金局釐稅每年關平銀六十萬兩

江蘇省淮安關釐稅每年關平銀十萬兩

安徽省釐稅每年關平銀七十萬兩

以上釐稅除原借款合同所載頭次抵押外，並無牽連其他借款。查該各款並未有作抵他項借款之用。

中國國家又聲明，此項借款本利若到期欠付，即按下文所開津浦鐵路續借款合同，將上開釐稅款項交與海關辦理。又聲明，此借款未還清之先，總以該各省釐稅盡先償還本利。若後有用該四省釐稅借抵他款，用付本利一切事宜，不得訂明在此次借款之前，亦不得訂明與此次借款平行辦理，並總不得令此借款以該四省釐稅逐年抵還之質保。

八、此次發售債票，均按宣統二年八月二十五日所訂天津浦口鐵路續借款合同辦理。其訂立合同之人，一係督辦津浦鐵路大臣軍機大臣協辦大學士徐世昌，幫辦津浦鐵路大臣兼署郵傳部尚書署郵傳部左侍郎沈雲沛奉旨允准訂立合同，一係上海

德華銀行／倫敦華中鐵路有限公司。

九、謹遵上開欽奉　諭旨中國國家擔任每年，除付借款本利外，其鐵路淨進款盈餘，即按照合同所載，務須備足，以付來年到期應付借款利息之用。又訂明此借款未還清以前，不得將此鐵路及其收款抵押他款。中國國家允照合同辦理，遵守一切責任。

十、按照合同所載，督辦大臣之簽押及其關防，應摹刻於此債票之上，中國駐英大臣又須逐張蓋印，其簽押亦一律摹刻，以示中國國家允准並承認發售此項債票。

十一、此債票非經華中鐵路公司一律簽押，該票不得行用。

宣統二年九月三十日」

督辦津浦鐵路大臣徐世昌 關防與簽名

駐倫敦公使劉玉麟　關防與簽名（英版）

華中鐵路公司董事副署

倫敦，1911年6月1日

駐倫敦公使劉玉麟　關防與簽名（德版）

德華銀行代表副署

柏林，1911年6月1日

本公債所提及鐵路借款合同有關內容的部分摘要，提供如下，以供債券持有人參閱。該合同非常冗長，摘要不應視為其中有關本公債或擔保有關的僅有重要條款。

1910年9月28日合同

第三條——本公債收入，僅供建造本鐵路之用，包括購置土地、運輸工具與其他設備，以及鐵路之運作，並償付本公債於鐵路建造期間之利息。

第八條——大清政府承擔清償本公債的所有本息之責任。如鐵路之營收或本公債收入不足以償還到期之本息，督辦大臣應提醒　皇上及大清政府另闢財源，並在各該本息到期之日轉交銀行，以彌補不足。

第九條——本借款獲有下列擔保：

1、原津浦鐵路借款合同第九條所列，該三省釐金與省稅共計每年關平銀三百八十萬兩之第二順位擔保，直至該條文所規定之義務履行完畢為止。

2、下列額外收入之第一順位擔保，以當年到期最大限度之本息估算。

A 直隸省，釐金、省稅，每年關平銀一百萬兩。

B 山東省，釐金、省稅，每年關平銀一百二十萬兩。

C 江寧釐局，每年關平銀六十萬兩；江蘇省淮安關，每年關平銀十萬兩。

D 安徽省，釐金、省稅，每年關平銀

七十萬兩。

除原借款合同所約定的第一順位擔保外，上述各省收入不得作為其他借款、擔保與抵押之標的。

只要本公債之本息正常償付，上開各省稅款將不受干涉；惟本息如有違約逾期未付之情形，在合理的寬限期後，四省之釐金及合適的內地稅，在足以彌補上述未付金額之範圍內，為債券持有人之權益，將由大清海關接管。

雙方了解並同意，在本公債清償完畢前，本鐵路及其收入，無論如何，均不得作為他人之擔保。

當大清政府，在本公債流通期間，為修改關稅稅率而著手減少或廢除釐金的具體安排，雙方同意，此一修改將不受本公債以釐金與省稅作為擔保之事實之影響。但，修改前，作為本公債擔保的釐金，必須與聯貸銀行團另作安排，以相同金額的新增關稅取代作為第一順位擔保之前。

第十條——當本公債所發行之債券有遺失、遭竊或毀損之情形，聯貸銀行團將立即通知督辦及大清駐倫敦與駐柏林公使，如有必要則取得授權，在報紙刊登廣告相關款項業經止付，並依照有關國家之法律或習慣執行必要之程序。如該債券未在聯貸銀行團所規定的期限內找回，督辦及大清駐倫敦與駐柏林公使將簽印相同數目的複券後執交聯貸銀行團，所需費用由聯貸銀行團支付。

第十四條——本鐵路的帳目，將同時以中英文，依照可接受的現代會計方法製作，並均須提供單據以作認列之用。

鐵路管理當局，每年在會計年度結束前，應提出中英文報告，顯示本鐵路之營運帳目與交通運輸的收入，此一報告可供大眾申請取用。

附註：1908年1月13日原津浦鐵路借款合同第九條所列該三省釐金與省稅，如下：

1、直隸省，釐金、省稅，每年關平銀一百二十萬兩。

2、山東省，釐金、省稅，每年關平銀一百六十萬兩。

3、江寧釐局，每年關平銀九十萬兩；江蘇省淮安關，每年關平銀十萬兩。

本息償還表（略）

※ 1908／1910年津浦鐵路公債整理案相關資料

■ 無息基金分配憑證分券（倫敦版）

（正面）

在倫敦匯豐銀行營業所提交本基金分配權利憑證，併同其他兩張，面額共十一

鎊十先令，持有人於繳交印花稅後，得依照中國政府對於前述公債的債券持有人提議的第三段，以及中國大使分別在1936年2月25日、1936年3月30日與1938年9月6日，於倫敦時報刊登的有關公告，以前開憑證分券換取的一張十一鎊十先令的中國政府無息英鎊基金債券。前述提議與公告已完整列於背面。

本憑證分券不計息，但依據前述提議與公告付款時會給予適當的通知，以必要數量的憑證分券換取基金債券後，得於債券到期時領取款項。

1938年8月30日

代理中國政府

匯豐銀行代表

在倫敦的公債付款代理人

（背面）

中國政府提供1908年與1910年津浦鐵路借款公債持有人的條件，1936年2月25日刊登於倫敦時報。

中國大使受其政府指示宣布以下有關清償1908年與1910年津浦鐵路借款公債的條件：

（1）1936–1938年（均含）的利息，每年以2.5%計算，以後每年則為5%。

（2）從1940年起開始還本，每年還本將受現金收入總帳之影響，預計從1936年起四十年內還清。然而，中國政府有權以合理的事前通知且無需提供溢價，隨時增加還本的金額。還本的計畫為，1940–1942年（均含）提供現金總帳的1%；1943年，1.5%；1944年，2%；每年增加0.5%，以此類推；1960年，10%，以後均為12.5%，直至所有公債均被清償為止。中籤而尚未清償的公債，將按中籤的順序清償。

（3）五分之四拖欠的利息及1936–1938年利息差額的五分之四，均予取消。應付餘款自1941年起約二十年期間發給無息憑證分券。每年期的付款基本相同，但中國政府保留權利移轉前三年到期款項不超過50%至前開二十年期間。

（4）所付款項來自鐵路收入，如有不足，依據原合同第九條規定，海關總稅務司將指示補足前開利息所需之金額。以上條件，係考量過去兩年的狀況後，才適用於六百一十五萬鎊未償金額。

中國大使進一步獲知，鐵路主管機關正著手改善鐵路的狀況及幹線上的管理局，料將有益於中國政府及債券持有人。

在倫敦匯豐銀行營業所提交本基金分配權利憑證分券，併同其他兩張，面額共十一鎊十先令，持有人於繳交印花稅後，得依照中國政府對於前述公債的債券持有人提議的第三段及中國公使分別在1936年2月25日、1936年3月30日與1938年9月6日於倫敦時報刊登的有關公告，以前開憑

證換取的一張十一鎊十先令的中國政府無息英鎊基金債券。前述提議與公告已完整列於背面。

本憑證分券不計息，但依據前述提議與公告付款時會給予適當的通知，以必要數量的憑證換取基金債券後，得於債券到期時領取款項。

1938年8月30日

代理中國政府

匯豐銀行代表

在倫敦的公債付款代理人

中國大使1936年3月30日於倫敦時報上的公告：

1908／1910年津浦鐵路借款公債

中國大使，在其政府的指示下，茲公告在1936–1938年期間津浦鐵路借款公債的利息，每年以2.5%計算，1908與1910年英國版公債上的息票，一次一張，分別於4月1日與5月1日支付；德國版公債亦類似，但分別於10月1日與11月1日支付。1938年後，利息將恢復原來的支付日期，每年支付兩次。債券持有人應在4月1日或以後將未獲付的息票，以及1936–1938年不付息的息票寄交付款代理人（倫敦，匯豐銀行；柏林，德華銀行），根據2（上）月25日刊登於倫敦時報上的公告，交換臨時收據，並於日後換取現正準備中的憑證。

——倫敦，中國大使

1936年3月30日

中國大使1938年9月6日於倫敦時報上的公告：

1908／1910年津浦鐵路借款公債

針對1936年2月25日與1936年3月30日刊登的條件，以及前開公債至1938年為止部分息票的基金來源，中國公使受其政府指示宣布，中國政府不得不對於其提案進行下列修改：

1、取代原本提案發行的無息憑證分券，提交息票而得到臨時收據的持有人，或此後按原先公告提交息票的債券持有人，均將收到基金分配權利憑證，可供隨時流通，無需繳交印花稅，按相關規定與其他基金分配權利憑證分券匯集成整數後，即授予權利，依據原先公告的條件，換取與利息金額相同的英鎊基金債券。

2、基金分配權利憑證得換取面額為六鎊十一先令十便士或十二鎊的英鎊基金債券，但持有人應支付相關的印花稅。

3、基金分配權利憑證，除換取相當金額的英鎊基金債券外，不具任何權利，從1941年起，中國政府將準備（只要有持有人提出要求）放棄英鎊基金債券的形式，由持有人填寫表格取代提交基金分配權利憑證，以現金領取到期款項。

前開提案，由於關係部分息票的基

金，於1938年12月31日前開放供債券持有人同意。

——倫敦，中國大使

1938年9月6日

■ 德華銀行回收息票收據

中國津浦鐵路1908年與1910年5％公債德華銀行，代表中國政府，依據中國政府1936年9月26日於柏林證券交易報刊登對債券持有人公告的第三條，確認收到編號XXXX德國版1908年中國津浦鐵路5%公債，每張面額兩鎊一先令，總額六十鎊的二十四張息票，上述息票，將依柏林證券交易報公告的條款妥善保管，以供交換無息憑證分券十二鎊（六十鎊的五分之一）。

提交息票的組合

到期日

息票數量

代理中國政府

■ 中國政府1938年津浦鐵路無息英鎊基金分配權利憑證（柏林版）

（正面）

1908年與1910年津浦鐵路5％公債根據中華民國行政院1936年4月29日第一四四七號令，發行面額總額八十四萬三千六百七十八鎊兩先令一分

為A系列與B系列，如以下說明。

基金分配權利憑證十二鎊

A系列

本券係基金分配權利憑證發行總額八十四萬三千六百七十八鎊兩先令之一部分。

基金分配權利憑證六鎊　No.1-925（含）

基金分配權利憑證十一鎊十二先令No.926-12,025（含）

A系列基金分配權利憑證　No.12,026-20,905（含）

基金分配權利憑證兩鎊八先令

基金分配權利憑證十二鎊

B系列基金分配權利憑證十鎊

（以上三種，No. 20,906以後）

六英鎊憑證，No.1-925；十一英鎊十先令憑證，N0.926-12,025；十二英鎊憑證，No.12,026-20,905，均為倫敦匯豐銀行所發行。No.20,906以上的兩英鎊八先令、十英鎊、十二英鎊憑證，均為柏林德華銀行所發行。

本憑證持有人於1960年10月1日有權向中國政府領取十二英鎊，除非有依合同規定提前還本之情形，本憑證不計息，得於上班時間，向倫敦匯豐銀行以英鎊領取，或向柏林德華銀行以馬克領取。

依據公告條款，中國政府將每年一

次，從1941年起於每年8月1日前，分二十次撥款，用以清償於1938年12月31日前已發行並申請或將發行的A系列的基金分配權利憑證，但中國政府保留權利減少前三年到期應付款項以50%為限，減少的金額將增加至1958年8月1日至1960年8月1日期間的到期款項之中。抽籤將於每年8月舉行，第一次於1941年8月，並於隨後的第一個10月付款。抽籤結果將同時於倫敦與柏林的報紙，最晚於付款日前三十天刊登公告。中籤名單將同時於兩家抽籤銀行提供。

中國政府亦保留更改部分或全部每年10月1日按面額償付基金分配權利憑證分券的權利。倘有更改比例，將由當年8月舉行的抽籤決定。

基金分配權利憑證的兌現，將免除中國現在或未來的稅捐或任何形式的負擔。基金分配權利憑證的擔保詳背面文字所載。

基金分配權利憑證必須由德華銀行代表簽字，始生效力。

1938年8月30日

作為證明，中國駐倫敦公使郭泰棋加蓋關防並提供摹刻簽名於此

德華銀行代表副署

（背面）

1938年津浦鐵路無息基金分配權利憑證

一般可轉換公債

（A）大清政府於1908年與1910年發行津浦鐵路五釐公債。前者，一部分在倫敦發行（稱為「1908年倫敦債券」），另一部分在柏林發行（稱為「1908年柏林債券」），還本日期均於1938年4月1日。後者，一部分在倫敦發行（稱為「1910年倫敦債券」），另一部分在柏林發行（稱為「1910年柏林債券」），還本日期均於1940年11月1日。以上債券，於此合稱為「鐵路債券」。

尚未獲清償的鐵路債券面值，如下所列：

1908年倫敦債券一百一十五萬六千兩百五十英鎊

1908年柏林債券兩百四十四萬兩千七百四十英鎊

1910年倫敦債券八十八萬八千英鎊

1910年柏林債券一百六十六萬兩千七百八十英鎊

（B）中華民國政府（以下稱「中國政府」）由於受到財經條件惡化之影響，鐵路債券本息的支付與攤還，已分別暫停：

1、1908年倫敦債券，自1926年4月1日起

2、1910年倫敦債券，自1925年11月

1日起

3、1908年柏林債券，自1917年10月1日起

4、1910年柏林債券，自1917年5月1日起，到期的債券並已無法按期還本。

（C）中國政府提議以基金分配權利憑證代替鐵路債券的遲延利息：

1、1935年11月1日前（含）提交鐵路債券中，1926年4月1日、1925年11月1日、1917年10月1日與1917年5月1日到期（因英、德版而異）之息票，以供註銷並換取不計息收據。

2、提交於1936年至1938年到期的下列利息憑證（另行提供）：

a）倫敦債券，1908年息票，10月1日到期

b）倫敦債券，1910年息票，11月1日到期

c）柏林債券，1908年息票，4月1日到期

d）柏林債券，1910年息票，5月1日到期

（D）前開提議的條件如下：

1、鐵路債券的還本期限延至1976年11月1日，清償基金從1940年11月1日起按年提撥，並依據1936年2月25日公告內容還本。還本將按面額以抽籤為之，並按照新制訂的證券法規，依序抽籤，或未能

抽籤時，先小後大。

2、鐵路債券剩餘的息票，將全數於1936年至1938年到期。

3、基金分配權利憑證需經鐵路債券持有人的決議通過。基金分配權利憑證的面額，將是鐵路債券持有人提交未獲付的息票面值之五分之一，悉依照前開提議內容，刊登於1936年2月25日、3月30日與1937年12月31日、1938年9月6日的倫敦時報，以及1936年9月26日、1937年5月18日與1937年12月31日的柏林證券交易報的公告。分股憑證將依1937年5月18日公告規定完成，分為A、B兩系列，各別說明如下：

依據中華民國行政院第一四四七號令，針對基金分配權利憑證提供可轉換公債，以換取保鐵路債券持有人提交且未獲付的息票，但持有人應同意下列事宜：

1、a）中國政府指派匯豐銀行，位於倫敦9 Grace-church street及德華銀行，位於柏林Mittelstr.2-4（以下合稱「銀行」），為其代理人。處理包括抽籤、還本與註銷基金分配權利憑證，保管與註銷所有提交但未獲付的息票，以及其他相關工作。

b）關於基金分配權利憑證，應遵照中國政府宣布內容提交予銀行，但銀行並無任何義務或責任。銀行，對於可轉換公債與基金分配權利憑證或其他相關事宜的

合法性或效力,不負任何責任。銀行僅為自己行為負責,並不對其他人的行為或第三者的債務負責,除非是銀行故意造成。

2、a)中國政府將於1938年8月30日發行基金分配權利憑證,名為「1938年中國津浦鐵路無息基金分配權利憑證」,分為A、B兩系列(合稱「基金分配權利憑證」),A系列於1960年10月1日,B系列於1945年10月1日到期。發行總額以已交付未獲付的息票總面值的五分之一為限,且總金額不超過八十四萬三千六百七十八英鎊兩先令,其中倫敦基金分配權利憑證不超過二十三萬九千七百六十英鎊,柏林基金分配權利憑證不超過六十萬三千九百一十八英鎊兩先令。

b)基金分配權利憑證,於上班時間,得於倫敦向匯豐銀行,以英鎊領取;或於柏林向德華銀行,以馬克領取。

c)中國政府依據下列條款,對於基金分配權利憑證負擔直接義務,擔保所有基金的支付。中國政府並對於銀行所提供的服務,於每一到期日支付佣金。

d)基金分配權利憑證免除中國現在與將來所有的稅捐。

e)所有基金分配權利憑證,無論發行時地等,均享有同等權利,除了交換柏林息票的基金分配權利憑證,是先前章程所未備載,改以追加方式訂明,從1941年起五年內清償。

3、中國政府將於下列時程恢復每半年一次全額付款:

a)1908年倫敦債券與1908年柏林債券,於1939年4月1日。

b)1910年倫敦債券與1910年柏林債券,於1939年5月1日。

4、a)基金分配權利憑證的文字,依據章程規定,主要是使用英文與德文。

b)基金分配權利憑證帶有中國駐倫敦公使關防與摹刻簽字。

c)基金分配權利憑證發行有以下面值:

(1)1908年與1910年的倫敦債券,六英鎊、十一英鎊十先令與十二英鎊。

(2)1908年與1910年的柏林債券,兩英鎊八先令、十英鎊與十二英鎊。

5、a)中國政府將發行基金分配權利憑證,並移交銀行以便進行相關抽籤與交付的工作,其中匯豐銀行為基金分配權利憑證A系列,總面值最多為二十三萬九千七百六十英鎊;德華銀行為A系列,總面值最多為四十九萬兩千六百六十二英鎊八先令,以及B系列,總面值最多為十一萬一千兩百五十五英鎊十二先令。

b)為提交全數(依據1937年5月18日刊登於「柏林證券交易報」之公告所述條件)未獲付的息票,必須結合一或多張鐵路債券,可能分屬一個以上的持有人,

銀行獲得中國政府授權於基金分配權利憑證進行最終副署，面值為提交息票總面值之五分之一。基金分配權利憑證於發行時應付印花稅，息票持有人於受領憑證之前應付給銀行，惟並無需支付中國印花稅。

c）銀行有權發給基金分配權利憑證予持有並提交部分息票之人，但持有人對於該憑證的交易、使用將受提交部分息票之限制。

d）基金分配權利憑證，必須遵照本可轉換公債條款進行提交，不得延緩直至實際提交為止。

6、銀行依據前述規定所收到的所有經提交而未獲付的息票，將被撕開並註銷。

7、有關基金分配權利憑證的攤還，只要有部分憑證尚未清償，中國政府最遲於1941年起每年的8月1日前十四日撥付：

a）關於基金分配權利憑證的A系列，於1938年12月31日發行時必須存入所有憑證本金總額的二十分之一，以足敷至當日支出所需。中國政府對於前三年度的還款，依據條款明文規定，個別年度金額至多得減為半數，所減少之金額由增加1958年8月1日至1960年8月1日三個年度的還款金額補足。

b）關於基金分配權利憑證的B系列，於1938年12月31日發行時必須存入所有憑證本金總面值之五分之一，以足敷至當日支出所需。

8、a）中國政府授權銀行，對於依據第七條所收到或要求的款項（此款項將持續為清償基金部分款項），於自1941年起每年10月1日，用於償付兩系列基金分配權利憑證的本金款項，如清償基金足以償付基金分配權利憑證，將以舉行抽籤決定。當年用於償付基金分配權利憑證的金額如有多餘，將增加至下年度的清償基金之中。

b）基金分配權利憑證的抽籤，由清償基金還本，將由銀行辦理（中國政府得指派代表到場監督）。在倫敦自1941年起每年8月舉行抽籤。基金分配權利憑證A、B兩系列，應分別抽籤還本，中籤名單由銀行提供備查，還本付款日至晚在三十天前將在倫敦與柏林日報公布。

9、a）中國政府保留於每年8月1日以面額償還部分或全部尚未清償的基金分配權利憑證的權利，隨後的10月1日以抽籤決定，第五條有關提交的規定仍應適用。中籤的憑證於獲清償後，將依照此普通可轉換公債條款之規定由銀行註銷。

b）每年8月1日，於銀行依據第七條收到足夠的清償基金前，所有未獲付的基金分配權利憑證須按照第五條規定提交銀行，按面值求償。

I、基金分配權利憑證未提交者將被註銷。

II、銀行依據第七條向中國政府收到的剩餘基金，清償其他基金分配權利憑證時，仍須適用第五條有關提交之規定。

10、a）銀行辦理基金分配權利憑證還款事宜，時效為十年，此後將由中國政府支付予憑證持有人及寬限期間利息於1936年至1938年到期後，亦將轉由中國政府付款。

b）所有提交銀行而獲清償的基金分配權利憑證與息票，依據普通可轉換公債的相關規定予以註銷，將立即寄交中國財政部駐倫敦或柏林的代表。

11、任一銀行得隨時以書面通知向中國財政部駐倫敦或柏林代表辭職，但仍負擔其職責與義務，直至移交繼任者包括，依據第五條規定所提交的基金分配權利憑證、所有依據第六條交還仍由銀行保管的的息票、依據第七條規定所有註銷與柏林未寄回的基金分配權利憑證，仍在銀行保管下的債券與相關文件。如有任一銀行辭職或以任何理由要求調整工作，中國政府將立即指派其他銀行、金融業者進行接替。

12、本公債視同正式合同，中國政府受其條款規定之拘束。

在證明之下，中國政府指派郭泰祺先生在倫敦於1938年8月20日代表簽署本公債。

中華民國代表

郭泰祺

副署證明

william o. brown 公證人

※ 1908年京漢鐵路英法五百萬英鎊借款公債

含息，1923年10月5日前，年息五釐；此後至1938年10月5日止，年息四釐半。

謹遵1908年10月8日諭旨發行，並由郵傳部照會英法駐京使館在案。

大清政府無條件擔保，並提供浙江、江蘇、湖北、直隸等省稅收，每年四百二十五萬庫平兩銀的額度，作為第一順位擔保，並免於任何負擔。

二十／一百英鎊券

本債券持有人，得於1953年1月1日向中國政府領取二十／一百英鎊及自1908年10月5日起至當時的利息，除非已提前獲得清償，1923年10月5日前，年息五釐；其後到1938年10月5日止，年息四釐半。

利息於每年4月5日與10月5日各付一次，領取時應提交本債券所附的相關息票。本金及其溢價（倘若有之）則於中籤後的10月5日支付，領取時應提交本債券連同所有未到期息票。

本債券，自可得並備妥還本之時起停止計息，不論是否提示債券領取。

本債券之本息，在倫敦，由匯豐銀行營業所，以英鎊支付；或在巴黎，由東方匯理銀行、巴黎和蘭銀行、法蘭西銀行、法國興業銀行和法國工商銀行之營業所，按當日匯率，以法郎支付。

本債券，係下列具有類似字句與日期的債券之一：

A、000,001–024,000號，一百英鎊券

B、024,001–154,000號，二十英鎊券

共計五百萬英鎊

本債券編號A、000,001–024,000號與B、024,001–029,000號，係在倫敦由匯豐銀行副署；編號B、029,001–154,000號，則在巴黎由東方匯理銀行副署。

本公債，自1919年起，分二十年抽籤還本，每年還本二十五萬英鎊。大清政府有權於1923年10月5日後，以六個月以上的預告，以面額加上2.5%，提前還本；1931年10月5日後還本，只須按面額。

本公債，自1919年起，每年八月，均會在匯豐銀行倫敦營業所在公證人的監視下進行抽籤還本。

本債券流通期間，本債券與息票及其有關的往來款項，均永久免除中國一切稅捐。

息票與中籤債券，到期屆滿三十年未提交領款者，大清政府將予以沒收。

本公債，奉1908年10月8日諭准，並係依據郵傳部代表大清政府與英國匯豐銀行及法國東方匯理銀行所簽訂之合同所發行，合同內容摘錄於本債券背面。

在見證下，大清駐巴黎（法版）駐倫敦（英版）公使於此簽押。

大清駐巴黎公使劉式訓（法版）駐倫敦公使李經方（英版）

大清欽差全權大臣　關防

副署：

法國東方匯理銀行代表（簽名）

巴黎，1909年3月1日

或

英國匯豐銀行代表（簽名）

倫敦，1909年3月1日

有關本債券的合同摘要

大清政府茲授權簽約銀行，自行或與他人合作，發行大清政府金公債，一次發行，金額五百萬英鎊。

本債券之應付本息，由郵傳部於每年還本與每半年付息期限前十日，在上海平均交付簽約銀行，款項以上海銀兩交付，再折算為足額的歐洲金鎊。

本公債之本息，將以郵傳部轄下生產事業的淨收入償付，如有不足，則將選擇

其他收入彌補之。

郵傳部從第一次支付利息起，在本債券流通期間，將預估折合下次利息金額之銀兩，以定存方式在上海平均存放於簽約銀行。從本公債發行滿十年起，以相同方法，將預估折合下次還本金額之銀兩，以定存方式在上海平均存放於簽約銀行。

簽約銀行將依授權向本公債應募人以發行金鎊債券，並採用適合的文字與面額。債券形式將於與中國駐倫敦與巴黎公使諮商後決定，並由該等公使加蓋關防，以示大清政府願承擔責任。

如本債券發生有遺失、遭竊或損毀之情形，簽約銀行將立即通知中國駐倫敦或巴黎公使，並刊登報紙公告周知該債券已止付，並依照所在國家法律規定採取其他必要措施。

倘這些債券於法定期間內仍未尋獲，簽約銀行將要求申請人提供殷實保證，填具遺失證明書，以供中國駐倫敦或巴黎公使檢閱，在正常情形下，無需進一步獲得大清政府的授權，公使可在相同金額的備份債券上用印後交付簽約銀行。

大清政府茲無條件宣佈並保證為本債券到期本息負清償之責，並以下列省分稅收作為第一順位擔保：

浙江省　一千萬庫平兩

江蘇省　一千萬庫平兩

湖北省　一千萬庫平兩

直隸省　一千兩百五十萬庫平兩

共計四千兩百五十萬庫平兩

作為本債券擔保的上述各省每年稅收，僅限於四千兩百五十萬庫平兩之數，如實徵數額大於此數，將不包含於此擔保之內。

一旦本債券本息發生逾期未付的違約情事，大清政府將指示其轄下各該省政府將上述稅收移交簽約銀行。

在本息尚有部份未清償的情形下，本公債針對上述作為擔保的各省稅收，有優先於其他借款、擔保與抵押獲得清償之權利。未來任何借款、擔保與抵押，亦不得以減少或損害上述各省稅收對於本公債之擔保，或享有優先於或比照本公債以各省稅收作為擔保之權利。任何與動用上述各省稅收擔保有關的借款、擔保或抵押均應遵照本公債規定，並將相關規定明訂於各借款、擔保或抵押的合同之內。

※ 1911年郵傳部償還度支部官欠一千萬日圓借款公債

本債票，照中國宣統三年二月二十四日（即明治四十四年三月二十四日）中國國家與橫濱正金銀行所訂合同發出，此合

同已於宣統三年二月二十三日，欽奉諭旨允准簽字。

本債票票面總數日本金幣一千萬元。

本債票利息，照票面數目，按年五釐（即每本金日本金幣一百元，支利金日本金幣五元）為定。中國國家每年在6月1日及12月1日，將前六個月份利息，經由橫濱正金銀行照收息票支付。

本債票由發售之日起算，以二十五年為期償還，自明治五十五年起，每年抽籤還本金日本金幣六十六萬元，最後之年還本金日本金幣七十六萬元。

本債票自發票之日起算，過第十年後，無論何時，若中國國家欲於所訂額度之外，另將所剩股本全還或多還，均可照辦，但須第十一年起至第十二年止額外全還或多還之時，應照票面數目每日本金幣一百元交付日本金幣一百零二元半；自第二十一年起，仍按票面之數交款，惟額外全還或多還之時，中國國家應於六個月前知會銀行其應還之數，與常年應還額數，同時抽籤。

本債票借款，言明以中國度支部進款江蘇漕糧折價庫平銀一百萬兩作為頭次抵押。如遇應付本利之期，倘有不能照付，中國國家當飭該管官府應將該進款交與橫濱正金銀行收受，以保執票人之利。此借款全未還或未還之先以上所指抵押之款，如有續行抵押，仍須將此借款本利儘先償還，不得在將來所訂一切借款債務之後。將來若再訂立抵押，此項進款之借款，必須在合同內載明所有應付還本利等事俱在此次借款之後辦理等語，並於未訂合同之前，須先向銀行知照。

本債票或遺失或被竊或經焚毀，橫濱正金銀行即知照中國郵傳部及中國駐日出使大臣，由該大臣飭知銀行在新聞紙上刊發告白聲明，已失之債票不能憑取本利，並設法按各國例章，妥為辦理。

本債票息票及收付各款，在借款期內，不納中國各樣釐稅。

※ 1911年湖廣鐵路六百萬英鎊借款公債

第一系列六百萬英鎊

公債（第一系列）六百萬英鎊，年息五釐，以金鎊償付。謹遵1911年5月20日諭旨發行（由外務部照會英、法、德、美四國駐京公使），保證由大清政府對本息承擔直接義務，並以湖北、湖南特定稅收，每年五百二十萬海關兩，作為第一順位擔保（第二系列，如於爾後發行時，亦包含在內）。

本公債係作為下列資金用途：

1、償還前美國合興公司（The

American China Development Company）代大清政府發行，年息2.5%，總額兩百二十二萬兩千美元金公債，尚未清償之本息。

2、建造湖北武昌經湖南長沙至湘南辰州府宜章縣境之鐵路，以連接粵漢鐵路廣東段。預估長度一千八百華里，或九百公里，或五百六十二英里；以及建造自鄂境廣水經襄陽與荊門州至宜昌連接京漢鐵路之官方鐵路幹線，預估長度一千兩百華里，或六百公里，或三百七十五英里，並自宜昌至四川夔州府，預估長度六百華里，或三百公里，或一百八十七英里。（本路線總長度約一千八百華里，或九百公里，或五百六十二英里）。

以上鐵路完成後之淨收入，將依下列規定供作償還本公債之用。

一百英鎊債券

1、本債券持有人，在1951年6月15日，得向大清政府領取本金一百英鎊，並根據所附息票，領取還本之前的利息，年息五釐，每年6月15日與12月15日，半年一付。

2、在1921年6月15日後，本債券依據下列規定還本：（A）本公債，將於1921年及其後每年的12月15日抽籤，並於隨後的6月15日依據後附的還本表支付（B）本公債發行十年期滿，大清政府得提前清償還本表所列的任何債券，但應於六個月前

書面通知第四條所規定之銀行及其人員，提前還本將以例行抽籤增加抽籤的方式一併辦理。1928年6月15日前提前還本，均須多支付2.5%，在此之後，按面額償付。

3、本債券，係具有特定相似日期與文句的債券之一：

兩千五百張。面額二十英鎊，編號1–2,500。

三萬張。面額二十英鎊，編號2,501–32,500。

三萬七千五百張。面額二十英鎊，編號32,501–70,000

一百五十張。面額二十英鎊，編號70,001–70,150

一萬四千五百張。面額一百英鎊，編號70,151–84,650

八千張。面額一百英鎊，編號84,651–93,650

七千五百張。面額一百英鎊，編號93,651–101,150

一萬四千九百七十張。面額一百英鎊，編號101,151–116,120

二十英鎊券編號1–2,500，與一百英鎊券編號70,151–84,650，是以英國匯豐銀行名義簽發；

二十英鎊券編號2,501–32,500，與一百英鎊券編號84,651–93,650，是以德國德華銀行名義簽發；

二十英鎊券編號32,501-70,000，與一百英鎊券編號93,651-101,150，是以法國東方匯理銀行名義簽發；二十英鎊券編號70,001-70,150，與一百英鎊券編號101,151-116,120，是以摩根公司（J.P. Morgan and Co.）、昆勒貝公司（Kuhn Loeb and Co.）、第一國立銀行（The First National Bank of The City of New York）及國立城市銀行（The National City Bank of New York）四家美國銀行名義簽發。

4、領取利息時，應提出本債券所附之相關息票；領取本金與溢價（倘若有之）時，應於到期時或之後提交本債券，以及其未到期的息票；如未領取，則將到期憑本債券領取本金。本公債自可得並備妥還本之時起停止計息，不論是否提示債券領取。所有本息，在匯豐銀行的倫敦營業所，以英鎊發放；或（依據提示之日，倫敦市場兌換英鎊的匯率）德華銀行的柏林營業所，以馬克發放；或東方匯理銀行的巴黎營業所，以法郎發放；或摩根公司、昆勒貝公司、第一國立銀行與國立城市銀行的紐約營業所，以美元發放。

5、大清政府謹遵1911年5月20日諭旨，擔保本公債本息全額獲得付款，並宣布本公債本息與往來款項，均免除於中國政府之一切稅捐。

6、大清政府謹遵上述諭旨，茲保證本公債收入依據第八條規定將優先用於償還前開到期未清償的公債之用，剩餘款項則僅供作建造前開鐵路之用，包括購置土地、運輸工具與設備，並提供鐵路之營運、鐵路建造期間本公債之利息。除此之外，本公債本息，應由大清政府以本公債收入或其他財源支應，其中本鐵路之營收應被優先加入，如有必要，亦應加入大清政府之其他稅收。每年償付本公債當年度本息後，本鐵路營運仍有結餘時，應將下年度利息存放前開銀行中的一或多家設於上海或漢口的分行。本公債只要仍有任何部份尚未清償，即不得以本鐵路作為抵押，或以其收入對他人擔保。

7、大清政府謹遵上述諭旨，進一步宣布本公債（連同第二系列，如於爾後依照本條款之但書規定發行時，亦包含在內。）均獲有以下省稅的第一順位擔保，並免除於一切借款、擔保或抵押：

（1）湖北，貨釐，每年兩百萬海關兩。

（2）湖北，河工秋捐，每年四十萬海關兩。

（3）湖北，新加兩錢秋捐（1908年9月），每年三十萬海關兩。

（4）湖北，課徵自粵進口米稅，每年二十五萬海關兩。

（5）湖南，貨釐，每年兩百萬海關兩。

（6）湖南，秋稅與釐金，每年二十五萬海關兩。

大清政府承諾本公債本息，如到期無法償還，在合理的寬限期間之後，前開湖北湖南釐金與地方稅收在足以償付之範圍內，應由海關總稅務司接管，以保障公債持有人之權益。本公債（連同第二系列，如於爾後發行時），若有本息未獲清償，對於前開地方稅的權利將優先於未來任何借款、擔保或抵押。任何其他借款、擔保與抵押，均不得沿用本公債之例或享有與本公債同等之權利，或採取任何將減損前開地方稅之方法。

當大清政府，在本公債流通期間，決定簽定正式合約修改海關稅率，在修改之前，作為本公債擔保的釐金，在與前開銀行另作安排，以相同金額的新增關稅取代作為第一順位擔保之前，不得逕予減少或廢除。並且，下一條款所述本公債收入與孳息，於扣除償還前開公債本息及建造鐵路期間本公債之利息後，如不足以完成建造本鐵路並購置設備，應先以中國可用的資金，維持鐵路建造工作不致中斷。如仍有不足，則依據該合同條款發行本公債第二系列債券彌補之，金額不超過四百萬英鎊，前開地方稅擔保，亦比照適用。

8、本公債係依據名為「大清政府湖廣鐵路1911年5月20日最終合同」所發行，一方為大清政府，另一方當事人為英國匯豐銀行、德國德華銀行、法國東方匯理銀行與美國摩根公司、昆勒貝公司、第一國立銀行、國立城市銀行等四家銀行。

大清政府承諾履行合約有關條款及其義務，合約複本在各銀行於倫敦、柏林、巴黎與紐約之營業所，上班時間可供取閱，本公債持有人將被視為已被告知合同內容，並同意遵守。

9、本公債一經遺失或毀損，持有人應立即通知下述任一銀行，以便止付並補發新票，至於費用與相關事宜，應依照合同相關規定辦理。

10、依據前開合同規定，本公債上有郵傳部大臣之摹刻關防與簽名，大清欽差全權大臣駐（英、法、德或美）公使代表大清政府簽署。

11、在匯豐銀行（英版），或德華銀行（德版），或東方匯理銀行（法版），或摩根公司、昆勒貝公司、第一國立銀行、國立城市銀行（美版）等銀行完成副署之前，本債券不得流通。

1911年6月15日

在見證下，大清欽差全權大臣駐＊公使代表於此合約簽字與蓋印。

大清政府郵傳部大臣盛宮保關防與簽名。

匯豐銀行（英版），或德華銀行（德版），或東方匯理銀行（法版），或摩根公司、昆勒貝公司、第一國立銀行、國立城市銀行（美版）等銀行代表副署。

※ 1912年克利斯浦一千萬英鎊借款公債

經中華民國內閣總理與財政部於1912年7月14日核准，中華民國大總統於1912年9月2日發布特別命令，並於1912年9月4日由中華民國駐倫敦代表知會英國外交事務國務卿；而中華民國大總統則於1912年9月14日告知英國駐北京公使，以借款合同有關鹽餘作為第一順位擔保，本息優先於未來其他一切借款、擔保或抵押等獲得清償。

本債券持有人有權向中國政府領取二十、一百、五百、一千英鎊，以及自1912年9月30日起算的利息，年息五釐。

利息於每年3月30日與9月30日支付，領取時須提交本債券所附有關息票，本金及其溢價（倘若有之），將於中籤後的下一個9月30日支付，領取時應繳交附有所有未到期息票之本債券。

本債券，自可得並備妥還本之時起停止計息，不論是否提示債券領取。

本債券之本息在倫敦將由勞合銀行、渣打銀行、英國外貿銀行以英鎊支付，海外付款處則以廣告通知，並按匯兌當日的倫敦匯率折合外幣支付。

本債券，係下列具有類似字句與日期的債券之一：

A、00,001–32,500號，均為二十英鎊券

B、00,001–26,000號，均為一百英鎊券

C、0,001–2,000號，均為五百英鎊券

D、001–750號，均為一千英鎊券

共計五百萬英鎊，為授權發行總額一千萬英鎊的一部分。

本債券係經過英國國際投資信託公司副署。

本債券依照券面印製的抽籤還本表進行抽籤還本。抽籤自1923年起，每年3月於英國外貿銀行的倫敦營業所，在公證人的見證下舉行。中國政府特別保證不以合同規定外的方法清償或轉換清償方式。

本公債生效期間，本債券與息票及相關的往來款項，均免除中國一切稅捐。

本公債，係由中華民國內閣總理與財政部於1912年7月14日批准，中華民國大總統於1912年9月2日以特別命令公布，並係依照1912年8月30日中國駐英公使代表中華民國政府與倫敦克利斯浦公司（以下稱「本財團」）所簽署的合同條款所發行，合同要旨已印製於本債券背面。

在見證下，中華民國財政部部長與駐英公使於此附上摹刻關防與簽名

財政部 （關防）中華民國駐英代表之印（加蓋）

財政部部長周學熙 （簽名）駐英公使劉玉麟（簽名）

英國國際投資信託公司代表簽名

（親簽）

1912年克利斯浦借款公債。英鎊券。

（背面）

關於本公債的合同要旨

中國政府授權本財團發行一千萬英鎊的五釐金公債。借款時，為債券公開發行之日，並命名為「中國政府1912年五釐金公債」。

本公債作為償還舊債，政府重整及提供生產事業之用。

本公債的債務與責任，由中國政府直接承擔。中國政府並以誠信保證準時支付本息並履行合同各項義務。

本公債之本息及其他附隨費用對於鹽餘有優先取償之權利。鹽餘每年四千七百五十一萬庫平兩白銀，其中兩千四百萬庫平兩已另作抵押，現供抵押的鹽餘每年為兩千三百五十一萬庫平兩。前開鹽餘將不得作為其他借款、擔保或抵押之用。

前開鹽餘如有不足以清償到期本息之情形，中國政府將提供其他收入來源彌補。在本息償還正常的情形下，作為擔保的鹽餘將不受干涉；但，倘本息逾期違約未償付，在合理寬限期間之後，作為擔保的鹽餘足以清欠的部分，應移交總稅務司接管，以保護債券持有人利益。

本公債，在尚未清償之前，其本息將對於前開鹽餘享有優先於其他借款、擔

保與抵押獲得清償之權利，並且再舉借或成立其他借款、擔保或抵押，不得有優先於或比照本公債之權利，以致減少或損害前開鹽餘所提供的擔保。未來任何與動用前開鹽餘有關的借款、擔保或抵押均應受本公債之拘束，並將相關規定明訂於各借款、擔保或抵押的合同之內。

本財團經授權對本公債應募人，依本財團所認定之發行金額發給債券。本債權之形式與語文，將由本財團與中國駐英公使代表中國政府討論後決定。

本債券將印刷或摹刻大總統或財政部長之簽名及其關防，以免逐一親簽的麻煩。中國駐倫敦公使亦將預先在債券上加蓋其關防，並提供摹刻簽名。

本財團的倫敦代表，將於本公債發行時，以發行代理人身分副署。

本公債利息為年息五釐，以面額上的本金計算，自本公債發行之日起計息，每半年一次付給本債券持有人。

本公債及債券，自公開發行之日起為期四十年。自第十一年起，按本合同後附的年度還本表所規定時程與金額，每半年一次還本。

財政部，應在到期日十二天前，將每半年度的本息，存入本財團隨時指定的倫敦或其他各地銀行。

發行滿十五年後，中國政府支付溢價2.5%（亦即，支付一百零二英鎊十先令給

每一百英鎊面額的債券）提前清償本公債未到期之一部或全部；發行滿二十五年，則無需支付溢價。但，任何額外的清償，都必須提前六個月以上的事先書面通知銀行，並與正規抽籤日同時舉行。

如本債券發生有遺失、遭竊或損毀之情形，本財團及其指定或有關之銀行將通知財政部或當地的中國公使，依其情形授權本財團及其指定或有關之銀行，刊登報紙公告周知該債券已止付，並依照所在國家法律規定採取其他必要措施。倘這些債券於指定期間內仍未尋獲，中國駐倫敦公使將在備份債券上簽印，交付代表失主的本財團及其指定或有關之銀行，並負擔製作與交付備分債券的的所有費用。

本公債流通期間，本債券與息票及有關的往來款項，均豁免於中國一切的稅捐。

抽籤還本表

（略）

※ 1913年隴秦豫海鐵路一千萬英鎊借款公債

中國政府1913年（民國二年）隴秦豫海鐵路一千萬英鎊五釐金公債，係經北京國會於1912年9月27日決議，通過中國政府與比利時電車鐵路總公司1912年9月24日簽訂之合同，以及1912年12月12日於上海所簽訂之備忘錄所成立。

本合同於國會決議通過後，已由中國政府於1912年9月27日用印，並由中國外交部於1912年9月28日與1912年12月28日兩度照會比利時駐北京使館。

本借款之目的，係為了建造起自甘肅終至出海口的鐵路（隴秦豫海）；中國政府將直接承擔償還本息之義務，並進一步提供該鐵路、廠房、運輸工具、附屬物及收入，作為第一順位擔保。

二十英鎊券

本債券持有人，除經提前清償之外，可於1953年1月1日向中國政府領取二十英鎊及截至當時的利息，年息五釐。

利息，每年1月1日與7月1日各支付一次，領取時應提交本債券所附的相關息票；本金及溢價（倘若有之）於中籤後下個1月1日支付，領取時應提交本債券與所有未到期息票。

本債券，自可得並備妥還本之時起停止計息，不論是否提示債券領取。

所有中籤債券與到期息票將在倫敦、巴黎、布魯賽爾及其他比利時電車鐵路總公司所選擇的城市支付。在倫敦，以英鎊支付；在其他國家，則以到期日當日倫敦匯率折算當地貨幣支付。

本債券係下列債券之一，具有相同編列方式及可得比照適用的文句與編號：

A、000,001–020,000號一百鎊券

B、020,001–420,000號二十鎊券

共計一千萬鎊

本債券由比利時電車鐵路總公司代表副署。

本公債，將自1923年起，每年抽籤分三十年按面額還本；前二十年每年還本三十三萬三千三百二十英鎊，後十年每年還本三十三萬三千三百六十英鎊。自1923年起，中國政府亦得以六個月以上的書面預告，提前償還部分或全部本金。提前還本，將另外抽籤，並多付2.5%溢價；1930年1月1日後，則僅需按面額還本。比利時電車鐵路總公司自1923年起，每年7月將於布魯賽爾進行抽籤。

本債券流通期間，本債券、息票及其有關的往來款項，均免除中國一切稅捐。

所有息票與中籤債券，未於屆滿領款日之後三十年內提交領款者，失效。

本公債，係經北京國會1912年9月27日決議通過而成立，以及依據中國政府與比利時電車鐵路總公司1912年9　24日簽訂之合同與1912年12月12日於上海簽訂有關前開合同摘要之備忘錄所發行，此一備忘錄列印於背面。

在見證下，中國駐布魯賽爾公使提供

摹刻關防與簽名

中國駐布魯賽爾公使吳爾昌印

隴海鐵路督辦施肇曾

督辦隴秦豫海鐵路關防

比利時電車鐵路總公司代表副署

1913年隴海鐵路借款公債，二十英鎊券，背面

本債券有關「合同」與「備忘錄」之摘要

第二條——中國政府授權比利時電車鐵路總公司發行五釐金公債，總額兩億五千萬法郎（合一千萬英鎊）。

第四條——借款目的，僅限於為下列目的提供資金：

a）建造連接西起蘭州府，沿用汴洛段與洛潼段，東至長江以北的出海口的鐵路幹線；

b）清償在此之前依據1903年11月12日簽訂之開封府到河南府（汴洛）鐵路合同所積欠的四千一百萬法郎；

c）購置火車總站設備；

d）支付本鐵路建造期間的本公債利息與營運費用。建造期間預估為，自勘查完成之日起算，五年。

第五條——本公債年息五釐，按面額計算，由中國政府，每半年一次，支付予債券持有人。自本公債公開發行之日起

息，並按後述條款支付。

第六條——本公債期限為四十年，自公開發行之日起算十年後開始還本，除有下述提前還款之情形外，依照附錄所列的抽籤還本表每年以抽籤方式還本。

中國政府得在本公債發行滿十年後，提前償還部分或全部未還本金，在屆滿十七年以前，須按面額加計2.5%溢價，十七年後，僅需按面額支付，無需溢價。中國政府如決定提前還本，應以六個月以上以書面預告通知公司。

提前還本將以額外抽籤方式與正規抽籤還本同日進行，細節詳見本公債說明書。

第七條——中國政府茲正式且無條件承諾，依據抽籤還本表之規定，完整且準時償還本公債之本息。

鐵路建造期間，利息由本公債收入支應。

中國政府，對於鐵路建造完成後的付息，與接收鐵路之後的還本，必須提供財源。如有不足，應提供經常性稅收；再有不足，則以本公債尚未使用之餘額。

本鐵路的應付帳款，應按時支付予中國政府與公司共同指定的銀行。

本公債之本息係經中國政府出面保證，並以隴秦豫海鐵路作為特別擔保。

前開特別擔保，包括以鐵路本身、廠房、運輸工具、附屬設備與各項收入為第一順位擔保。公司代表債券持有人接受。

第九條——本債券帶有鐵路督辦及中國駐布魯賽爾公使的摹刻關防與簽名，以證明已獲中國政府授權，有權代表中國政府或以其名義發行與銷售本債券。

本債券應由比利時電車鐵路總公司代表在發行國副署。

第十一條——本債券、息票及與本公債有關的往來款項，在本公債流通期間，免除中國一切稅捐。

第十三條——對於保管隴秦豫海鐵路資金的銀行下達的任何付款指示，必須由鐵路總督辦與總工程師共同簽名。

鐵路總督辦與總工程師，對於鐵路的費用與帳單事宜，擁有最終決定權。

在本公債流通期間，以現代會計原則製作帳目，內容中法文並列。

第十六條——建造——建造工程的進行最終應根據總督辦的指示。總工程師人選，由總督辦與公司將共同謹慎決定，但必須是具有誠信與經驗的法國人或比利時人。

總工程師將統籌鐵路勘查、規畫、路線與估量之工作，並指揮相關工程的執行，調度倉庫與設備以確保正常營運。上述事宜之進行，仍需事先獲得總督辦之核准。

第十九條──營運──中國政府應指定鐵路總督辦人選,並由總工程師協助其工作。

總工程師人選,由總督辦與公司將共同謹慎決定,但必須是具有誠信與經驗的法國人或比利時人。

審計長必須是比利時人或法國人,同時履行管理資金運用的工作,於總督辦指派與公司核可後任用。任何付款指示以及帳目文件上,都必須由其會同總督辦代表簽名。

總督辦代表與審計長,對於鐵路的收支事宜,擁有最高權力。

如本公債收入及其孳息不敷完成建造鐵路與設備之需,公司得在本合同有效期間內,發行新系列的公債,以取得完成鐵路建造並進入營運的資金。

新系列公債將與第一系列一千萬英鎊的本公債享有相同的擔保,內容亦相當。

備忘錄──本公債及其債券的金額,得以每英鎊折合二十五法郎的匯率計算。倘若如此,本備忘錄提及的利息與抽籤還本表,在簽訂合同之際亦應同時取代。

《抽籤還本表》

(略)

Talon(新息票)

中華民國政府1913年隴秦豫海鐵路公債

二十英鎊編號債券息票根

前述債券持有人,在所有附券息票均獲付息後,憑本息票根可領取新息票聯。

有必要時,應出示債券。

※1913年隴秦豫海鐵路公債整理案相關資料

■ 換發新息票聯上的文字

在同意中國政府於1936年8月分別刊載於1936年8月24、25日比利時觀察報、1936年8月26日時代報紙與同日小型海報的提案的情況下:

1、所有至1936年7月1日為止的遲延利息均取消。

2、年息固定為

1.5%,1936年7月1日–1937年6月30日,於1937年7月1日支付

2%,1937年7月1日–1938年6月30日,於1938年7月1日支付

2.5%,1938年7月1日–1939年6月30日,於1939年7月1日支付

3%,1939年7月1日–1940年6月30日,於1940年7月1日支付

3.5%,1940年7月1日–1941年6月30日,於1941年7月1日支付

4%，1941年7月1日後，於1月1日與7月1日，每半年各支付一半。

3、自1947年7月1日起，分三十五年按面值抽籤還本，或以低於面值標購。

抽籤將於每年7月於布魯塞爾進行，由比利時電車火車總公司負責。

※ 1913年奧國第一次一百二十萬英鎊借款公債

中國中央政府一百二十萬英鎊六釐公債

經國會授權，民國二年四月二十二日（1913年4月22日）總統命令施行，並由外交部照會奧匈駐京公使。

編號××××× 一百英鎊債券

1、本債券係一萬一千八百張各種面值，包括五十鎊、一百鎊、五百鎊與一千鎊債券之一，所有文句與權利均相同。

2、本債券持有人有權於1917年12月31日或之前按下列規定向中國中央政府領取一百英鎊，以及領取之前的六釐年息，每年6月30日與12月31日半年憑息票各付息一次，第一次付息將於1913年12月31日，計息期間為1913年9月11日至1913年12月31日。

3、前述本金一百二十萬英鎊的償還，將從1913年1月1日起算五年內按以下方式完成，亦即第一與第二年不還本，第三、四、五年各償還四十萬英鎊，共計償還一百二十萬英鎊，合同條款可參照以下第八條內容。

4、前開本金的償還，將按下列方式，亦即：

編號 1–2,666

　　8,001–9,000

　　11,001–11,200

　　11,601–11,666 於1915年12月31日支付

編號 2,667–5,333

　　9,001–10,000

　　11,201–11,400

　　11,667–11,723於1916年12月31日支付

編號 5,334–8,000

　　10,001–11,000

　　11,401–11,600

　　11,724–11,800於1917年12月31日支付

包含前述利息在內。

5、本債券憑提交所附之相關息票付息，到期時或之後憑本債券連同所有未到期息票領取本金。本債券於可還本並以備妥還本時，停止計息，無論

是否提交本公債領取。本債券之還本付息，均由倫敦的KAIS. KOEN. PRIVILEGIRTE OESTERREICHISCHE LAENDERBANK辦理。

6、中國中央政府經國會授權，並於民國二年四月二十二日奉總統命令，保證前開本金與利息悉數按時償付，並宣布本債券及其息票與所有相關的收入支出，均免於所有中國稅捐。

7、中國中央政府經前開國會授權與總統命令，進一步宣布以財產移轉與契稅每年估計為一千萬兩的稅收，作為與本債券有關的1913年3月1日三十萬英鎊借款合同還款的第一順位擔保，前開稅收將不做其他借款、擔保或抵押之用。作為擔保的前開稅收將移轉駐京奧匈公使足敷每年分攤還本與付息的金額，中國中央政府並同意，如有未還本付息的違約情事，將構成將擔保移交第三者保管的理由，以保障第八條所述借款在合同上的權益，並且本息在完全清償之前，對於前開稅收將優先於其他借款、擔保與抵押，除此，其他借款、擔保與抵押的效力，均不得以優於或同等於本借款，以至減損前開稅收的保障。

8、本債券係依據並合乎4月10日合同的利益所發行。合同係由以下雙方所簽訂：

Niederoesterreichische Escompte-Gsellschaft,

K. K. Priv. Oesterreichische Laenderbank,

K. K. Priv. Oesterreichische Creditanstalt fü Handel und Gewerbe,

與中國財務總長周學熙，代表中國中央政府在見證下，中國財務總長周學熙代表中國中央政府與國會決議，於1913年9月11日簽字並加蓋關防。

※ 1913年兩千五百萬英鎊善後大借款公債

（合五億一千一百二十五萬德國馬克，或六億三千一百二十五萬法國法郎，或兩億三千六百五十萬俄國盧布，或兩億四千四百四十九萬日圓）

二十／一百英鎊券（折合四百零九／兩百零四・五德國馬克，或五百零五／兩千五百二十五法國法郎，或一百八十九・四／九百四十七俄國盧布，或一百九十五・九二／九百七十九・六日圓）

年息五釐，其本息，在倫敦，以英鎊支付；在德國，以馬克支付；在法國，以法郎支付；在俄國，以盧布支付；在日本，以日圓支付。

奉1913年4月22日大總統命令授權，並經外交部正式照會英、德、法、俄、日五國駐京公使。

本債券所提及並註記於條款中的借款合同，業經英、德、法、俄、日五國政府承認，對於中華民國政府及其繼承人均具有法律上的拘束力。

二十／一百英鎊券

1、中華民國政府（嗣後，於條款之中，簡稱「中國政府」）承諾直接承擔於1960年7月1日到期清償本債券持有人本金二十／一百英鎊券英鎊，或四百零九／兩百零四‧五德國馬克，或五百零五／兩千五百二十五法國法郎，或一百八十九‧四／九百四十七俄國盧布，或一百九十五‧九二／九百七十九‧六日圓，以及到期利息之責任。年息五釐，按所附息票，於每年1月1日與7月1日，半年一付；中國政府宣布，本債券、息票與有關的往來款項，在本債券流通期間，均豁免中國一切稅捐。中國政府並將本於誠信履行支付本息及根據本公債與條款所承擔的義務，並將條款視同本公債的一部分。

2、依據借款合同有關本公債之規定，本債券附有財政部長的摹刻簽名、中華民國印璽及駐倫敦公使的印章與摹刻簽名，以證明中國政府業已授權且同意為本公債券負責。

3、本債券，未經依照後附條款完成副署之前，不得流通。

日期：1913年5月21日

在見證之下，中國駐倫敦／巴黎／聖彼得堡公使加蓋關防與附上摹刻簽名。

（英版與德版）

劉玉麟（駐倫敦公使）中英文摹刻簽名

中華民國駐英吉利特命全權公使之印

（法版）

胡惟德（駐巴黎公使）中英文摹刻簽名

中華民國駐法蘭西特命全權公使印

（俄版）

劉鏡人（駐聖彼得堡公使）中英文摹刻簽名

中華民國駐俄羅斯特命全權公使印

熊希齡（國務總理兼任財政總長）摹刻

簽名

中華民國之璽印

副署：

（英版）

英國匯豐銀行代表

（德版）

德國德華銀行代表

（法版）

法國東方匯理銀行代表

（俄版）

俄國道勝銀行代表

本公債之條款

本債券出自相同日期與相似形式，各別的面額、號碼與副署人均如下列：

債券編號	面額	副署人
1-95,834	二十英鎊	英國匯豐
795,001-850,000	一百英鎊	同上
95,835-215,834	四百零九馬克	德國德華
850,001-886,000	兩千零四十五馬克	同上
215,835-586,667	五百零五法郎	法國東方匯理
586,668-795,000	一百八十九‧四盧布／五百零五法郎	俄國道勝銀行

本公債係依照1913年4月26日，一方為中國政府，由其國務總理、外交部長、財政部長為代表，一方為英國匯豐銀行、德國德華銀行、法國東方匯理銀行、俄國道勝銀行、日本橫濱正金銀行（以下共同稱為「銀行團」）簽訂的善後大借款合同（以下稱「借款合同」）所發行。中國政府支持借款合同的一切條款，並願履行相關義務。

有關前條之個別內容，將無礙於其整體性，本債券持有人將所擁有借款合同各條款規定的充分權益，茲簡述如下：

（a）本公債的淨收入，於扣除1914年1月1日應付之利息後，悉數作為償債、重整、行政及其他規定於借款合同的用途，並應依據並遵守借款合同之相關限制與規定。

（b）本公債之本息，以中國所有鹽稅收入，扣除借款合同所述的先前擔保後，作為擔保。並且再舉借或成立其他借款、費用或抵押，不得有優先於或比照本借款之權利及採取減損上述鹽稅所提供的擔保之方法。

（c）中國政府將依照借款合同規定，引進外國徵收與管理鹽稅的制度的協助，立即進行整頓。

（d）倘本公債本息違約未清償，在合理寬限期間之後，上述鹽稅應移交總稅務司代管理，以保護債券持有人利益。

（e）在鹽稅制度依照（c）完成整頓前，直隸、山東、河南、江蘇等省將按月支付本公債根據借款合同所需款項。這些款項，將以前開省分上繳中央的特定稅收作為第一順位擔保，並依據借款合同規定暫停或免除上繳中央的義務，並不得再行更動。

（f）未來海關稅收，在履行既有的擔保義務後，如有仍有關餘，本公債將優先獲得擔保。

（g）中國政府將立即遵照1912年11月15日以總統命令頒布並於翌日刊載於政府公報的《臨時約法》，使審計部門有效運作。約法內容應附於借款合同以供政府

機關適用，無論中央或地方。約法的任何修改將不影響本公債之效力。

4、本公債應在下列規定的到期日之前完成清償：（a）1924年起，每年3月根據本條款所列的抽籤還本表抽籤，並於中籤以後的7月1日還本。（b）中國政府得於1930年或以後每年的7月1日較抽籤還本表規定提前還本，但必須於六個月前提供銀行團書面預告，提前還本將與正常抽籤同日舉行額外抽籤，在1945年7月1日前，須按面額加計2.5% 溢價；在此之後，只需按面額支付。

5、本債券的利息，在提交後附相關息票後支付。如本債券根據本條款規定中籤時，本金及其溢價（倘若有之），將於清償日或以後，交付本債券連同所有未到期的息票領取。如有一或多張未到期息票遺失，其金額將自本債券本金中扣除。未中籤的債券，本金將於到期日或以後，提交本債券後領取。本債券，自可得並備妥還本之時起停止計息，不論是否提示債券領取。本公債之本息將按債券與息票上所列印的金額（包含溢價，在還本時，倘若有之），在倫敦，於匯豐銀行營業所，以英鎊支付；或，在柏林，於德華銀行營業所，以馬克支付；或，在巴黎，於東方匯理銀行營業所，以法郎支付；或，在聖彼得堡，於道勝銀行營業所，以盧布支付；或，在橫濱，於橫濱正金銀行營業所，以日圓支付；或，各銀行各別以廣告通知在

倫敦、德國、法國、俄國、日本其他的營業所，或，道勝銀行在比利時的營業所，以法郎支付，另由道勝銀行以廣告通知。

6、借款合同複本在各銀行於倫敦、柏林、巴黎、聖彼得堡與橫濱的營業所於上班時間可供檢閱。本債券持有人將被視為已被告知完整的合同內容，並受其拘束。

※1913年北直隸政府五十萬英鎊借款公債

依據北直隸省議會決議而成立。

依據1913年1月27日簽訂之合同，中國政府已批准上述決議，對於本公債之本息提供絕對且無條件的擔保。本公債之目的，在於發展與改良北直隸省境內公共事業。以北直隸省課徵之菸酒稅作為第一順位抵押，擔保本息之償付。中國政府與北直隸省政府均保證，上述菸酒稅不做其他借款、課稅、抵押之用，本債券、息票及用於清償的資金，均免除中國的一切稅捐。中國政府與北直隸省政府均同意按面額接受本公債之債券與息票，作為政府所規定的有價證券或質押品之用。北直隸省政府在先前所存在的債務或借款，均無優先於本公債之權利，北直隸政府並保證，不動用保留作為清償本公債用途有關之稅

收與資產，以致影響本債券有人有關保證
與擔保之權利或減損其價值。

二十英鎊券

本債券，係兩萬五千張之一，每張面
額二十英鎊，編號自1–25,000，總票面金
額五十萬英鎊的北直隸省政府公債。本公
債，年息五釐半，每年一鎊兩先令於2月1
日與8月1日，半年一付，每次領息時，應
提交本債券所附相關息票面額十一先令。
本公債還本之方式，得以市場買賣或低於
面額時由銀行競標、或按本債券背面所附
之抽籤還本表抽籤，按面額還本，期間自
1925年起至1953年為止。

北直隸省政府得於1924年起，以六個
月的預告，提前償還部分或全部債券。本
息之償還，將在布魯賽爾與安德沃普以
當地貨幣折合到期當日倫敦的英鎊匯率
支付。本債券，係依據1913年4月4日，中
國駐維也納公使沈瑞麟代表中華民國政府
與北直隸省政府為一方，與設於安德沃普
的迪思銀行為另一方，所簽訂的合同而成
立。合同摘要已附於本債券背面。在見證
下，中國駐維也納公使代表加蓋關防並附
上摹刻簽名。

中華民國駐奧地利關防印

駐維也納公使沈瑞麟

安德沃普，1913年4月4日

副署：

迪思銀行代表（簽名）

合同

簽訂人：

北直隸省政府（以下稱「省政
府」），由駐維也納公使代表，與

設立於安德沃普的迪思銀行

茲因省政府已獲得中華民國中央政府
（以下稱「中央政府」）批准發行五十萬
英鎊公債；茲因此英文授權書（經駐倫敦
總領事館公證）已於簽訂本合同之際，由
駐維也納使館交付銀行；

茲因省政府業已授權駐維也納公使代
表並以省政府名義簽訂本借款合同；

有以致之，雙方達成合意如下：

第一條——根據本合同，省政府授權
銀行發行北直隸省公債，總面額五十萬英
鎊之金鎊債券，年息五釐半，1913年2月
1日開始按面額起息，每半年一付。

第二條——本公債將在1953年2月1日
或以前完成清償，來源由1924年起每年七
千五百英鎊存入銀行的清償基金支應。該
基金，依據第十七條規定，於1925年2月1
日起動用。

第四條——利息每半年一付，由銀行
總部所在或銀行指定之任何其他地點，憑
相關息票支付。

第七條——本公債之擔保，由省政府
與銀行所批准及於本債券、息票和其臨時

權利證明書，並由中央政府與省政府所授權之中國駐維也納公使加蓋關防與簽名。

第九條——如本債券或息票發生有遺失或損毀之情形，省政府承諾，於收到充分證明，獲付相關費用之後，送交申請人新的債券或息票。

第十條——任何中籤債券，未於到期十五年之內領取者，只能在天津向省政府提交債券領取本金。任何到期息票，逾期五年未領，或任何中籤債券，逾期三十年未領，均將被省政府沒收。

第十一條——省政府得在1924年後，以六個月前的預告，按面額提前償還部分或全部債券；該預告應各別刊登於比利時、英國與法國報紙。

前開清償，應配合息票上的到期日，直接支付債券持有人，如係償還部分債券的情形，則存入清償基金。

第十六條——省政府已取得中央政府對於如期、全數償還本息所提供的正式、無條件的額外擔保，並已記錄於本債券且由中央政府授權代表簽署。

第十七條——清償基金，將自1925年起，每年按照本合同附錄的攤還表，以下列方式償還本債券：

1、當對於本公債之出價低於面額時，由銀行在與中國駐布魯賽爾代表協商後，代替省政府自市場或拍賣收購。

2、當對於本公債之出價等於或高於面額時，每年抽籤以面額償付。

在後者的情形，抽籤，將由銀行選擇於布魯賽爾或安德沃普，每年於後述日期舉行，銀行將派員出席，中國政府亦得指派代表參加。

中籤或購進註銷的債券號碼，將製作成中籤報告，立即刊登於比利時、英國、法國報紙及銀行指定的其他國家報紙，以供註銷之用。

中籤債券，將於中籤後的2月1日，以法郎、馬克等按照到期日當日倫敦匯率折算後償付。

抽籤將於每年1月2日進行。

中籤債券，將自可得還本之日起停息。

中籤但未提交以領取本金的債券號碼，將從1925年起每年刊登於前開報紙。

領取本金必須提交債券連同所有未到期息票，欠缺的到期利息將自償還的本金扣除。

第二十二條——簽訂本合同的同時，銀行收到中央政府與省政府授權代表簽署的本公債的原始債券，與發行此面額公債有關的所有證件與文書，以及1913年8月1日到期的半年息票。

※ 1914年民國元年軍需公債特種債券

1912年中國政府八釐金本位幣國庫券。

特別系列六十二萬五千英鎊或一千五百七十八萬一千兩百五十法郎。

其十二萬五千中英鎊按面值於1914年2月2日償還。

係1912年一億元八釐公債之一部分。

中華民國臨時政府依據南京參議會1912年1月8日通過之決議予以核准。

本庫券係五萬五千五百五十六張1912年八釐金本位國庫券之一，每張面值九英鎊或兩百二十七・二五法郎，總面值計五十萬零四英鎊或一千兩百六十二萬五千一百零一法郎，年息十四先令五便士或十八・一八法郎，每半年一付，每年2月2日與8月2日各付一半。在中國，由中國銀行支付；在安德沃普與布魯塞爾，由巴黎信貸銀行支付，另可能有其他支付地點。

第一次半年息票將於1914年8月2日付息。

還本付息使用英鎊或法郎，兩者匯率為二十五・二五。

五萬五千五百五十六張庫券將於四年內按面值攤還完畢，每年抽籤還本十二萬五千英鎊。第一次抽籤將於在1915年1月，最後一次抽籤則在1918年。中籤的庫券將於2月2日之後還本。

到期的息票須於到期日起算五年內領取，可得還本的庫券，須於中籤之日起算十年內領取。

本庫券借款由中國政府直接承擔債務。

本庫券於本息全數還清前，中國政府特別以典稅收入或根據1902年中英商務條約有關海關增稅的額外收入，作為本庫券的擔保。

本庫券本息免於目前或未來所有中國中央、各省、各市或各級政府的稅捐。

中國政府指派倫敦公使代表，依據合同第二條授權巴黎信貸銀行，在特別系列剩餘與在歐洲未收到正式票券的部分，代理發行每張面值九英鎊的不記名臨時庫券。

面值九英鎊不記名臨時庫券

編號12,679

臨時庫券隨後將不按編號兌換為特別系列的正式庫券

中華民國政府：

特別授權：

迪思銀行

※ 1914年中法實業一億五千萬法郎借款公債

分為三十萬張債券，每張面額五百法郎。

奉中華民國大總統批准，並正式照會法國駐北京公使。

發行二十萬張，五百法郎金債券。

編號1–200,000

五百法郎券

不記名券

編號

本借款合同係於1913年10月9日所簽訂，一方為中華民國政府，另一方為中法實業銀行。

中國政府授權銀行代理發行公債。

1913年10月28日，中國外交部已將本借款合同告知法國駐北京公使。

本公債本息，均由中國政府無條件保證，並另享有以下特別擔保：

1、浦口港。

2、水、電、電車等北京公營機構所屬建築、設施、設備與收入。

3、北京目前與未來，除了入市稅之外的所有稅收。

4、長江以北各省的酒稅，除蒙古與滿洲外，經正式估算每年四百萬兩。

本公債收入之用途，將使用於公共事業之中優先排定的事項：

1、建造南京於長江對面的浦口港。

2、北京市政建設（電燈、電力、電車、自來水等）。

本公債之債券與息票，永遠免除中國一切稅捐。

本公債年息二十五法郎，每年3月1日與9月1日，憑相關息票半年一付。

本公債有效期間五十年。

本公債，將自1930年至1964年每年抽籤按面額還本。第一次抽籤將於1930年3月1日。

本公債，不得於1924年3月1日前提前清償，但此後至1934年3月1日中國政府得提前清償，但應按面額多付2.5%溢價，亦即每張債券五百一十二‧五法郎。

自1934年3月1日起，本公債按面額清償。

財政總長關防、簽名 駐法公使關防、簽名 中國實業銀行代表副署

周自齊　胡惟德

巴黎，1914年4月7日

※ 1918年馬可尼無線電報公司六十萬英鎊借款國庫券

中華民國政府國庫券

一百鎊

按照1918年8月27日中國政府與馬可尼無線電報公司所訂合同，發行英金六十萬鎊年息八釐。此項合同於1918年8月30日由外交部正式照會北京英國公使。

（一）此項庫券計六十萬鎊，分為三種，計一百鎊庫券，編號自1–1,500，一千五百張；五百鎊庫券，編號自1,501–2,000，五百張；一千鎊庫券，編號自2,001–2,200，兩百張。

（二）此項庫券本金六十萬鎊，於1924、1925、1926、1927、1928年每年8月28日償還一百鎊庫券三百張、五百鎊庫券一百張、一千鎊庫券四十張，每年於2月內第一個星期二在北京中法實業銀行抽籤，並請財政部派員監視。

（三）此項庫券之利息及本金，於到期之日或到期後憑券交付。此項庫券自本金到期及還本款項備齊之日起，停止利息。

（四）所有付息還本，統由北京或倫敦中法實業銀行支付英金。

中華民國七年（1918）八月二十七日

財政總長龔心湛

■ 本庫券整理辦法如後

一、利息，自民國二十五年七月一日起，第一年按一釐半週息付給，以後每年加給一釐之四分之一，至民國三十一、三十二年之一年，增至週息三釐，嗣後，每年一律週息三釐，至庫券還清為止。每年六月三十日及十二月三十一日付息一次。

二、還本，自民國三十年六月三十日起，前三年，各還1%；次四年，各還2.5%；再次十一年，各還百分之三；最後九年，各還4%，至民國六十四年時，全數還清。由民國三十年起，每年三月抽籤一次，政府得於任何一次還本期前，以相當預告增加還本之數，不另加償。

三、還本付息，以中國政府除已指作借款擔保及抵押外之鹽稅收入為擔保。

四、民國二十五年六月三十日以前積欠之利息，一概免除。

中華民國二十五年十月六日

財政部長　孔祥熙

此庫券改由倫敦中國銀行支付本息

※ 1919年費克斯公司一百八十萬三千兩百英鎊借款庫券

中華民國政府

中國政府八釐十年期金庫券

1925至1929年

茲依照中華民國八年十月一日即西元1919年10月1日，中華民國政府與費克斯有限公司所訂合同發行八釐年息之金庫券，計總額英金一百八十萬三千兩百鎊正。此項合同並經中華民國外交部於中華民國八年十月十一日即西元1919年10月11日正式照會北京英國公使在案。

第　號　庫券

本庫券計金額一百鎊

一、本庫券惟此次發行不記名流通庫券之一，此項庫券總額共計英金一百八十萬三千兩百鎊，其分配如下：

一百鎊庫券，編號自1-9,082，共九千零八十二張。

五百鎊庫券，編號自9,083-9,832，共七百五十張。

一千鎊庫券，編號自9,833-10,352，共五百二十張。

二、中華民國政府允將此項庫券本金總額英金一百八十萬鎊三千兩百鎊連同利息，依照下開辦法按期照付，並免納中華民國現在及將來一切捐稅。

三、上項本金總額英金一百八十萬三千兩百鎊償還辦法，第一次至第四次各於中華民國十四、十五、十六及十七年十月一日，即西元1925、1926、1927年及1928年10月1日償還英金三十六萬零六百鎊；第五次於中華民國十八年十月一日，即西元1929年10月1日，償還英金三十六萬零八百鎊。凡應還庫券均按照成例與駐英中國公使接洽，在倫敦用抽籤法決定之。抽籤日期須在每次還本日期以前之七月內舉行，每次抽籤除一百鎊庫券前四次各抽一千八百十六張，及西元1929年10月1日末次償還一千八百十八張外，每種均各抽五分之一。

四、本庫券之本金，凡在1929年10月1日或因上項辦法於該期前抽中之日，依經執券人將該券連同附屬該券之未到期息票完全交出，即照券面數目全數償付。

五、本庫券利息週年八釐，自1920年4月1日起至本庫券本金已應償還而實已備款償還之日止，憑券上所附息票每半年付息一次，各於4月1日及10月1日照付。

六、本庫券之本金及利息，均由倫敦勞合銀行照付英金。中華民國八年十月一日，即西元1919年10月1日，財政總長在北京簽字蓋印。

■ 本庫券整理辦法如後

一、利息自民國二十五年七月一日起，第一年按一釐半週息給付，以後每年加給一釐之四分之一，至民國三十一、三十二年之一年，增至週息三釐。嗣後每年一律週息三釐，至庫券還清為止。每年六

月三十日及十二月三十一日付息一次。

二、還本自民國三十年六月三十日起前三年各還1%，次四年各還2.5%，再次十一年各還3%，最後九年各還4%，至民國六十四年時全數還清。由民國三十年起，每年三月抽籤一次，政府得於任何一次還本期前已相當預告增加還本之數，不另加價。

三、還本付息以中國政府除已指作借款擔保及抵押外之鹽稅收入為擔保。

四、民國二十五年六月三十日前積欠利息一概免除。

此庫券改由倫敦中國銀行支付本息。

財政部長孔祥熙

※ 1919年美國太平洋展業公司五百五十萬美元國庫券

中國政府針對所收得款項承諾，於1921年11月1日向持有人或在記名的情況下，向名義上的持有人支付一千美國標準平色金元，以及自此日期起的利息，年息六釐，分為5月1日與11月1日半年支付一次，領息時應提交所附到期息票。

本庫券本息的支付，均在美國伊利諾州芝加哥市的大陸商業信託儲蓄銀行營業所，不分戰時或平時，本庫券、本金、利息及其相關收入或其持有人，均不受任何目前稅課、擔保、留置等之扣減，亦不繳納未來中國政府、省分、單位、機構所成立或徵收，或試圖成立或徵收之稅捐。

本庫券係授權發行的中華民國1919年附擔保兩年六釐國庫券之一，發行總額五百五十萬美元，係依據中華民國政府與前開大陸商業信託儲蓄銀行於1919年10月11日所簽訂之合同所發行。

本庫券本息，依據前開合同，享有中華民國菸酒銷售的所有稅收作為直接擔保。

本庫券於到期前，中國政府有權提前於任何付息日提前還本，如於192年12月1日前，須按面值加付0.5%，在此以後，則按面值加付0.25%。提前還本至少需三十天前，透過中國駐華盛頓特區公使通知前開銀行，再由前開銀行一週一次，連續四週以英文刊登公告於芝加哥市與紐約市的報紙。提前還本時，中國政府在前開銀行第一次公告刊登前，應將還本所需資金存入前開銀行。

本庫券，將自規定的還本之日起，停止計息。

至晚於每期利息到期之前十天，中國政府應將足敷付息所需之金額全數存入前開銀行；至晚於本庫券本金到期之前十天，中國政府應將足敷還本付息所需之金額全數存入前開銀行。

本庫券必須透過移交進行轉讓，除非在前開銀行的名簿已完成記名。在記名之後，非經所有人本人或獲有授權的代理人於名簿登記，不生移轉效力，但記名制得以相同方法取消，改以移交進行轉讓。本庫券得隨時以記名或不記名轉讓，但庫券的記名轉讓，將不影響息票持續為不記名轉讓的流通效力。

本庫券無前開銀行的副署證明不生效力。中華民國政府特此保證並宣告有關本庫券之執行與交付，業經獲得中華民國政府的授權，其發行完全符合並按照中華民國憲法與法律規定。

所附息票，必須帶有中國駐華盛頓特區公使或代辦的摹刻簽字，始生效力。

在見證下，中華民國政府指派中國駐華盛頓特區公使或代辦代表，於1919年11月1日在美國華盛頓特區簽字並加蓋關防，此一文件並已經前開大陸商業信託儲蓄銀行驗證完畢。

副署

大陸商業信託儲蓄銀行

祕書　簽字

中華民國政府代表

中國駐華盛頓特區公使顧維鈞　簽字

■ 整理辦法與內容：

一份包含中國政府1937年4月13日提議，修改關於償付本庫券及至1954年11月1日為止到期的所有息票，根據此一提議所修改內容已附於本庫券上，藉此證明提議的修改內容已被接受。

修訂1937年4月12日中國政府宣布之提案，提交此編號3,627庫券，以供附上此頁的持有人接受提案之所有條款原合同所有條件，除本提案之實施提出其他特定條件外，維持不變。

1、自1936年11月1日起三年的利息，年利率為2.5%，自1939年11月1日起的利息，年利率為5%，5月1日與11月1日每半年各付一半。

2、無息憑證將為下列目的而發行：（A）遲延給付的利息以合同原訂的五分之一計算。單利，自1921年5月1日至1936年11月1日止。以及（B）1936年11月1日至1939年11月1日，年息2.5%與此後年息5%的利息差額之五分之一。

3、本庫券還本與憑證依據下列時程表，自1942年起每年11月的分期付款：1942、1943年，各5%；1944、1945年，各6%；1946、1947年，各7%；1948、1949年，各8%；1950、1951年，各9%；以及1952、1953、1954年，各10%。政府於合理通知與無需支付溢價的情形下，得在任何還本日期增加還本金額。本庫券按抽籤以面額還本，並由借款的會計代理人於還本日期前的8月份辦理。

4、本息依照1937年4月12日南京約定

以鹽稅作為擔保,對於所有晚於該日期的擔保享優先權。

5、接受本提案的持有人將提交其庫券以供附上新息票聯,並在殘留的一端印上本提案內容。由於新息票聯在1937年5月1日才會備妥,交付庫券上最後一張息票將給息至該日。

(憑證)

中華民國1919年附擔保兩年六釐金本位國庫券。

本無息憑證之發行,係為了前開庫券自1921年5月1日至1939年11月1日到期與將到期的改訂利息之10%,以及(a)前開庫券自1921年5月1日至1936年11月1日以合同利率五分之一單利計算的遲延利息,與(b)依據中華民國於1937年4月12日修訂有關前開庫券之提案,自1936年11月1日至1939年11月1日應付2.5%利息與此後應付5%利息之間的差額。

中華民國政府將於1952年11月1日或以後,憑本無息憑證,由會計代理人芝加哥大陸伊利諾國立銀行與信託公司,於伊利諾州,芝加哥市,231 South La salle Street,支付持有人

××××美元。

中華民國

財政部部長孔祥熙

※ 1922年鐵路設備八十萬英鎊借款庫券

中華民國政府1922年鐵路設備庫券

附特別擔保

第一系列八十萬英鎊或四千八百萬比利時法郎

發行庫券四萬張,每張二十英鎊或一千兩百比利時法郎

本1922年(民國十一年)中華民國政府八釐庫券,係由比國在華營業公司依據1922年10月2日中國政府與該公司所簽訂的合同所發行。

該合同,由交通部長與財政部長分別簽名蓋章,係依據內閣會議決議,並於1922年9月14日經大總統批准,外交部長已於1922年10月24日照會比利時駐北京公使。

本公債之本息,由中國政府表明無條件承擔償還義務,並進一步提供下列擔保:

1、即將興建的京綏鐵路(北京一綏遠)包頭到寧夏段,第一順位抵押。

2、同一鐵路北京到包頭段,第二順位抵押。

3、京漢鐵路的盈餘與淨收入,優先於1922年9月20日後該鐵路於所擔保的其他債務。

截至1924年12月1日為止，支付利息所需金額，將先存入比國在華營業公司。

二十英鎊或一千兩百比利時法郎庫券

本庫券持有人，除經提前清償外，於1932年12月1日前，可向中國政府選擇領取，二十英鎊或一千兩百比利時法郎。

本庫券持有人，亦得領取上數金額之利息，年息八釐，每年6月1日與12月1日半年一次，第一次付息將於1923年6月1日。領息時應提交本庫券所附相關息票，持有人可選擇領取十六先令或四十八比利時法郎。

領取本金時，應提交本庫券連同所有未到期之息票。

本庫券第一系列四萬張，每年抽籤按面額還本八千張，由比國在華營業公司辦理。第一次還本將於1928年12月1日，至1932年12月1日全數清償完畢。本庫券的利息自可得並備妥還本之時起停止計息。

本庫券本息，將在布魯賽爾與安德沃普及比國在華營業公司所指定的其他城市，以比利時法郎或按倫敦當時匯率以英鎊支付。在倫敦，亦同樣可領取。

本庫券本息及有關之進出款項，均免除中國一切稅捐。中籤庫券與息票，在到期三十年之內未領取者，失效。

本庫券，係為了中國政府並以其名義所發行，並係依據1922年（民國十一年）10月2日中國政府與比國在華營業公司所簽訂之合同，由中國交通部長與駐布魯賽爾公使加蓋關防與簽名，比國在華營業公司代表加蓋印信與簽名。

布魯賽爾，1922年12月1日。

交通部印（摹刻）中華民國駐比利時特命全權公使印印（摹刻）

交通部長高恩洪簽名（摹刻）中國駐比利時公使王景岐英文簽名（摹刻）

副署：

比國在華營業公司印信（摹刻）

代表（簽名）

（背面）

1922年（民國十一年）合同摘要

第二條──合同目的

1、中國政府承諾，在後述期限之內，向比國在華營業公司購買材料，以供建造與營運京綏鐵路包頭到寧夏段之用。該路段長約五百公里，沿黃河左岸而行。

第四條──保證

1、中國政府明確無保留地承諾，依據第五條規定悉數準時償還利息，本金亦同。

2、除此之外，中國政府提供庫券持有人下列特別擔保：

a）京綏鐵路包頭寧夏段的第一順位抵押權，包含鐵路本身、固定廠房、運輸

工具、附屬物及其各項收入。

b）同一鐵路北京包頭段的第二順位抵押權，包含鐵路本身、固定廠房、運輸工具、附屬物及其各項收入。

c）京漢鐵路之盈餘與淨收入，此一擔保優先於1922年9月20日該鐵路承擔的其他債務獲得清償。

3、一份詳盡且最新，能顯示兩條有關鐵路的財務狀況及近三年營運結果的報告，作為合同的附件。

4、如中國政府在指定時間違約無法還本或支付半年期的利息，比國在華營業公司將有權，以自認為適當的方法，強制執行特別擔保的權利。

6、比國在華營業公司得從本庫券發行的收入扣留足敷付給四期利息的金額。

第七條——利息本庫券利息，依面額以年息八釐計算，半年一次，由中國政府支付，本庫券持有人根據下述條款得選擇比利時法朗或英鎊。自本庫券自發行之日起，開始計息。

第八條——本庫券之期間與還本本庫券，按面額由持有人任選比利時法郎或英鎊，分五年還本，自發行第六年起至第十年結束。

本庫券還本，以分次抽籤進行。抽籤事宜將由比國在華營業公司安排。

每年還本所需金額，將依後述條款，

匯給比國在華營業公司。

第十一條——免除稅捐

本庫券與息票，及合同有關的往來款項，均免除中國一切稅捐。

第十二條——公司受任被信託人

1、比國在華營業公司根據本合同成為本庫券持有人之被信託人。

2、比國在華營業公司，在與中國政府的協商之中或本合同有關的爭議中，有權代表或以本庫券持有人名義出面。

第十四條——本庫券的財務服務

1、償付本庫券本息所需金額，在存入作為利息款項用盡時起，應至晚於到期前十四日匯至比國在華營業公司。中國政府應按雙方同意的匯率，以中國貨幣支付給比國在華營業公司指定之銀行。

第十五條——控制

中國政府，為使比國在華營業公司得以確認建造工程進度與使用材料之情形，應給予便利並承擔相關費用，比國在華營業公司亦有權針對該鐵路的財務管理進行調查。

第二十一條——履約方式

1、本合同將由交通部長與財政部長

加蓋關防與簽名。

2、在比國在華營業公司的要求下，外交部應正式通知比利時駐中國公使，本庫券發行的國家。

※ 1920年隴秦豫海鐵路五千萬法郎借款庫券

五千萬法郎

共一萬張，每張五百法郎

本庫券係比利時在華電車火車總公司，依據1920年5月1日中華民國政府、比利時在華電車火車總公司與荷蘭對華聯合企業（The Dutch Syndicate for China）簽訂之合同所發行，該合同業經中國外交部部長照會比利時、法國與荷蘭駐京使節。

本庫券本息，均由中華民國政府承擔直接清償之責，並以甘肅至出海口的鐵路（隴秦豫海）、固定資產、運輸工具、建築物及收入，作為第一順位抵押。

比利時在華電車火車總公司將受託保管足敷1922年7月1日前償付庫券所需之金額。

五百法郎券

編號

本庫券持有人得向中華民國政府於1930年7月1日領取本金五百法郎，以及至

此時每年八釐的利息。

利息於每年1月1日與7月1日支付，領取時須提交庫券所附的相關息票。

領取本金，須提交本庫券連同所有未到期息票。

本庫券自1926年7月1日起，由比利時在華電車火車總公司進行抽籤每年兩萬張按面額還本，至1930年7月1日完全清償。

本庫券，自可得並備妥還本之時起停止計息

本庫券到期本息，於布魯賽爾以法定貨幣支付。

本庫券本息及相關往來款項，均免除中國現在或未來所有一切稅捐。

本庫券及其息票，自到期並可領取之日起三十年之內未領者，失效。

本庫券係由比利時在華電車火車總公司代理中華民國政府發行。在見證下，中國駐布魯賽爾公使於此加蓋關防並簽名，比利時在華電車火車總公司副署由代表簽名。

布魯賽爾，1920年9月1日

中華民國駐布魯賽爾公使魏宸組，關防，簽名

隴海鐵路督辦施肇曾，關防，簽名

比利時在華電車火車總公司代表副署

1912年9月24日合同與1920年5月1日協

議之摘要

第七條——中國政府正式承諾無條件全數準時償付本庫券本息。

建造期間,庫券利息將由庫券收入支付。

完成建造之,中國政府須尋找財源或以鐵路收入,支付庫券利息之用,如仍有不足,則以政府稅收或庫券剩餘收入支應。

鐵路收入,將立即存入依據中國政府與公司協議所指定之銀行。

本庫券之本息,由中國政府保證償付,並以隴秦豫海鐵路為特別擔保。

前開特別擔保,係以鐵路本身,固定資產、運輸工具、建築物與收入作為第一順位抵押。

公司代表庫券持有人接受。

第十一條——本庫券本息及相關往來款項,均免除中國所有一切稅捐。

第十三條——所有對於銀行的付款指示及隴秦豫海鐵路資金帳戶,均須督辦與總工程師共同簽名。

督辦與總工程師對於鐵路收支事宜,擁有最後決定權。

在本庫券流通期間,會計帳目必須中法文並列,並以現代方法製作。

第十六條——建造——鐵路的建造,將由總工程師指揮。總工程師,由督辦與公司審慎挑選誠實且具有經驗之比利時或法國人擔任。

總工程師在鐵路探勘、計畫、路軌、估價等工作後,將負責維持正常運作所必須之器材、工具等之採購,但相關作業仍必須獲得督辦事先核准。

第十九條——開發——本鐵路之督辦,由中國政府指派,總工程師提供協助。

公司與督辦將共同協商,審慎挑選誠實且具有經驗之比利時或法國人擔任總工程師。

審計長,亦必須是比利時或法國人,同時必須符合主計長之功能,妥善使用資金,該員由督辦指派,並由公司同意,始可任命。所有付款有關之單據與憑證,必須由督辦所指派之代表及審計長共同簽字。

督辦所指派之代表及審計長,對於本鐵路之收支事宜具有最後決定權。

公司與荷蘭對華聯合企業負責發行債券,以便中國政府執行工程、訂購物料、財務作業、償付已發行或將發行債券。

前開債券,地位與1913年發行的公債與1916、1919年發行之庫券相當,享有1912年合同所提供相同的權利與擔保。

外交部將本協議照會比利時、法國與

荷蘭駐京使節，並將1912年9月24日北京合同及其附件照會荷蘭駐京公使

蓋印

※ 1921年隴秦豫海鐵路五千萬法郎庫券

五千萬法郎

共十萬張，每張五百法郎

本庫券係比利時在華電車火車總公司，依據1920年5月1日中華民國政府、比利時在華電車火車總公司與荷蘭對華聯合企業（The Dutch Syndicate for China）簽訂之合同所發行，該合同業經中國外交部部長照會比利時、法國和荷蘭駐京使節。

本庫券本息，均由中華民國政府承擔直接清償之責，並以甘肅至出海口的鐵路（隴秦豫海）、固定資產、運輸工具、建築物及收入，作為第一順位抵押。

比利時在華電車火車總公司將受託保管足敷1922年7月1日前償付庫券所需之金額。

五百法郎券

編號

本庫券持有人得向中華民國政府於1931年7月1日領取本金五百法郎，以及至此時每年八釐的利息。

利息於每年1月1日與7月1日支付，領取時須提交庫券所附的相關息票。

領取本金，須提交本庫券連同所有未到期息票。

本庫券自1927年7月1日起，由比利時在華電車火車總公司進行抽籤每年兩萬張按面額還本，至1931年7月1日完全清償。

本庫券，自可得並備妥還本之時起停止計息

本庫券到期本息，於布魯賽爾以法定貨幣支付。

本庫券本息及相關往來款項，均免除中國現在或未來所有一切稅捐。

本庫券及其息票，自到期並可領取之日起，三十年之內未領者，失效。

本庫券係由比利時在華電車火車總公司代理中華民國政府發行。在見證下，中國駐布魯賽爾公使於此加蓋關防並簽名，比利時在華電車火車總公司副署由代表簽名。

布魯賽爾，1921年7月1日

中華民國駐布魯賽爾公使魏宸組，關防，簽名

隴海鐵路督辦施肇曾，關防，簽名

比利時在華電車火車總公司代表副署

蓋印

※ 1923年隴秦豫海鐵路五千萬法郎借款庫券

五千萬法郎

共十張，每張五百法郎

本庫券係比利時在華電車火車總公司依據1920年5月1日中華民國政府、比利時在華電車火車總公司與荷蘭對華聯合企業（The Dutch Syndicate for China）簽訂之合同所發行，該合同業經中國外交部部長照會比利時、法國與荷蘭駐京使節。

本庫券本息，均由中華民國政府承擔直接清償之責，並以甘肅至出海口的鐵路（隴秦豫海）、固定資產、運輸工具、建築物及收入，作為第一順位抵押。

五百法郎券

編號

本庫券持有人得向中華民國政府於1933年7月1日領取本金五百法郎，以及至此時每年八釐的利息，每年1月1日與7月1日支付，領取時須提交庫券所附的相關息票。

本庫券於1933年7月1日按面額還本，並自當日起停止計息。

本庫券到期本息，於布魯賽爾以法定貨幣支付。

本庫券本息及相關往來款項，均免除中國現在或未來所有一切稅捐。

本庫券及其息票，自到期並可領取之日起三十年之內未領者，失效。

本庫券係由比利時在華電車火車總公司代理中華民國政府發行。在見證下，中國駐布魯賽爾公使於此加蓋關防並簽名，比利時在華電車火車總公司副署由代表簽名。

布魯賽爾，1923年6月10日

中華民國駐布魯賽爾公使王景岐，關防，簽名

隴海鐵路督辦張祖廉，關防，簽名

比利時在華電車火車總公司代表副署

■ 1920年21月23日隴海鐵路法郎借款公債整理辦法與內容

中國政府於1936年8月對於本債券持有人有關還本付息的提案已刊登於1936年8月24、25日比利時觀察報。

提案摘要見於新息票聯上。

新息票聯

在同意中國政府於1936年8月分別刊載於1936年8月24、25日比利時觀察報的提案的情況下：

1、所有至1936年7月1日為止的遲延利息均取消。

2、年息固定為

1.5%，1936年7月1日–1937年6月30日，於1937年7月1日支付。

2%，1937年7月1日–1938年6月30日，於1938年7月1日支付。

2.5%，1938年7月1日–1939年6月30日，於1939年7月1日支付。

3%，1939年7月1日–1940年6月30日，於1940年7月1日支付。

3.5%，1940年7月1日–1941年6月30日，於1941年7月1日支付。

4%，1941.7.1後，於1月1日與7月1日，每半年各支付一半。

3、自1947年7月1日起，分三十五年按面值抽籤還本，或以低於面值標購，抽籤將於每年7月於布魯塞爾進行，由比利時電車火車總公司負責。

※ 1920年隴秦豫海鐵路一百六十六萬七千弗林借款庫券

共一萬六千六百六十七張，每張面額一千弗林。

本庫券係依據1920年5月1日中華民國政府與比利時在華電車火車總公司、荷蘭對華聯合企業簽訂之合同所發行，該合同業經中國外交部部長照會比利時、法國與荷蘭駐京使節。

依據合同條款，荷蘭對華聯合企業也將代理庫券之發行，以便完成中華民國政府與比利時在華電車火車總公司，於1912年9月24日簽訂有關甘肅至出海口（隴秦豫海）之鐵路建造合同。

本庫券之本息，由中華民國政府直接承擔償付之責。

前開1912年9月24日合同，有關內容提供如下：

第七條

第十一項：本庫券之本息，由中國政府保證償付，並以隴秦豫海鐵路為特別擔保。

第十二項：前開特別擔保，係以鐵路本身，固定資產、運輸工具、建築物與收入作為第一順位抵押。公司代表庫券持有人接受。

不記名庫券荷蘭通用貨幣一千弗林

中華民國政府承諾於1930年7月1日向庫券持有人支付本金一千弗林，以及至此時每年八釐的利息。

利息於每年1月1日與7月1日支付，領取時須提交庫券所附的相關息票。

領取本金，須提交本庫券連同所有未到期息票。

本庫券，如無提前還本時，將於1926、1927、1928與1929年，每年7月1日按面額還本三千三百三十三張，至1930年7月1日，還本三千三百三十五張。

本庫券將每年於阿姆斯特丹進行抽籤

還本。

本庫券，自可得並備妥還本之時起停止計息

本庫券本息，於阿姆斯特丹，由荷蘭貿易公司、荷蘭東印度公司阿姆斯特丹銀行、特恩斯銀行與鹿特丹銀行，以荷蘭法定貨幣支付。

本庫券本息及相關往來款項，均免除中國現在或未來所有一切稅捐。

本庫券及其息票，自到期並可領取之日起三十年之內未領者，失效。

本庫券係由中華民國政府所發行。在見證下，中國駐海牙公使於此加蓋關防並簽名，荷蘭對華聯合企業代表副署，但對於庫券持有人無需負責。

中華民國駐海牙公使唐在俊，關防，簽名

隴海鐵路公司督辦施肇曾，關防，簽名

荷蘭對華聯合企業代表，簽名

※ 1923年隴秦豫海鐵路一百六十六萬七千弗林借款庫券

共一萬六千六百六十七張，每張面額一千弗林。

本庫券係依據1920年5月1日中華民國政府與比利時在華電車火車總公司、荷蘭對華聯合企業（the Dutch Sybdicate for China）簽訂之合同所發行。該合同業經中國外交部部長照會比利時、法國與荷蘭駐京使節。依據合同條款，荷蘭對華聯合企業也將代理庫券之發行，以便完成中華民國政府與比利時在華電車火車總公司，於1912年9月24日簽訂有關甘肅至出海口（隴秦豫海）之鐵路建造合同。

本庫券之本息，由中華民國政府直接承擔償付之責。

前開1912年9月24日合同，有關內容提供如下：

第七條

第十一項：本庫券之本息，由中國政府保證償付，並以隴秦豫海鐵路為特別擔保。

第十二項：前開特別擔保，係以鐵路本身固定資產、運輸工具、建築物與收入作為第一順位抵押。公司代表庫券持有人接受。

不記名庫券荷蘭通用貨幣一千弗林

中華民國政府承諾於1933年7月1日向庫券持有人支付本金一千弗林，以及至此時每年八釐的利息。

利息於每年1月1日與7月1日支付，領取時須提交庫券所附的相關息票。

領取本金，須提交本庫券連同所有未到期息票。

本庫券，如無提前還本時，將於1929、1930、1931與1932年每年7月1日按面額還本三千三百三十三張，至1933年7月1日，還本三千三百三十五張。

本庫券將每年於阿姆斯特丹進行抽籤還本。

本庫券，自可得並備妥還本之時起停止計息

本庫券本息，於阿姆斯特丹，由荷蘭貿易公司、荷蘭東印度公司阿姆斯特丹銀行、特恩斯銀行與鹿特丹銀行，以荷蘭法定貨幣支付。

本庫券本息及相關往來款項，均免除中國現在或未來所有一切稅捐。

本庫券及其息票，自到期並可領取之日起三十年之內未領者，失效。

本庫券係由中華民國政府所發行。在見證下，中國駐海牙公使於此加蓋關防並簽名，荷蘭對華聯合企業代表副署，但對於庫券持有人無需負責。

中華民國駐海牙公使王廣圻，關防，簽名

隴海鐵路公司督辦張祖廉，關防，簽名

荷蘭對華聯合企業代表，簽名

■ 1920-1923年隴海鐵路弗林借款庫券整理辦法與內容

本庫券因接納中國政府於背面所列之提議已變更條件。

（背面）

隴海鐵路庫券

中華民國政府通告

中國駐比利時全權公使，按照其政府指示，傳達下列事宜：

財政部長與鐵道部長共同提出以下提議，以清償過去發行的隴海鐵路公債：

1、1913年發行的四百萬鎊五釐公債。

2、1920、1923年發行的三千零七十五萬荷蘭基爾德八釐公債。

3、1920、1921、1923年發行的一億三千七百七十四萬三千比利時法郎八釐公債。

4、1924年發行五百萬銀元八釐公債。

5、1925年發行的兩千一百二十五萬法國法郎八釐公債，以取代1919年已過期的借款。

A、利息自1936年7月1日起，以1.5%計算；自1941年7月1日至1942年7月1日起，每年四釐，直至本金全數清償為止。前五年，每年會計年度年底付息一次，此後，於1月1日與7月1日，半年一付。

B、從1947年7月1日起,提撥固定年金,支付利息,並於三十五年內清償本金完畢。利息自第一期還本起,依照還款表同時支付。

如上市價格不低於面額,每年將以抽籤還本;如上市價格低於面額,將在與中國政府代表討論後,透過負責償還本息的單位,自市場購回債券。倘若公債並未正式上市,負責償還本息的單位將在報紙刊登啟事,邀約債券持有人以書面競價出售,最低價者得標。每年固定年金,將用於抽籤還本或購回債券。

中國政府得經適當預告,於任一付息日,對於前開五項公債,依比例增加還本。

C、西安府至洛陽與開封至海的路段的淨收入,將優先用於償還前開公債。開封至洛陽路段,亦即汴洛鐵路,其淨收入在償還1903年公債與墊款後,隴海鐵路亦包含於擔保之列。

D、所有過期的利息於1936年7月1日取消。

E、接納前開提議的持有人,應將票券交由負責償付本息的單位,蓋印並附上新息單。

本庫券本息之所有的國外稅捐,均由持有人負擔。

前開提議,係中國政府與票券持有人代表之間長期談判所得的結果。

鐵道部部長亦宣布,鐵路管理局將參照借款合同規定著手改善鐵路營運,維護政府與持有人之共同利益。

※ 1925年隴秦豫海鐵路兩千三百萬法郎借款庫券

五百法郎庫券

本庫券持有人,除有提前還本之情形之外,得於1935年1月1日向中華民國政府領取五百法郎。本庫券自1931年1月1日起,每年平均抽籤還本。中國政府保留六個月前預告提前部分或全部還本之權利。如有提前還本,將與例行抽籤之外額外抽籤,由比利時在華電車火車總公司於巴黎辦理。

利息,年息八釐,每年1月1日與7月1日憑相關息票各付一次。還本,應提交本庫券,連同所有未到其息票。

本庫券,自可得並備妥還本之時起停止計息。本庫券本息,均在巴黎以法國法郎支付。

本庫券本息及相關收支,均免除中國現在與未來所有一切稅捐。本庫券本息,自到期日起三十年內外領取者,失效。

本庫券，係以中華民國政府名義發行，在見證下，中國駐巴黎代表加蓋關防並簽名，比利時在華電車火車總公司亦派遣代表簽名。

中國駐巴黎公使陳籙，關防，簽名

比利時在華電車火車總公司代表，簽名

1912年9月24日合同摘要

第七條——中國政府正式承諾無條件全數準時償付本庫券本息。

建造期間，庫券利息將由庫券收入支付。

完成建造後，中國政府須尋找財源或以鐵路收入，支付庫券利息之用，如仍有不足，則以政府稅收或庫券剩餘收入支應。

鐵路收入，將立即存入依據中國政府與公司協議所指定之銀行。

本庫券之本息，由中國政府保證償付，並以隴秦豫海鐵路為特別擔保。

前開特別擔保，係以鐵路本身固定資產、運輸工具、建築物與收入作為第一順位抵押。公司代表庫券持有人接受。

第十一條——本庫券本息，以及相關往來款項，均免除中國所有一切稅捐。

第十三條——所有對於銀行的付款指示及隴秦豫海鐵路資金帳戶，均須督辦與總工程師共同簽名。

督辦與總工程師對於鐵路收支事宜，擁有最後決定權。

在本庫券流通期間，會計帳目必須中法文並列，並以現代方法製作。

第十六條——建造——鐵路的建造，將由總工程師指揮。總工程師，由督辦與公司審慎挑選誠實且具有經驗之比利時或法國人擔任。

總工程師在鐵路探勘、計畫、路軌、估價等工作後，將負責維持正常運作所必須之器材、工具等之採購，但相關作業仍必須獲得督辦事先核准。

第十九條——開發——本鐵路之督辦，由中國政府指派，總工程師提供協助。

公司與督辦將共同協商，審慎挑選誠實且具有經驗之比利時或法國人擔任總工程師。

審計長亦必須是比利時或法國人，同時必須符合主計長之功能，妥善使用資金，該員由督辦指派，並由公司同意，始可任命。所有付款有關之單據與憑證，必須由督辦所指派之代表以及審計長共同簽字。

督辦所指派之代表及審計長，對於本鐵路之收支事宜具有最後決定權。

■ 1925年隴海鐵路法郎庫券整理辦法與內容

中國政府於1936年8月對於本債券持有人有關還本付息的提案已刊登於1936年8月24、25日比利時觀察報。

提案摘要見於新息票聯上。

新息票聯

在同意中國政府於1936年8月分別刊載於1936年8月26日《小海報（Small Posters）》的提案的情況下：

1、所有至1936年7月1日為止的遲延利息均取消。

2、年息固定為

1.5%，1936年7月1日–1937年6月30日，於1937年7月1日支付

2%，1937年7月1日–1938年6月30日，於1938年7月1日支付

2.5%，1938年7月1日–1939年6月30日，於1939年7月1日支付

3%，1939年7月1日–1940年6月30日，於1940年7月1日支付

3.5%，1940年7月1日–1941年6月30日，於1941年7月1支付

4%，1941年7月1日後，於1月1日與7月1日，每半年各支付一半

3、自1947年7月1日起，分三十五年按面值抽籤還本，或以低於面值標購。

抽籤將於每年7月於巴黎進行，由比利時電車火車總公司負責。

※ 1925年史可達公司第二次六百八十六萬六千零四十六英鎊借款公債

中國政府六百八十六萬六千零四十六英鎊十先令十便士八釐借款

作為取代與展延中國政府發行但未付之下列借款：

1912年1月29日，三十萬英鎊借款

1912年1月29日，四十五萬英鎊借款

1913年3月1日，三十萬英鎊借款

1913年4月10日，一百二十萬英鎊借款

1913年4月10日，兩百萬英鎊借款

1914年4月27日，五十萬英鎊借款

1916年6月8日，一百二十三萬三千英鎊借款

本借款業經外交部正式照會法國與義大利駐北京公使。

1、本債券為兩萬七千零三十五張下列面額中之一，包括五鎊、十鎊、五十鎊、一百鎊、五百鎊與一千鎊，所有債券均類推適用相同的日期與內容。

2、本債券持有人於第四段規定之日期得向中國政府領取英鎊，以及從1925年12月31日開始，每年6月30日與12月31日的憑息票領息，年息八釐。

3、本金六百八十六萬六千零四十六

英鎊十先令十便士，自1925年12月31日起，分十年依下列方式償還：

1925年12月31日償還六十八萬六千六百零四英鎊十二先令兩便士

1926年12月31日償還六十八萬六千六百零四英鎊十二先令兩便士

1927年12月31日償還六十八萬六千六百零四英鎊十二先令兩便士

1928年12月31日償還六十八萬六千六百零四英鎊十二先令兩便士

1929年12月31日償還六十八萬六千六百零四英鎊十二先令兩便士

1930年12月31日償還六十八萬六千六百零四英鎊十二先令兩便士

1931年12月31日償還六十八萬六千六百零四英鎊十二先令兩便士

1932年12月31日償還六十八萬六千六百零四英鎊十二先令兩便士

1933年12月31日償還六十八萬六千六百零四英鎊十二先令兩便士

1934年12月31日償還六十八萬六千六百零四英鎊十二先令兩便士

總金額為1922年11月14日借款合同第六段及1925年9月30日增訂合同所規定的六百八十六萬六千零四十六英鎊十先令十便士。

4、中國政府，依據借款合同第十二條之規定，得於期滿前提前按面額償還本債券。

本公債各債券之本金，將按照上述規定每年償還：

1925年12月31日
債券號碼
1-340
3,402-3,861
8,006-8,605
14,006-14,608
20,036-20,255
22,236-22,715

1926年12月31日
債券號碼
341-680
3,862-4,321
8,606-9,205
14,609-15,211
20,256-20,475
22,716-23,195

1927年12月31日
債券號碼
681-1,020
4,322-4,781
9,206-9,805
15,212-15,814
20,476-20,695
23,196-23,675

1928年12月31日
債券號碼
1,021–1,360
4,782–5,241
9,806–10,405
15,815–16,417
20,696–20,915
23,676–24,115

1929年12月31日
債券號碼
1,361–1,700
5,242–5,701
10,406–11,005
16,418–17,020
20,916–21,135
24,156–24,635

1930年12月31日
債券號碼
1,701–2,040
5,702–6,161
11,006–11,605
17,021–17,623
21,136–21,355
24,636–25,115

1931年12月31日
債券號碼
2,041–2,380
6,162–6,621
11,606–12,205

17,624–18,226
21,356–21,575
25,116–25,595

1932年12月31日
債券號碼
2,381–2,720
6,622–7,081
12,206–12,805
18,227–18,829
21,576–21,795
25,596–26,075

1933年12月31日
債券號碼
2,721–3,060
7,082–7,541
12,806–13,405
18,830–19,432
21,796–22,015
26,076–26,555

1934年12月31日
債券號碼
3,061–3,401
7,542–8,005
13,406–14,005
19,433–20,035
22,016–22,235
26,556–27,035

應依上述規定，連同利息一併償還。

5、本債券利息將於提交相關息票後

支付，本金則於到期後提交本債券連同所有未到期息票後支付。本債券將自到期或備妥還本之日起停止計息，無論本債券是否提交領取。本債券本息之支付，將由下列倫敦銀行辦理：

Credito Italiano, London ,

J. Hambro & Sons, London .

全部或部分金額，並得依據借款合同第八段之規定，於其他地區支付。

6、中國政府，依照合同第八段有關授權之規定，將準時如數償還本息，並保證本債券及其息票與其有關之一切收授款項，免於中國稅捐。

7、中國政府，將依照合同第八段有關授權之規定，進而保證本債券及其他為了取代與展延上述先前借款未付部分而發行之系列公債，將依據借款合同第八段規定，將適用於該未付部分之債務，並有權享有原債務所提供的各種保證，合併成為本借款之一項保證。本債券及其系列公債，並以不動產產權移轉的契稅作為第一順位擔保，此項稅收如不敷支付本息，中國政府應依照借款合同第八段規定提供其他連帶保證彌補之。供作保證的上述稅收，應免於成為其他借款、擔保與抵押的擔保。每年利息所金額應自作為上述稅收之中撥給法國與義大利駐北京公使，中國政府並保證，如有違反，依據借款合同第八段，則將交出上述稅收，由第三人為本

公債之利益管理之；此外，在本息完成清償前，本公債之本息在上述稅收上相較於其他借款，費用或抵押享有優先清償之權，其他借款、擔保或抵押均不得以主張優於或等於本借款的手段，減損上述稅收對於本借款的保證。

8、本債券係依據中國財政部與義大利銀行（中國），先前名為中義銀行於1922年11月14日所簽訂之合同及1925年9月30日所簽訂之增訂合同所發行。

在見證下，財政部長李思浩，在獲得必要的授權下，代表中國政府於1925年9月30日簽字，並加蓋財政部關防。

※ 1902年俄國庚款一億八千一百九十五萬九千盧布變現四釐公債

本四釐公債，謹遵沙皇1902年3月1日諭令，以俄國於中國動亂期間所遭受損失而所獲得之賠償，一億八千一百九十五萬九千盧布，合三億九千三百萬德國馬克，或合兩億三千一百八十七萬荷蘭佛林，或合一千九百二十五萬七千英鎊加以變現。每年還本將完全比照大清皇帝1901年5月29日諭旨，承諾中國每年攤提賠償並付息予俄國之金額。

本公債，在國家債務總帳上，將記載為「1902年俄國國家公債，為變現中國對俄國之賠償而發行」。

本債券按面額折合為等值的五百、一千、兩千與五萬德國馬克發行，折合匯率以一千德國馬克＝四百六十三盧布＝五百九十荷蘭佛林＝四十英鎊計算。

本債券之持有人得於中籤或到期時領取本金五百德國馬克（＝兩百三十一盧布五十科比）；利息，年息四釐，自1901年12月19日或1902年1月1日起計息。

本債券將免除俄國所有稅捐。

利息，每年兩付，各別於6月18日至7月1日，與12月19日至1月1日，由持有人作以下選擇：

於俄國──國家銀行的營業所──以盧布支付

於德國──以德國馬克支付

於柏林：由Messrs Mendelssohn & Co.,

由Mrs. Bleichræder,

依據Disconto-Gesellschaft之指示

由the Berliner Handelsgesellschaft,

由Messrs Robert Warschauer & Co.,

於法蘭克福：依據Disconto-Gesellschaft之指示；

於荷蘭──以荷蘭佛林支付──於阿姆斯特丹由Messrs Lippmann, Rosenthal & Co.

於倫敦──以英鎊支付──於俄國外貿銀行代理處

本金，依本債券刊印之還本計畫分三十九年抽籤償還。抽籤自1902年起，每年9月舉辦一次，中籤還本日期將與下次息票到期日同時。

在1914年12月19日至1915年1月1日前，還本將不超過還本計畫所訂金額，並且，在此之前，不得提前償還或變更還本計畫。

本債券之本金，將以與息票相同的付款地與貨幣支付之。領取時，應提交本債券與本金領取後到期之所有息票；遺失息票之金額，將自領取之本金中扣除。

本債券，自規定的清償日期起算，三十年有效。其息票，自到期日起算，十年有效。

本債券，均包含息票及舊息票到期後，用以接受新息票的債票。

關於本債券計值、過戶、更改持有人名義等，將由財政部規定。

本債券將作為以下擔保：a）政府合同，b）延遲履行義務，c）根據財政部每半年一次規定，並由參議會公布之價格支付關稅。上述價格將不低於本債券面額的90%。

※ 1925年法國庚款四千三百八十九萬三千九百美元公債

五十美元券

不記名券

本債券係總數八十七萬七千八百七十八張相同的債券之一，歷經以下過程所成立：

1、1901年9月7日終局之合約。

2、1905年7月2日合同。

3、1901年中國四釐金公債賠款。

4、與以上有關之合同（包含1922年7月9日、7月27日北京合同）。

5、1923年2月8日訂定之法國法律。

6、1925年4月12日合同。

7、1923年9月26日塞納商業法院判決，確認債權人將交易結算權授予中法實業銀行的合同。

本債券持有人，可得到：

1、年息一‧二五美元，利率五釐，每年1月15日與7月15日半年一付，第一次到期息票為1925年7月15日。

2、本金五十美元，按本債券背後的分攤表及前述合同，抽籤還本。

還本將由每年12月1日抽籤決定。

還本時間為抽籤後的1月15日。第一次抽籤將於1925年12月1日舉辦。

付息與抽籤還本，將按以下規定：

a）在紐約，以美元，由中法實業管理公司（中法合資）所指名的金融機構。

b）在北京、上海、西貢，由中法實業管理公司（中法合資）及該公司所指名的其他城市，以當地貨幣，按照提交金融機構當日紐約的匯率。

依據中法兩國政府於1925年4月12日所簽訂之合同，中國海關總稅務司係按1901年9月7日和約負責彙總並分配稅收作為賠款之用，已接到中國財政部長之指示，根據本債券背面所訂安排按月支付年金，時間自1924年12月1日起，以美金支付給作為中法實業管理公司（中法合資），該公司係中法實業銀行關於此目的的永久代理人，此一款項應符合1905年合同第三條之規定。

中法實業管理公司（中法合資）將以1901年賠款所得到的金額，申請作為發行美金公債之用，本公債係其中一部分。

倫敦，1925年5月27日

中華民國1925年五釐金券

計美國金元五十元整為不記名證券

第　號

美元券總數共計八十七萬七千八百七十八張，乃依照左列文件發行者，即

（一）1901年9月7日議定條款。

（二）1905年7月2日換文。

（三）1901年中國賠款四釐金債票。

（四）關於1901年賠款之協定（1922年7月9日及27日在北京訂立）。

（五）法國大總統頒布議會通過中法協定之法律。

（六）1925年4月12日協定。

（七）和解辦法（1923年9月26日經塞納府商業裁判所以判決批准）。

本券執票人有左列各項權利

（一）五釐利息，每半年支付一次，計美金一元兩角五分。其支付日期為每年1月15日及7月15日，第一次息票應於1925年7月15日支付。

（二）資本金計美國金元五十元，依照附於本券下列之償還表償還之。此表乃依照前述各項協定而設立。

償還於每年12月1日抽籤定之抽籤後之次年1月15日及實行償還。1925年12月1日為第一次抽籤期本券之還本附利，依照左列各項規定，即

（甲）在紐約，用美金償還，由中法實業管理公司（中法合辦公司）指定之銀行支付之。

（乙）在北京、上海、西貢，由中法實業管理公司（中法合辦公司）或由中法實業管理公司指定之處所支付之，均用付款地貨幣，按照付款日紐約美金匯價計算。

據1901年9月7日議定條款，凡擔保1901年賠款各項收入之集中及分配，均由中國海關總稅務司擔任之。茲依照1925年4月12日中法兩國政府訂立之協定，該總稅務司受有中國財政部之訓令，自1924年12月1日起，按月撥附中法實業管理公司（中法合辦公司，乃中法實業銀行所指定不易之代理人）每年應付賠款，照附於本券下列之償表所載美金額數撥付之，其撥付之手續，概依照1905年換文第三條辦理，中法實業管理公司（中法合辦公司）將由庚子賠款中所得之款作為美金券還本付利之用。

北京，1925年

上述中法兩國政府訂定之關於1901年賠款協定中國政府曾經正式通知中國海關總稅務司並令其履行

海關總稅務司　關防

中法實業管理公司（中法合辦公司）名義副署證明

※ 1928年比利時庚款五百萬美元借款公債

本債券與所屬總數五萬張之債券，是依據中比兩國政府於1927年12月8日所簽

訂的合同而產生，目標在於解決庚子賠款餘額。

本債券持有人享有以下權利：

1）六釐年息，每半年付息三美元，付息日為每年1月1日與7月1日。第一次息票到期日為1928年7月1日。

2）本金一百美元之償還，將依據本債券背面的本息攤還表及上述合同所列的抽籤辦法辦理。

本公債每半年抽籤還本一次。時間訂於每年12月1日與6月1日舉行。

還本日期，各別是在每年1月1日與7月1日。第一次抽籤日期訂為1928年6月1日。

本息的支付，在按以下方式完成：

北京，華比銀行；以及由該銀行指定的其他城市，按向付款單位出示債券請領本息之日的紐約匯率兌換後，以本地貨幣支付，或者以紐約兌領的支票支付。

依據上述合同，負責管理與分配關稅作為庚子賠款用途的中國海關總稅務司，已收到中華民國財政部長的指示，安排本債券背面明訂按月支付的每年款項，1928年4月1日起，改以美元支付華比銀行。

華比銀行將以收到的庚款，作為償付本債券所屬的美元公債之用。

※ 1934年英庚款一百五十萬英鎊借款公債

用途完成粵漢鐵路

一、本公債由財政部、鐵道部遵照民國二十三年五月二十八日國民政府公布「民國二十三年六釐英金庚款公債」條例發行。

二、本公債按照條例暨還本付息表規定，付給持票人本金英金鎊及年息六釐。

三、本公債本金，用抽籤法償還，每年一月一日及七月一日各償還一次，其抽籤日期自民國二十三年十月起，每年四月及十月在上海公開舉行，中籤號碼即在上海中英文各大報刊登。持票人應將中籤債票連同未到期息票全數繳納，以憑領取本金。該項息票如有缺少，即照數在應領本金內扣除。

本公債得由國民政府按照還本付息表規定數額外，隨時增加還本，於通常抽籤日加抽籤號，但應於六個月前書面通知第五項所列四銀行。

四、本公債息金，自民國二十四年一月一日起，每年一月一日與七月一日憑到期息票付給一次。

息金於中籤準備還本之日停止，無論持票人已否領取，本金不再給息。

五、本公債依照國民政府批准民國二十三年七月十一日財政、鐵道兩部與中

央、中國、交通、匯豐四銀行所訂合同承銷。所有到期應付本息，得由持票人自行擇定向上列四銀行領兌倫敦即期英金匯票，或照該銀行等買進行市折合銀幣兌取。

六、本公債面額計分三種，如左：

五十鎊票兩千張

一百鎊票四千張

一千鎊票一千張

七、本公債本息基金，依照民國十九年九月十九日及二十二日中英政府換文之規定，由英國退還庚子賠款之一部分經鐵道部借得者撥充，並照前清光緒二十七年九月七日之協定，盡先由關稅項下撥付，業由財政部訓令總稅務司在本公債發行期內繼續撥付，不得間斷。

八、本公債中籤債票及到期息票，其領取本息期間以六年為限，逾期不領，即行作廢，概不付給。

本公債用中英兩國文字印行，由財政部長、鐵道部長簽字蓋章。

財政部長孔祥熙　關防與簽字

鐵道部長顧夢餘

中華民國二十三年六月一日

※ 1936年滬杭甬鐵路一百一十萬英鎊借款公債

中華民國二十五年中國政府完成滬杭甬鐵路六釐金鎊借款債券

本債券為六釐英金鎊債券，計總額英金一百一十萬鎊

本債券面額為英金　鎊

一、本債券持有人有權向中國政府於民國五十年六月十五日領取英金　鎊及其應有之利息。

所有利息均照所付息票規定按年六釐計算，每半年付息一次，每年於十二月十五日及六月十五日付給，至本金償還時為止。

上向息票持有人得請求付給倫敦付款之即期英金匯票，或按照當日銀行購入倫敦即期英金之兌價，以中華民國之國幣付給之。

二、在民國三十年六月十五日後，本債券照下列條款償還本金：

（甲）所有本借款債券英照還本付息附表規定，於每年三月抽籤，於六月十五日償還。

（乙）自借款之日起十年後，中國政府有權將本借款按照還本付息附表未到期之任何債券提前償還，惟須於六個月前用書面通知中英銀公司及中國建設銀公司。

所有提前償還之債券，

如在第十六年或第十六年前時，須加給2.5%之酬金，但自第十六年後，則照票面償還。

三、償付本息款項送存指定之銀行後，如到期息票逾五年或到期債票逾十年尚未兌取者，其未兌取之數，應悉數歸滬杭甬鐵路所有。

四、本債券即下述同樣日期及性質之債券之一：

編號1-8,000，每張票面額英金一百鎊。

編號8,001-14,000，每張票面額英金五十鎊。

以上債券總額共計為英金鎊一百一十萬鎊。

五、除第三項規定外，本債券之利息，在繳還所附到期息票時，照付；其本金及其酬金，如有酬金者，在債券到期日或到期後，繳還本債券即其所附未到期之息票時，照付；本債券本金自備款開始給付之日起，無論本債券繳到與否，所有未到期息票一概停止計息。所有本債券之還本付息，均由匯豐銀行或中國銀行在上海以英金鎊付給。

六、中華民國國民政府按照六月八日密字五十四號令鐵道部，飭知借款合同已經立法院審查通過之命令，承諾所有擔保之本息，於到期日全數清償，並聲明本債券及其息票，以及因本借款還本付息收支之一切款項，應免納一切中國稅捐。

七、中國政府承諾本債券為上述借款債券之一，並承諾以滬杭甬鐵路營業收入及錢塘江橋營業收入百分之七十為擔保，並充作付息還本之用。如有不足，鐵道部得以可指定為本借款之用之款項撥付之。如猶不足，則由中國政府酌撥他款償付之。

八、本債券係按照借款合同所規定之條款及利益所發行，該借款合同名為中國政府完成滬杭甬鐵路六釐金鎊借款合同，於1936年5月8日簽訂，並由財政部孔祥熙部長、鐵道部張嘉璈部長秉承中華民國國民政府命令代表一方，及中英銀公司及中國建設銀公司代表他方，會同簽訂。

九、中國政府承諾在借款期內任何年度中，所有還本付息後剩餘之鐵路進款，悉數存入匯豐銀行及中國銀行作為特別存款，至該存款之總額足敷兩年還本及四次半年付息之數額為度。

十、按照借款合同規定，本債券應載有中國政府財政部部長及鐵道部部長簽字之影本及鐵道部部印，再本債券已由發行代理人中英銀公司及中國建設銀公司各代表會簽。

十一、本債券非經上述辦法會簽，不得流通。

財政部部長孔祥熙

鐵道部部長張嘉璈

中英銀公司戴維森

中國建設銀公司劉景山

※ 1937年美國太平洋展業公司四百九十萬美元償債借款公債

持有人憑票於1954年7月1日在美國紐約市曼哈頓區JP摩根銀行的營業所，向中華民國政府（以下稱「中國政府」）領取其所承諾的本金。

一千美元

使用作為支付公私債務的美國法定貨幣。並以相同貨幣在該營業所支付自1937年7月1日後至1938年7月1日止之利息，年息兩釐；1938年7月1日後至1939年7月1日之利息，年息二‧五釐；1939年7月1日後至1940年7月1日之利息，年息三釐；1940年7月1日後至1941年7月1日之利息，年息三‧五釐；此後利息，一律以年息四釐計算，直至本金清償為止。中國政府以誠信保證，將依照本債券之條件準時且如數支付本息，以及履行所承諾之義務。利息將於每年1月1日與7月1日，半年一付。到期支付本息時，需提交本債券以及相關息票。

本債券本金領取之期限為自中籤並備妥還本之日起六年，到期息票領取之期限，亦限於自各別到期日並預備付息之日起六年。

本債券之本息，無論於戰時或平時，均將準時支付，不問持有人係屬於友好或敵對國家人民，亦不得以中國政府、各省、所屬機關現在或未來成立或徵收稅捐、費用、留置等任何理由對於持有人進行扣減。中國政府茲同意，為供作清償基金，自1942年起，每年7月1日依據下表所列比例，按面額償付已發行之本債券本金與到期利息。

1942年7月1日 5%

1943年7月1日 5%

1944年7月1日 6%

1945年7月1日 6%

1946年7月1日 7%

1947年7月1日 7%

1948年7月1日 8%

1949年7月1日 8%

1950年7月1日 9%

1951年7月1日 9%

1952年7月1日 10%

1953年7月1日 10%

1954年7月1日 10% （否則本公債總額將視為未經清償）

本公債根據上列日期（以下稱「清償日」）應按面額清償之本金與到期之利息，中國政府得選擇增加，但應於下一清償日前的9月1日，以書面提前告知JP摩根銀行。每一清償日所應還本的本債券，由JP摩根銀行於前一個12月份以抽籤決定。任一次依比例抽籤還本的債券數目，如有非一百的倍數之情形，則本次抽籤還本的債券數目與下次清償日抽籤還本的債券數目，將從最接近的一百倍數銜接。在任何情形下，亦無論本債券之其他規定，本債券如有未提前清償者，將於1954年7月1日全數清償完畢。於每一清償日之前，中國政府應以其名義刊登在前一個12月份中籤按面額還本的債券號碼，以及於下一個7月1日在美國紐約市曼哈頓區JP摩根銀行營業所支付到期利息的公告。該公告應在紐約市發行的英文報紙上刊登至少兩次，第一次應緊接在抽籤完畢後，第二次應距清償日不超過三十日；同一公告亦應於中國刊登。提交中籤債券領取本金時，應附上所有未到期息票，本債券之本金，如中國政府已提撥JP摩根銀行供清償本公債本息之基金，自清償日起不再計息。中國政府應於任何本金與利息到期前十天，提撥足夠金額至JP摩根銀行。本債券係經授權發行之1937年中華民國政府附擔保償債基金公債之一，總債額為四百九十萬美元。本次發行債券，除面額及依序排列的號碼不同外，均具有相同內容與權利。所有本

債券對於下述的擔保依比例分享利益，本債券之本息以中國政府的鹽稅為第一順位擔保，並享有留置權，但優先權不及於1937年5月4日已存在於該稅收的其他擔保與留置權。所有本債券對於未來以該稅收為標的的借款、保證、留置、擔保、抵押等負擔享有優先權。未來以該稅收為標的的借款、保證、留置、擔保、抵押等負擔將明文規定受本債券之拘束。中國政府同意以該稅收支付所有本債券之本息，中國政府並進一步同意，在本債券本息因任何原因或理由未獲清償時，將移交該稅收以供清償之用，中國政府並將以其他收入來源彌補不足數額。中國政府將本於誠信準時且全數清償本債券之本息。如本債券或其息票發生遺失或毀損，以致無法行用，中國政府將在取得合理證明及持有人負擔費用的情形下，製作並交付持有人重製之債券或息票。本債券在JP銀行代表副署之前，不生效力。中國政府茲證明並宣布，本債券之製作與交付均已獲得其必要授權，其發行並嚴格遵守其憲法與法律之規定。本債券之所有息票均應附有中國駐華府大使之摹刻簽名。

在見證下，中華民國政府授權駐華府大使或財務官為代表，於1937年7月1日加蓋關防。本債券並由中國銀行駐紐約辦事處副署驗證。

中華民國政府

簽字：

國家圖書館出版品預行編目 (CIP) 資料

從台灣海防借款到愛國公債,歷數早期中國對外公債(1874-1949) / 戴學文著. -- 初版. --
臺北市:商周出版:家庭傳媒城邦分公司發行, 2017.09
　面;　　公分
ISBN 978-986-477-302-2 (平裝)
1. 公債　2. 近代史　3. 中國

564.592　　　　　　　　　　　　　　　　　　　　　106013786

BO0272

從台灣海防借款到愛國公債，歷數早期中國對外公債 (1874-1949)

作　　　者／戴學文
編 輯 協 力／林俶萍
責 任 編 輯／鄭凱達
版　　　權／翁靜如
行 銷 業 務／周佑潔、石一志

總　編　輯／陳美靜
總　經　理／彭之琬
發　行　人／何飛鵬
法 律 顧 問／台英國際商務法律事務所羅明通律師
出　　　版／商周出版
　　　　　　臺北市中山區民生東路二段141號9樓
　　　　　　電話：(02)2500-7008　傳真：(02)2500-7759
　　　　　　E-mail：bwp.service@cite.com.tw
發　　　行／英屬蓋曼群島商家庭傳媒股份有限公司　城邦分公司
　　　　　　台北市104民生東路二段141號2樓
　　　　　　讀者服務專線：0800-020-299　24小時傳真服務：(02)2517-0999
　　　　　　讀者服務信箱：service@readingclub.com.tw
　　　　　　劃撥帳號：19833503　戶名：英屬蓋曼群島商家庭傳媒股份有限公司城邦分公司
訂 購 服 務／書虫股份有限公司客服專線：(02) 2500-7718；2500-7719
　　　　　　服務時間：週一至週五上午09:30-12:00；下午13:30-17:00
　　　　　　24小時傳真專線：(02) 2500-1990；2500-1991
　　　　　　劃撥帳號：19863813　戶名：書虫股份有限公司
　　　　　　E-mail：service@readingclub.com.tw
香港發行所／城邦（香港）出版集團有限公司
　　　　　　香港灣仔駱克道193號東超商業中心1樓
　　　　　　電話：(825)2508-6231　傳真：(852)2578-9337
　　　　　　E-mail：hkcite@biznetvigator.com
馬新發行所／城邦(馬新)出版集團　Cite (M) Sdn Bhd
　　　　　　41, Jalan Radin Anum, Bandar Baru Sri Petaling,
　　　　　　57000 Kuala Lumpur, Malaysia.
　　　　　　電話：(603)9057-8822　傳真：(603)9057-6622　email：cite@cite.com.my

封 面 設 計／一瞬設計　　內 頁 設 計‧排版／豐禾設計
印　　　刷／鴻霖印刷傳媒股份有限公司
經　銷　商／聯合發行股份有限公司　電話：(02) 2917-8022　傳真：(02) 2911-0053
　　　　　　地址：新北市新店區寶橋路235巷6弄6號2樓
2017年9月26日初版1刷　　　　　　　　　　　　　　Printed in Taiwan

定價 1,500元　　　版權所有‧翻印必究
ISBN：978-986-477-302-2

城邦讀書花園
www.cite.com.tw

廣　告　回　函
北區郵政管理登記證
台北廣字第000791號
郵資已付，免貼郵票

104 台北市民生東路二段141號2樓

英屬蓋曼群島商家庭傳媒股份有限公司

城邦分公司　收

請沿虛線對摺，謝謝！

書號：BO0272　書名：從台灣海防借款到愛國公債，歷數早期中國對外公債　編碼：

 商周出版

讀者回函卡

感謝您購買我們出版的書籍！請費心填寫此回函卡，我們將不定期寄上城邦集團最新的出版訊息。

不定期好禮相贈！
立即加入：商周出版
Facebook 粉絲團

姓名：＿＿＿＿＿＿＿＿＿＿＿＿＿＿＿＿＿＿＿＿＿＿ 性別：□男 □女

生日：西元＿＿＿＿＿＿＿年＿＿＿＿＿＿＿月＿＿＿＿＿＿＿日

地址：＿＿＿＿＿＿＿＿＿＿＿＿＿＿＿＿＿＿＿＿＿＿＿＿＿

聯絡電話：＿＿＿＿＿＿＿＿＿＿ 傳真：＿＿＿＿＿＿＿＿＿

E-mail：

學歷：□ 1. 小學 □ 2. 國中 □ 3. 高中 □ 4. 大學 □ 5. 研究所以上

職業：□ 1. 學生 □ 2. 軍公教 □ 3. 服務 □ 4. 金融 □ 5. 製造 □ 6. 資訊

　　　□ 7. 傳播 □ 8. 自由業 □ 9. 農漁牧 □ 10. 家管 □ 11. 退休

　　　□ 12. 其他＿＿＿＿＿＿＿＿＿＿＿＿

您從何種方式得知本書消息？

　　　□ 1. 書店 □ 2. 網路 □ 3. 報紙 □ 4. 雜誌 □ 5. 廣播 □ 6. 電視

　　　□ 7. 親友推薦 □ 8. 其他＿＿＿＿＿＿＿＿＿＿

您通常以何種方式購書？

　　　□ 1. 書店 □ 2. 網路 □ 3. 傳真訂購 □ 4. 郵局劃撥 □ 5. 其他＿＿＿

您喜歡閱讀那些類別的書籍？

　　　□ 1. 財經商業 □ 2. 自然科學 □ 3. 歷史 □ 4. 法律 □ 5. 文學

　　　□ 6. 休閒旅遊 □ 7. 小說 □ 8. 人物傳記 □ 9. 生活、勵志 □ 10. 其他

對我們的建議：＿＿＿＿＿＿＿＿＿＿＿＿＿＿＿＿＿＿＿＿

　　　　　　　＿＿＿＿＿＿＿＿＿＿＿＿＿＿＿＿＿＿＿＿＿

　　　　　　　＿＿＿＿＿＿＿＿＿＿＿＿＿＿＿＿＿＿＿＿＿